Schule und Forschung

Schriftenreihe für Studium und Praxis

Albert Raasch   Michael Bludau
Franz Josef Zapp   (Hg.)

Aspekte des Lernens und Lehrens von Fremdsprachen

VERLAG MORITZ DIESTERWEG
Frankfurt am Main

CIP-Kurztitelaufnahme der Deutschen Bibliothek

Aspekte des Lernens und Lehrens von Fremdsprachen / Albert Raasch ...
(Hg.). – 1. Aufl. – Frankfurt am Main : Diesterweg, 1988
  (Schule und Forschung)
  ISBN 3-425-04444-3
NE: Raasch, Albert [Hrsg.]

ISBN 3-425-04444-3

1. Auflage 1988

© 1988 Verlag Moritz Diesterweg GmbH & Co., Frankfurt am Main.

Gesamtherstellung: Staib + Mayer, Stuttgart

Inhaltsverzeichnis

Vorbemerkungen

Der Titel der vorliegenden Veröffentlichung „Aspekte des Lernens und Lehrens von Fremdsprachen" will mehreres zum Ausdruck bringen:

- Die hier versammelten Beiträge wollen Einblicke in das Lern- und Lehrgeschehen bei der Fremdsprachenvermittlung geben, erheben aber nicht den Anspruch, eine Gesamtdarstellung dieses Problemfeldes zu bieten.
- Die Reihenfolge der Bereiche „Lernen" und „Lehren" im Buchtitel ist programmatisch zu verstehen: Es soll der Versuch unternommen werden, das Lehren von Fremdsprachen in möglichst konsequenter Abhängigkeit von Einsichten in das Lernen zu konzipieren. Das Konzept der vorliegenden Veröffentlichung entspricht dem fachdidaktischen Bemühen um Lernerorientierung.
- Diese Sammlung von Beiträgen wendet sich an Lehrende verschiedener Fremdsprachen. Die gewählten Beispiele sind exemplarisch zu verstehen, d. h. daß die Übertragbarkeit auf jeweils andere Fremdsprachen angestrebt ist; die einzelnen Beispiele selbst entstammen den Bereichen Englisch, Französisch und Spanisch.
- Wenn sich auch eine Reihe von Beiträgen explizit auf den schulischen Fremdsprachenunterricht beziehen (sowohl Sekundarstufe I wie Sekundarstufe II), so haben die meisten Autoren auch die Fremdsprachenvermittlung in anderen Bereichen (z. B. andere Schulformen, Erwachsenenbildung) in ihrem Blickfeld.

Die *Lernerorientierung* im Fremdsprachenunterricht zu fördern, bildet das zentrale Anliegen dieses Buches; was wir darunter verstehen, soll in dem folgenden Überblick über die vorliegende Sammlung deutlich werden.

Der *erste Abschnitt* mit den Beiträgen von *Hans P. Krings* und *Peter Scherfer* stellt die Beobachtung des Lernerverhaltens ganz in den Mittelpunkt. Krings zeigt anhand von Lernerbeobachtungen auf, welche Funktion das Übersetzen für den Fremdsprachenerwerb haben kann, und macht damit zugleich den heuristischen Wert des empirischen Ansatzes für anschließende fachdidaktische Folgerungen deutlich. Scherfer verbindet die Aufarbeitung interdisziplinärer Einsichten in das Erlernen fremdsprachigen Wortschatzes mit Aussagen von Lernern über die in ihnen abgelaufenen Lernprozesse. Diese beiden Beiträge zeigen dem Lehrer Wege, wie er in seiner täglichen Praxis selbst Beobachtungen anstellen kann, um sein unterrichtliches Verhalten kontrollieren und gegebenenfalls begründet modifizieren zu können.

Der *zweite Abschnitt* zeigt an konkreten Beispielen aus dem Unterricht auf, wie Lernerorientierung in unterrichtliche Arbeit im Anfangsunter-

richt umgesetzt werden kann: *Erich Schneider* beschreibt einen Unterrichtsverlauf (am Beispiel des Französischen), in dem das Entdecken, Probieren
und Produzieren vorrangig und für das Lernerverhalten bei der Lösung
kommunikativer Aufgaben charakteristisch sind. *Wolfgang Biederstädt* weist
den Weg von einem kommunikativ verstandenen Englischunterricht über
das Rollenspiel zum Theaterspiel als herausragende Möglichkeit, die Kreativität der Schüler zur Entfaltung zu bringen. *Liesel Hermes* berichtet von
Erfahrungen, wie man Hauptschüler zu selbständiger Lektüre daheim
(„stilles Lesen", just for fun) anregen kann und wie sehr damit die
Eigenaktivität der Lerner gefördert wird. *Reinhard Pohl* präsentiert zahlreiche Beispiele von Collagen, durch deren selbständige Erarbeitung der
Französischlerner die Entwicklung non-verbaler Kreativität mit Analyse-
fähigkeit und Amusement verbindet. *Michael Dreke* belegt an Beispielen
aus dem Spanischunterricht, wie verschiedene Lesestrategien anhand authentischer Texte aufgezeigt und eingeübt werden können mit dem Ziel,
eigenständige Verhaltensweisen gegenüber fremdsprachlichen Texten auf-
zubauen.

Der *dritte Abschnitt* befaßt sich mit der „Lektürestufe" (Sekundarstufe II). Wie die Textarbeit bei fortgeschrittenen Lernern gestaltet werden
kann und wie dabei sowohl der notwendigen Systematisierung wie auch
der nicht weniger notwendigen Pflege der Spontaneität Raum gegeben
werden kann, das zeigt *Michael Bludau* an Beispielen aus dem Englischunterricht der Sekundarstufe II. Parallel dazu entwickelt *Winfried Croon* Vorschläge für die Förderung der Schreibfertigkeit fortgeschrittener Franzö-
sischschüler und betont dabei, wie sich auch hier in schriftlichen Arbeiten
Disziplin und Kreativität kombinieren lassen.

In einem *Ausblick* auf die Zukunft, verbunden mit einer Analyse des
Vorhandenen, weist *Matthias Walther* auf die Einsatzmöglichkeiten des
Computers im Fremdsprachenunterricht hin, wobei auch in diesem Beitrag
die Aktivierung des Lernerverhaltens das Ziel der Bemühungen ist.

Dieser Überblick über die vorliegende Veröffentlichung läßt erkennen,
daß der Grundsatz der Lernerorientierung die einzelnen Beiträge zu einer
festen Einheit zusammenfügt; dieser Grundsatz bildete das Kriterium für
die Auswahl dieser Beiträge, die – mit leichten Überarbeitungen – aus dem
Bundeskongress des *Fachverbandes Moderne Fremdsprachen (FMF)* 1986 in
Münster hervorgegangen sind. Herausgeber, Verlag und Verband hoffen,
daß diese Veröffentlichung damit nicht nur dem einzelnen Leser Anregungen vermitteln wird, sondern daß sie auch Grundlage für Fortbildungsver-
anstaltungen und Diskussionen in Fachkreisen bilden und praxisorientier-
te Impulse für die Förderung eines modernen Fremdsprachenunterrichts
geben kann.

Die Herausgeber: Albert Raasch, Michael Bludau, Franz Josef Zapp

I. Das Lernen von Fremdsprachen: einige empirische Befunde

Hans P. Krings

Zum Verhältnis von Texterschließung und Her-Übersetzen im Fremdsprachenunterricht

Die Rolle der Übersetzung im Fremdsprachenunterricht ist seit Jahrzehnten kontrovers und häufig mit einem gehörigen Maß an Polemik diskutiert worden (für einen Überblick siehe die Bibliographien von Weller 1977 und Königs 1981). Diese Diskussion ist meiner Meinung nach durch einige Unzulänglichkeiten gekennzeichnet, die sich im wesentlichen an zwei Hauptkritikpunkten festmachen lassen: zum einen an der mangelnden Beachtung einer Reihe absolut notwendiger Differenzierungen und zum anderen an der Gleichsetzung von Lehr- und Lernperspektive. Ich möchte zunächst beide Punkte kurz begründen.

1. Notwendige Differenzierungen

Franz-Rudolf Weller hat zehn Differenzierungen zur Funktionsbestimmung der Übersetzung im Fremdsprachenunterricht vorgestellt (Weller 1981: 238f). Ich möchte in Anlehnung an seine Ausführungen und unter Hinzufügung einiger weiterer Unterscheidungen, die mir ebenfalls wichtig erscheinen, das Gesamtpaket „Übersetzung im Fremdsprachenunterricht" aufschnüren und in seine wichtigsten Komponenten zerlegen, die sich in drei Gruppen zusammenfassen lassen:

A. *Differenzierungen hinsichtlich dessen, worauf das Übersetzen sich bezieht bzw. was unter Übersetzen verstanden wird*

    A.1 nach dem Übersetzungstyp: mündliches, dialogisch vorgegebenes Übersetzen („Dolmetschen") vs. schriftliches, vorlagegebundenes Übersetzen (mit etlichen Mischformen im Bereich des Fremdsprachenunterrichts)

    A.2 nach der Übersetzungsrichtung: Her-Übersetzen (version) vs. Hin-Übersetzen (thème)

    A.3 nach der Ebene des zu übersetzenden Materials: Übersetzen auf der Wortebene, der Syntagma-Ebene, der Satzebene oder der Textebene

    A.4 nach dem Texttyp/der Textsorte (im Falle textuellen Übersetzens): z. B. Übersetzen inhaltsbetonter vs. formbetonter vs. appellbetonter Texte

A.5 nach dem Merkmal „Artifizialität" vs. „Authentizitäts: Übersetzen auf der Wortebene, der Syntagma-Ebene, der Satzebene oder der Textebene

A.4 nach dem Texttyp/der Textsorte (im Falleärfte" Texte vs. integrale authentische Texte

A.6 nach dem vorgegebenen Grad der Wörtlichkeit bzw. dem zulässigen Grad der Freiheit der Übersetzung: Interlinearversion vs. wörtliche Übersetzung vs. freie Übersetzung vs. sinngemäßes Übertragen (mit fließenden Übergängen bis hin zum reinen Paraphrasieren und Resümieren)

A.7 nach direkten und indirekten Formen des Einsatzes von Übersetzung: alle Formen des aktiven selbständigen Übersetzens vs. Einsatz von Übersetzungsvergleich bzw. Übersetzungskritik anhand fertiger Übersetzungsprodukte

B. *Differenzierungen hinsichtlich der Zielsetzungen, die mit dem Einsatz der Übersetzung verbunden werden*

B.1 nach der generellen Zielsetzung: Übersetzung als eigenständiges Lernziel („Übersetzungskompetenz", „translatorische Kompetenz") vs. Übersetzen in instrumenteller Funktion, d. h. zum Erreichen rein L2-bezogener Lernziele (rezeptive und/oder produktive Beherrschung der Fremdsprache)

B.2 nach der Funktion der Übersetzung (im Falle des instrumentellen Einsatzes): Übersetzen als Übungsform vs. Übersetzen als Form der Lernerfolgskontrolle bzw. des Testens (beide Hauptfunktionen mit etlichen Subdifferenzierungen)

B.3 nach „Lernbereichen" (Terminologie der Richtlinien): Übersetzen zwecks Spracherwerb (z. B. Einübung grammatischer Strukturen) vs. Übersetzen zwecks Methodenerwerb (z. B. zum Erwerb von Techniken der Benutzung zweisprachiger Wörterbücher) vs. Übersetzen zwecks Wissenserwerb (z. B. zum Erwerb metasprachlicher Einsichten)

B.4 nach Fertigkeitsbereichen: Übersetzen vorwiegend zum Erwerb rezeptiver Fertigkeiten vs. Übersetzen vorwiegend zum Erwerb produktiver Fertigkeiten

B.5 nach sprachlichen Subsystemen: Übersetzung überwiegend mit Blick auf morphosyntaktische Strukturen („Grammatik" im engeren Sinne), lexiko-semantische Strukturen („Wortschatz" und „Bedeutungslernen") oder pragmatisch-stilistische Strukturen (Sprachfunktionen, Diskurstypen, Sprachvarietäten, Funktionalstile etc.)

B.6 nach der primären Ausrichtung auf die Fremdsprache oder die Muttersprache: Übersetzung primär zur Verbesserung der fremdsprachlichen Kompetenz vs. Übersetzung primär zur Verbesserung der muttersprachlichen Kompetenz (z. B. Schulung des stilistischen Ausdrucksvermögens)

C. *Differenzierung nach Merkmalen des jeweiligen Vermittlungskontextes*

C.1 nach dem Merkmal altsprachlicher vs. neusprachlicher Unterricht: Übersetzung z. B. im Latein- oder Altgriechischunterricht vs. Übersetzung im Unterricht der modernen Fremdsprachen

C.2 nach Lerninstitutionen: Übersetzung im Fremdsprachenunterricht an allgemeinbildenden Schulen vs. Übersetzung im Fremdsprachenunterricht an berufsbildenden Schulen; Übersetzung im Unterricht an Hauptschulen,

Realschulen, Gymnasien, Gesamtschulen; Übersetzung in der sprachpraktischen Ausbildung von Fremdsprachenstudenten; Übersetzung im Fremdsprachenunterricht der Einrichtungen der Erwachsenenbildung

C.3 nach dem Lernniveau: Übersetzen im Anfangsunterricht vs. Übersetzen im Fortgeschrittenenunterricht (weiter zu differenzieren nach Anzahl der Lernjahre und erreichtem Kompetenzstand)

C.4 nach dem Alter der Lerner: z. B. Anfangsunterricht in Klasse 5 vs. Anfangsunterricht mit Erwachsenen (z. B. an Volkshochschulen)

C.5 nach der Zahl der vorgängig gelernten Fremdsprachen: Übersetzen im Unterricht der ersten, zweiten, dritten bzw. weiterer Fremdsprachen (z. B. im sog. Tertiärsprachenunterricht)

C.6 nach dem jeweiligen Sprachenpaar (v. a. dem Grad der typologischen Verwandtschaft): z. B. Übersetzung im Englischunterricht vs. Übersetzung im Russischunterricht (jeweils mit Deutsch als L1)

Ohne jede einzelne dieser Differenzierungen hier begründen zu können, wird klar, daß es *das* Übersetzen im Fremdsprachenunterricht nicht gibt, sondern eine große Zahl unterschiedlicher Formen, die in unterschiedlichen Vermittlungskontexten mit unterschiedlichen Zielsetzungen eingesetzt werden können. Es gibt folglich kaum oder gar keine Argumente, weder für noch gegen das Übersetzen, die für alle diese Formen, Funktionen und Kontexte gleichermaßen Gültigkeit besäßen. Vielmehr muß jeder Einsatz der Übersetzung im Fremdsprachenunterricht in seinem eigenen, jeweils spezifischen Begründungszusammenhang gesehen werden.

Wenn also beispielsweise ein Russischlektor an der Universität, ein Lateinlehrer am Gymnasium, ein Französischlehrer an einer kaufmännischen Schule, ein Englischlehrer an der Hauptschule und ein Deutsch-als-Fremdsprache-Dozent an der Volkshochschule zu völlig unterschiedlichen Einschätzungen der Rolle der Übersetzung im Fremdsprachenunterricht kommen, so drückt sich darin nicht zwangsläufig eine *grundsätzlich* kontroverse Einstellung zur Übersetzung aus, sondern u. U. nur die Vielgestaltigkeit ihrer Formen, Funktionen und Einsatzbereiche. Das gleiche gilt auch für die Vielzahl der Meinungen und Positionen in der fachdidaktischen Literatur. Will man also nicht Gefahr laufen, endlos über scheinbar Gleiches verschiedener Meinung zu sein (oder unbemerkt über scheinbar Verschiedenes gleicher Meinung zu sein), so sollte die fremdsprachendidaktische Diskussion zur Übersetzung im Fremdsprachenunterricht nach den genannten Kriterien differenziert geführt werden (so auch Weller 1981: 238f; mit Abstrichen auch Muskat-Tabakowska 1981: 73f).

Auf einen Punkt sei dabei noch besonders hingewiesen. Es scheint, als werde der Begriff „Übersetzung im Fremdsprachenunterricht" manchmal als Kurzformel für alle Fragen verwendet, die den Einsatz der Muttersprache im Fremdsprachenunterricht schlechthin betreffen. Es handelt sich aber nur um einen Teilaspekt dieses weiteren Fragenkomplexes. Zwar impliziert jeder Einsatz der Übersetzung im Fremdsprachenunterricht den Einsatz der Muttersprache (sieht man einmal von dem theoretischen Fall ab, daß von einer Fremdsprache in eine andere Fremdsprache übersetzt wird), nicht aber umgekehrt. Die Frage etwa, ob kognitive Phasen in der Fremdsprache oder der Muttersprache durchgeführt werden sollten, hat zunächst nichts mit Übersetzung zu tun. (Dies ändert sich natürlich, sobald im Rahmen einer solchen kognitiven Phase Übersetzungen als Hilfsmittel eingesetzt werden, z. B. Her-Übersetzungen auf der Satzebene in Interlinearversion zur Verdeutlichung einer bestimmten Wortstellungsregel im Sinne der Differenzierungen A.2, A.3, A.6 und B.5.) Auch diese Gleichsetzung von Einsatz der Muttersprache und Einsatz der Übersetzung hat nicht unwesentlich zu einer unnötigen Komplizierung der Diskussion beigetragen.

2. Lernperspektive vs. Lehrperspektive

Die Langzeitkontroverse um das Übersetzen ist meiner Meinung nach jedoch noch durch eine zweite, grundsätzlichere Unzulänglichkeit gekennzeichnet, nämlich die Tatsache, daß sie vorwiegend, wenn nicht ausschließlich, aus der *Lehr*perspektive und nicht aus der *Lern*perspektive geführt wird (so schon Bausch 1977: 526). Vereinfacht gesagt meine ich mit *Lehr*perspektive die didaktischen Annahmen und Absichten, die zum Einsatz einer bestimmten Form der Übersetzung in einer bestimmten Funktion in einem bestimmten Vermittlungskontext im Sinne der oben angeführten Differenzierungen führen, z. B. Annahmen hinsichtlich des übersetzerischen Schwierigkeitsgrades eines bestimmten Textes oder der Auswirkungen eines bestimmten Typs von Übersetzungsübung auf den fremdsprachlichen Lernprozeß. Mit *Lern*perspektive meine ich dagegen die Prozesse, die sich beim Lerner tatsächlich während der Ausführung der Übersetzungsaufgabe abspielen, sowie deren Auswirkungen auf das fremdsprachliche Lernen, also z. B. den tatsächlichen subjektiven Schwierigkeitsgrad eines bestimmten Textes für einen bestimmten Lerner, die Strategien, mit denen der Lerner den bei der Übersetzung auftretenden Problemen begegnet, und die damit verbundenen tatsächlichen Auswirkungen auf den Lernprozeß, z. B. in Form des Behaltens oder Vergessens fremdsprachlicher lexikalischer Einheiten, des Aufbaus richtiger oder falscher Äquivalenzannahmen oder des Sich-Einprägens oder Nicht-Einprägens einer fremdsprachlichen grammatischen Struktur.

Eine zentrale Bedingung für die Einbeziehung der Lernperspektive ist dabei der *empirische* Zugriff. Ich möchte an einem Beispiel aus der Kontroverse um das Übersetzen im Fremdsprachenunterricht exemplarisch aufzeigen, daß eine rein aus der Lehrperspektive geführte Diskussion zu offensichtlichen Widersprüchen und regelrechten Aporien führen kann, die nur durch konkrete empirische Untersuchungen aus der Lernperspektive zu überwinden sind. Ich wähle dafür die Rolle der Her-Übersetzung bei der Erschließung fremdsprachlicher Texte aus, deren Problematik, pointiert formuliert, an der Frage festgemacht werden kann, ob das Verstehen eine Voraussetzung des Übersetzens oder das Übersetzen eine Voraussetzung des Verstehens ist. Beide Positionen werden vertreten, wenn auch in unterschiedlichen Nuancierungen. Für Brandt z. B. ist das Her-Übersetzen eine zumindest mit dem analytisch-statarischen Lesen fremdsprachlicher Texte untrennbar verbundene Tätigkeit, ein „Bindeglied zwischen Fremd- und Muttersprache und damit auch ein konkreter Ausdruck des muttersprachlichen Denkens" (Brandt 1982: 106). Ettinger (1977) sieht das Her-Übersetzen zur Texterschließung v. a. bei fachsprachlichen Texten gerechtfertigt, wenn eine überwiegend rezeptive Kompetenz anvisiert wird. Jäger argumentiert, die Her-Übersetzung könne ein wichtiges Mittel zur „stilmäßigen Einordnung eines fremdsprachlichen Textes sein" (Jäger 1981: 71). Leisinger lehnt das Her-Übersetzen im Unterricht als Mittel der Texterschließung zwar als „sinnwidrig" ab, billigt ihm aber eine „Selbstvergewisserungs"funktion beim Lesen fremdsprachlicher Texte in dem Sinne zu, daß man sich beim Lesen „oft nicht mit den mentalen Bildern begnügt, die durch den fremdsprachlichen Text aufgerufen werden, sondern daß sich zur Vertiefung des Bewußtwerdens die Muttersprache eindrängt, ein Vorgang, der seltsamerweise nicht als Störung empfunden wird, sondern sogar zu einer gewissen Befriedigung führt, als sei hierdurch etwas Zusätzliches gewonnen" (Leisinger 1966: 240f). Möglicherweise meinte Aronstein Ähnliches, als er schon 1921 kategorisch feststellte: „So unvollkommen auch die Übersetzung ist, sie ist und bleibt doch das einzige Mittel, sich einen fremdsprachigen Text vollständig klarzumachen" (zit. nach Weller 1981: 272). Auch Ladmiral räumt dem Her-Übersetzen eine Katalysatorfunktion beim Verstehen fremdsprachlicher Texte ein und plädiert sogar für eine Ausweitung des Her-Übersetzens als Grundlage der Textexegese im Sinne einer *„philologie appliquée"* (Ladmiral 1981: 224). Und auch Reiß betont den engen Zusammenhang von Her-Übersetzen und philologischer Arbeit am Text: „Die Übersetzungsübung ist zudem geeignet, die Fähigkeit zur philologischen Textexegese zu entwickeln, denn bevor man einen Text adäquat übersetzen kann, muß man ihn in all seinen Dimensionen verstanden haben". (Reiß 1977: 537)

Gerade dieser letzte Punkt führt aber dazu, daß die Übersetzung als Texterschließungsverfahren von anderen Autoren kategorisch abgelehnt wird. So stellt z. B. Arcaini fest: „Das Paradoxe besteht darin, daß man aus der Übersetzung ein Instrument des Textverstehens und des Spracherwerbs machen will (‚Wenn du nicht verstehst, so übersetze'), während das Phänomen genau umgekehrt gesehen werden muß: Zuerst versteht man, dann sucht man nach den geeigneten sprachlichen Ausdrucksmitteln, und dann übersetzt man. Man übersetzt nicht, damit man verstehen kann, sondern man versteht, damit man übersetzen kann" (Arcaini 1972: 212f, Übersetzung H. P. K.). Mit anderen Worten: Wenn Übersetzen erst möglich wird, wenn der zu übersetzende Text vollständig und in all seinen Dimensionen verstanden wird, so scheidet die Übersetzung als Verfahren der Texterschließung praktisch aus. In diesem Sinne spricht Armaleo-Popper von Her-Übersetzen und Lesen als zwei „antagonistischen Zielen" des Fremdsprachenunterrichts und konzentriert ihre Bemühungen darauf, die Lerner, v. a. im Anfangsunterricht, vom Übersetzen abzubringen (Armaleo-Popper 1980: 13). Auch Göller hält das Her-Übersetzen als Mittel der fremdsprachlichen Texterschließung für einen „Umweg", der die „Lust an der fremdsprachlichen Lektüre" verderbe, und mutmaßt weiter: Wer viel übersetzt, „gewöhnt sich leicht an eine langsame, unkonzentrierte Art des Lesens" (Göller 1967: 275f). Die Lehrpläne empfehlen eine flexible Handhabung des Her-Übersetzens zur Texterschließung auf Wort- und Satzebene, allerdings nur als ein Verfahren neben anderen und grundsätzlich nicht in der Form des zusammenhängenden textuellen Übersetzens, wie Gallert (1977) in einer Synopse der entsprechenden Passagen der Curricula für die verschiedenen Bundesländer gezeigt hat. Demgegenüber legt eine Befragung von Schülern den Schluß nahe, daß diese in beträchtlicher Zahl das Her-Übersetzen ganzer Texte wünschen (Piepho 1976: 32). Die einzige empirische Untersuchung in diesem Zusammenhang (Schiffler 1970) stützt zwar tendenziell die positive Einschätzung des Her-Übersetzens in der Funktion der Texterschließung, beruht aber auf Beobachtungen in nur einer Klasse im Rahmen einer Studie, die als ganze auf andere Fragestellungen zugeschnitten war.

Obwohl ein Teil dieser frappierenden Widersprüche in der fremdsprachendidaktischen Diskussion (die hier zudem nur an einigen wenigen ausgewählten Stellungnahmen illustriert wurden) durch konsequente Beachtung der Differenzierung A.3 sicherlich hätte vermieden werden können (Her-Übersetzen einzelner Wörter und Syntagmen eines gegebenen Textes im Sinne einer „zweisprachigen Semantisierung" vs. Her-Übersetzen des ganzen Textes), so wird man angesichts der vielen verbleibenden Unklarheiten mit Meyer (1976: 7) erkennen müssen, daß die tatsächlichen Auswirkungen des Her-Übersetzens auf Texterschließung und Textverstehen praktisch unerforscht sind. Wenn sich in dieser Diskussion immer wieder Positionen diametral gegenüberstehen und so zu Aporien wie der gerade skizzierten führen, so ist der zweite Grund meiner Meinung nach darin zu sehen, daß ein eklatanter Mangel an empirisch gesichertem Wissen darüber besteht, was beim Übersetzen „in den Köpfen der Lerner" tatsächlich abläuft und welche Auswirkungen auf den fremdsprachlichen Lernprozeß damit verbunden sind.

3. Ein Neuansatz: die Prozeßforschung

Nun zeichnet sich in allerjüngster Zeit in der Übersetzungswissenschaft und in der Übersetzungsdidaktik immer deutlicher eine neue Entwicklung ab, die sich vielleicht am besten am Schlagwort einer „Psycholinguistik des Übersetzens" festmachen läßt. Im Mittelpunkt dieser Forschungsrichtung stehen die mentalen Prozesse, die beim Übersetzen sozusagen „in den Köpfen der Lerner" ablaufen und über die bisher so gut wie nichts bekannt war. An mehreren Universitäten der Bundesrepublik und auch in den USA laufen z. Z. Forschungsprojekte, die sich, wenn auch aus unterschiedlichen Blickwinkeln, um eine Aufdeckung dieser mentalen Prozesse bemühen (für einen ersten Überblick über diese Forschungen siehe Krings 1986a: 70–88; siehe ferner die Beiträge von Dechert, Hölscher/Möhle und Gerloff in Faerch/Kasper i. D.). Von diesen Forschungen darf man sich aus Gründen, auf die ich im folgenden noch näher eingehen werde, einen erheblichen Beitrag zur Funktionsbestimmung der Übersetzung im Fremdsprachenunterricht erhoffen. Der entscheidende innovatorische Impuls ist dabei eine Entwicklung in der Kognitionspsychologie, nämlich die Wiederentdeckung und Weiterentwicklung der sog. „introspektiven" Verfahren, insbesondere des „Lauten Denkens" (im folgenden LD).

Ich möchte an dieser Stelle auf die mit dem Einsatz introspektiver Verfahren verbundenen wissenschaftsmethodischen Probleme nicht eingehen (für eine ausführliche Darstellung des Diskussionsstandes in der Kognitionspsychologie siehe die Monographie von Ericsson/Simon 1984; das breite Spektrum introspektiver Daten im Bereich der Sprachlehr- und -lernforschung wird erstmals dokumentiert sein in Faerch/Kasper i. D.; für einen knappen Überlick siehe Krings 1986a). Ich möchte stattdessen vielmehr versuchen, die Bedeutung dieses neuen Forschungsansatzes für die Standortbestimmung der Übersetzung im Fremdsprachenunterricht an einer Reihe von Punkten exemplarisch aufzuzeigen. Dabei stütze ich mich v. a. auf eine eigene empirische Untersuchung (Krings 1986a), verweise aber noch einmal darauf, daß z. Z. an mehreren anderen Universitäten ähnliche Projekte laufen, deren Ergebnisse man mit Spannung erwarten kann, um sie mit den vorliegenden zu vergleichen.

Versuchspersonen meiner Untersuchung waren acht fortgeschrittene Französischlerner, alle acht Studenten bzw. Studentinnen im Lehramtsstudiengang Französisch. Vier von ihnen übersetzten einen integralen authentischen französischen Text aus der satirischen Zeitung „Le Canard Enchaîné" ins Deutsche, die vier anderen übersetzten einen vergleichbaren deutschen Text ins Französische. Die Texte wurden unter dem Gesichtspunkt einer möglichst großen Bandbreite unterschiedlicher Übersetzungsschwierigkeiten ausgewählt. Die Versuchspersonen hatten die Aufgabe, während des Übersetzungsvorgangs ihre Gedanken laut und ohne irgendeine Art von Selektion zu äußern. Der Gebrauch von Hilfsmitteln war erlaubt. Alle Äußerungen der Versuchspersonen wurden auf Tonträger aufgenommen und vollständig transkribiert (sog. LD-Protokolle; zur Illustration sei auf den weiter unten wiedergegebenen Ausschnitt verwiesen). Die Gesamtdauer der Tonbandaufnahmen beträgt ca. 27 Stunden und der Umfang der Transkripte 219 (normal beschriebene) Schreibmaschinenseiten. Bereits diese Zahlen für nur 8 Versuchspersonen und eine Textlänge von 272 (französischer Text) bzw. 496 (deutscher Text) Wörtern deuten an, wie umfangreich die Verbalisierungen der Versuchspersonen im Rahmen einer LD-Aufgabe sind. Dabei legten die Versuchspersonen so viele Aspekte ihres übersetzerischen Vorgehens offen, daß dieses insgesamt auf 117 Merkmale hin untersucht werden und ein erstes tentatives Modell des Übersetzungsprozesses bei fortgeschrittenen Lernern, differenziert nach Her- und Hin-Übersetzung, entwickelt werden konnte. Ich möchte im folgenden für einen kleinen aber wichtigen Abschnitt aus der Diskussion um das Übersetzen im Fremdsprachenunterricht, nämlich die bereits angesprochene Frage des Zusammenhangs von fremdsprachlichem Textversehen und Übersetzen, aufzeigen, wie sich mit Hilfe solcher Prozeßanalysen empirische Einsichten gewinnen lassen, die geeignet sind, viele der bisher vorgebrachten Überlegungen in einem neuen Licht erscheinen zu lassen.

4. Erste Ergebnisse

(1) Prozeßanalysen sind die einzige Möglichkeit, empirisch festzustellen, welche Übersetzungsprobleme ein konkreter Lerner bei der Übersetzung eines konkreten Ausgangstextes tatsächlich hat. Durch eine linguistische Analyse des Ausgangstextes (prospektiver Ansatz) sind solche Übersetzungsprobleme nicht zuverlässig prognostizierbar, denn die Prozeßanalysen zeigen, daß Übersetzungsprobleme, psycholinguistisch gesehen, eine hochgradig subjektive Größe darstellen. Dies belegt zum einen die unterschiedliche Zahl von Übersetzungsproblemen, die die Lerner trotz eines vergleichbaren Kompetenzstandes in der Fremdsprache hatten (s. Tabelle 1), noch deutlicher aber die Aufschlüsselung dieser Übersetzungsprobleme nach der Anzahl der Versuchspersonen, bei denen sie auftraten. Tabelle 2 zeigt, daß nur knapp ein Fünftel aller Übersetzungsprobleme (19,0 %) bei allen vier Versuchspersonen der Her-Übersetzung auftraten, die Hälfte aller Übersetzungsprobleme (50,0 %) dagegen jeweils bei nur einer Versuchsperson. (Die Identifikation der Übersetzungsprobleme wurde natürlich nicht nach intuitiven Kriterien des Analysators vorgenommen, sondern auf der Grundlage eines speziellen Indikatorenmodells, mit dem das Konzept „Übersetzungsproblem" operationalisiert und systematisch auf

ANDREA	34
BETTINA	44
CHRISTA	52
RENATE	42
total	172

Tab. 1: Gesamtzahl der Übersetzungsprobleme nach Versuchspersonen

bei 4 VP	16	19,0 %
bei 3 VP	14	16,7 %
bei 2 VP	12	14,3 %
bei 1 VP	42	50,0 %
total	84	100,0 %

Tab. 2: Verteilung der Übersetzungsprobleme nach der Anzahl der Versuchspersonen, bei denen sie auftraten

die Daten anwendbar gemacht wurde.) Als Beispiel für eine Einheit des Ausgangstextes, die bei allen vier Versuchspersonen ein Übersetzungsproblem auslöste, sei zu nennen: *se desserrer* in dem Satz „La table étant restée la même, ces messieurs-dames ont pu se desserrer". Eine Einheit des Ausgangstextes, die nur bei einer Versuchsperson ein Übersetzungsproblem auslöste, bildete zum Beispiel die Struktur *ne... plus... que...* in „Ils ne sont plus aujourd'hui que dix-sept". Der prospektive Ansatz, der von einer linguistischen Analyse des Ausgangstextes ausgeht, kommt, auch dann, wenn er kontrastiv-linguistische Überlegungen einbezieht, naturgemäß immer nur zu einer lernerneutralen Prognose von Übersetzungsproblemen. Die beobachtete große interindividuelle Variation bei den Übersetzungsproblemen zeigt demgegenüber, daß eine objektive Bestimmung des übersetzerischen Schwierigkeitsgrades eines Textes selbst für relativ homogene Lernergruppen sehr problematisch ist. Dieses erste Ergebnis legt damit die Vermutung nahe, daß die Auswahl zielgruppenspezifischer Übersetzungstexte weit schwerer objektivierbar ist, als bisher angenommen wurde, was zum einen eine generelle Schwierigkeit von Übersetzungsunterricht impliziert und zum anderen die Zweifel am Wert der Übersetzung als Form der Leistungsmessung nährt.

(2) Es zeigt sich weiter, daß die tatsächlichen Übersetzungsprobleme der Lerner auch durch eine detaillierte Analyse der Fehler im Übersetzungsprodukt nicht zuverlässig diagnostiziert werden können (retrospektiver Ansatz). Wie in Tabelle 3 schematisch dargestellt, kann grundsätzlich nicht linear von der Produktebene auf die Prozeßebene geschlossen wer-

	Prozeßebene	Produktebene
Fall 1	+ Problem	+ Fehler
Fall 2	+ Problem	− Fehler
Fall 3	− Problem	+ Fehler
Fall 4	− Problem	− Fehler

Tab. 3: Zusammenhang von Übersetzungsfehlern und Übersetzungsproblemen

den: In den Daten sind sowohl Fehler ohne Probleme als auch Probleme ohne Fehler zu beobachten. Selbst dann, wenn ein Fehler auf der Produktebene mit einem Übersetzungsproblem auf der Prozeßebene korreliert (Fall 1), kann aufgrund des Produktes häufig nicht entschieden werden, worin das Problem auf der Prozeßebene bestanden hat. So lautete zum Beispiel ein Satz des Ausgangstextes: „Alain Savary, dont c'était un des sports favoris jusqu'à cette regrettable petite révolution, est, paraît-il, terriblement frustré". Während drei der vier Versuchspersonen zumindest annähernd richtig übersetzen, findet sich bei der Versuchsperson Andrea eine merkwürdig verdrehte Wiedergabe: „Alain Savary, einer der Begünstigten bis zu jener bedauernswerten kleinen Revolution, ist, so scheint es, schrecklich frustriert". Sie macht also aus dem zu *sport* gehörigen attributiven Adjektiv *favoris* ein Substantiv „der Begünstigte" und läßt das *sport* unübersetzt. Hat man nur den Ausgangstext und die fertige Übersetzung zur Hand, so läßt sich die Ursache dieses Fehlers nicht ermitteln. Es ist nicht einmal zu klären, ob ein Verständnisfehler vorlag oder nur eine mißglückte Wiedergabe. Mit Hilfe der Prozeßdaten läßt sich die Genese dieser Übersetzung jedoch leicht aufklären, wie der entsprechende Transkriptausschnitt zeigt:

also Alain Savary eh ja sport bezieht sich bestimmt eh oder heißt bestimmt in dem Zusammenhang nich Sportler sondern das is auch wieder so'n Ausdruck der zu dem Stil gehört ehm deswegen könnte man das erst mal so offenlassen und gucken ehm denn im nächsten Absatz taucht ja noch mal auf irgendwas mit Alain Savary zu tun hat und dann vielleicht aus dem Zusammenhang schließen was mit sport gemeint sein könnte ich laß das einfach mal aus also Alain Savary der einer der Favorisierten oder der Bevorzugten war bis zu dieser bedauernswerten Revolution . . . das hilft mir allerdings immer noch nich bei dem vorhergehenden Abschnitt ich weiß nämlich immer noch nicht was sport bedeutet + . . . favoris da bezieh/das bezieht sich wohl darauf daß er einer der Begünstigten ist die in dem Kreis eh aufgenommen wurden einer der + 7 sec + ich schr/ich übersetz das einfach mit Begünstigter einer der Begünstigten (A–8–1)

Der Transkriptausschnitt zeigt, daß drei Umstände in der Fehlergenese zusammenwirken, nämlich

1. daß die Versuchsperson irrtümlich glaubt, *sport* hieße nicht oder nicht nur „Sport", sondern auch „Sportler" und *un des sports favoris* folglich „einer der begünstigten Sportler";
2. daß „Sport" bzw. „Sportler" vor dem Hintergrund des Gegenstandes des Gesamttextes (es handelt sich um eine politische Glosse) keinen Sinn ergibt;
3. daß sie offensichtlich die Relativsatzkonstruktion mit *dont* nicht richtig entschlüsselt, sondern das *dont* eher wie ein subjektivisches *qui* behandelt.

Nachdem sich das Problem auch durch Vorziehen des im Text folgenden Satzes nicht lösen läßt, entscheidet sich die Versuchsperson, *sport* einfach wegzulassen und den Relativsatz durch ein appositivisches „einer der

Begünstigten" zu übersetzen, ein klassisches Beispiel für eine „Reduktionsstrategie" (zu diesem Konzept siehe z. B. Faerch/Kasper 1980: 83ff). Dieses Beispiel, das innerhalb des gesamten Datenkorpus noch zu den vergleichsweise einfachen Fällen gehört, zeigt die prinzipielle Unmöglichkeit, von der Produktebene (z. B. Übersetzungsfehler) zuverlässig auf die Prozeßebene (z. B. Fehlerursache) zu schließen. Diese Beobachtung liefert einen weiteren wichtigen Anhaltspunkt für die Vermutung, daß das textuelle Her-Übersetzen keine zuverlässige verständnisdiagnostische Funktion hat, was erneut gegen seinen Einsatz zum Zweck der Verständniskontrolle bei fremdsprachlichen Texten spricht. Ferner zeigt diese Beobachtung, daß die Analyse von Übersetzungsprodukten kein besonders zuverlässiges Instrument der Lernersprachenanalyse ist, weil sie spekulativen Interpretationen breiten Raum läßt. (Dagegen sind Übersetzungsprodukte in Verbindung mit den zugehörigen Prozeßdaten ein besonders wertvolles Instrument der Forschung, weil sie Lernersprache in ihrer ganzen Komplexität „in Aktion" zeigen.)

(3) Bisher war global von „Übersetzungsproblemen" gesprochen worden. Darunter wurden zunächst alle bei den Versuchspersonen während der Übersetzung des Ausgangstextes auftretenden sprachlichen Probleme subsumiert, für die in den Daten ausreichende Indikatoren im Sinne des bereits erwähnten Indikatorenmodells vorhanden waren. Die Prozeßdaten machten jedoch darüber hinaus eine weitere Aufgliederung in drei verschiedene Grundtypen möglich, die ich als „reine Rezeptionsprobleme", „reine Wiedergabeprobleme" und „kombinierte Rezeptions-Wiedergabeprobleme" (im folgenden kurz R-, W- und RW-Probleme) bezeichne. Wie diese Bezeichnungen bereits deutlich machen, handelt es sich bei den R-Problemen um solche, die nur das Verständnis des Ausgangstextes betreffen, bei den W-Problemen um solche, die nur die Reformulierung des Gemeinten in der Zielsprache betreffen, während RW-Probleme solche sind, in den beide Problemdimensionen kombiniert auftreten.

Beispiel für ein reines R-Problem: remaniement im Satz „Avant le dernier remaniement, ils étaient trente-six (en comptant Mitterand) autour de la table du Conseil des ministres" bei der Versuchsperson Renate. Diese gibt an, das Wort *remaniement* überhaupt nicht zu kennen. Das Problem löst sich durch die Benutzung des zweisprachigen Wörterbuchs, in dem die Versuchsperson für *remaniement* zwar verschiedene Übersetzungsäquivalente angegeben findet, aus denen sie aber sofort „Kabinettsumbildung" als das kontextuell einzig passende herausfiltert, so daß kein W-Problem entsteht.

Beispiel für ein reines W-Problem: „ils étaient trente-six autour de la table" im gleichen Satz bei der Versuchsperson Bettina. Obwohl hier keinerlei Verständnisprobleme vorliegen, entsteht ein Problem bei der Wiedergabe, weil die sich zunächst aufdrängende wörtliche Übersetzung „sie waren sechsunddreißig um den Tisch" gegen die Gebrauchsnormen des Deutschen verstößt, so daß sich die Übersetzerin erst nach Durchprobieren von sechs verschiedenen Versionen zu einem „étoffement" mit Relativsatz durchringt: „Vor der letzten Umbildung des Kabinetts waren es 36 Minister, mit Mitterrand, die sich um den Tisch des Ministerrates versammelt hatten."

Bei den RW-Problemen waren in den Daten zwei Subtypen zu unterscheiden, je nach dem Verhältnis zwischen den beiden Problemkomponenten: Das Wiedergabeproblem kann trotz erfolgreich gelösten Rezeptionsproblems auftreten und ist dann von diesem praktisch unabhängig. Oder das Wiedergabeproblem tritt gerade wegen des nicht gelösten Rezeptionsproblems auf und ist dann von diesem induziert. Tabelle 4 zeigt die quantitative Verteilung der Übersetzungsprobleme auf die drei Problemtypen.

VP	Probleme	R-Probleme		RW-Probleme		W-Probleme	
ANDREA	34	10	29,4 %	11	32,4 %	13	38,2 %
BETTINA	44	8	18,2 %	17	38,6 %	19	43,2 %
CHRISTA	52	17	32,7 %	20	38,5 %	15	28,2 %
RENATE	42	20	47,6 %	15	35,7 %	7	16,7 %
total	172	55	32,0 %	63	36,6 %	54	31,4 %

Tab. 4: Verteilung der Übersetzungsprobleme auf die drei Problemtypen
R-, RW- und W-Probleme

Die genauere Untersuchung des Zusammenhangs von R- und W-Problemen führt unmittelbar in das Zentrum der Frage nach dem Zusammenhang von fremdsprachlichem Textverstehen und Übersetzen. Die Prozeßdaten zeigen hier zunächst erneut die prinzipielle Nicht-Erschließbarkeit der Prozeßebene durch die Produktebene. Es sind nicht nur die beiden Normalfälle „richtig verstanden – richtig übersetzt" und „falsch verstanden – falsch übersetzt", sondern auch der Fall „richtig verstanden – falsch übersetzt" sowie, paradoxerweise, der Fall „falsch verstanden – richtig übersetzt" in den Daten belegt. Gerade diese beiden letzten Fälle, obwohl natürlich seltener als die ersten beiden, stellen die verständnisdiagnostische Funktion des textuellen Her-Übersetzens entscheidend in Frage.

Interessant ist weiter das Verhalten der Versuchspersonen bei jenen RW-Problemen, bei denen die W-Komponente durch das ungelöste R-Problem induziert wird, weil die Versuchspersonen in diesen Fällen die entsprechende Einheit des Ausgangstextes eigentlich unübersetzt lassen müßten (im Sinne der weiter oben zitierten Feststellung von Reiß, daß Übersetzen in jedem Fall das vollständige Verständnis der ausgangssprachlichen Textvorlage voraussetzt). Stattdessen lassen die Versuchspersonen keine einzige dieser Textstellen unübersetzt, sondern bemühen sich, in jedem Fall eine vollständige Übersetzung zustandezubringen, auch wenn die muttersprachliche Wiedergabe offensichtlich sinnlos wird. Die strategiehafte Art, mit der sie dies tun, läßt dabei darauf schließen, daß dieses Verhalten nicht durch die Versuchsanordnung künstlich hervorgerufen wird, sondern ein Grundzug des übersetzerischen Vorgehens zumindest dieser Versuchspersonen ist. Drei Strategien sind dabei zu beobachten. Die erste besteht darin, bei Nicht-Verstehen einer fremdsprachlichen Texteinheit eine aus lexikalischen Grundbedeutungen zusammengesetzte wörtliche (oder sogar Wort-für-Wort-) Übersetzung auch dort zu akzeptieren, wo sie ganz offensichtlich sinnlos ist: „Das schwarze Auge von Tonton trifft sofort den Schwätzer" für „L'œil noir de Tonton fusille immédiatement le bavard". Die zweite Strategie besteht darin, aus dem Angebot des zweisprachigen Wörterbuchs an Übersetzungsäquivalenten das erste mikrotextuell passende auszuwählen und als Übersetzung zu übernehmen. Dieses besonders häufige Vorgehen, das praktisch in jedem Fall zu einem „Bedeutungskurzschluß" führt, hat seine Ursache erstens in dem Glauben an die Autorität des zweisprachigen Wörterbuchs, zweitens in dem Wiedergabezwang, der beim Übersetzen (im Gegensatz etwa zum Resümieren) schon in der Aufgabenstellung begründet ist, und drittens in dem Motivationsverlust, der für die weitere Suche nach Bedeutung leicht eintritt, sobald ein wenigstens mikrokontextuell passendes Übersetzungsäquivalent gefunden ist. Eine weitere Strategie der Versuchspersonen, trotz unzureichenden Verstehens fremdsprachlicher Texteinheiten zu einer „vollständigen" Übersetzung zu kommen, besteht im bewußten Einsatz von Vagheit. So übersetzt z. B. die Versuchsperson Andrea das im Text neben *conseil des ministres* und *conseil de discipline* mehrfach auch isoliert auftretende *conseil* bewußt vage mit „Gremium", weil es ihr nicht gelingt festzustellen, welche Instanz nun genau mit *conseil* gemeint ist. Alle diese Beobachtungen legen den Schluß nahe, daß der bloße Auftrag, einen fremdsprachlichen Text ins Deutsche zu übersetzen, die Lerner weder automatisch zur bestmöglichen Rezeption dieses Textes bewegt, noch in ausreichendem Maße eine Bestimmung von Quantität und Qualität des erfolgten Textverstehens anhand des so zustandekommenden Übersetzungsproduktes erlaubt.

(4) Der Anteil der reinen W-Probleme sowie jener RW-Probleme, in denen die Wiedergabekomponente nicht durch ein ungelöstes R-Problem induziert, sondern eine selbständige Problemkomponente ist, belegt empirisch die häufig in der fremdsprachendidaktischen Diskussion vorgebrachte These, daß das Her-Übersetzen eine über die reine Explizierung von Verstehensprozessen hinausgehende Sprachleistung ist, weil sie die Lerner zusätzlich vor eine rein muttersprachliche Vertextungsaufgabe stellt. Auch wenn die in den Daten beobachteten reinen W-Probleme in der Regel weniger gravierend waren als diejenigen, die ein R-Problem implizierten, so ist doch nicht zu übersehen, daß durch diesen „Problemüberhang", der mit dem fremdsprachlichen Textverstehen nicht unmittelbar zusam-

menhängt, die kognitive Gesamtbelastung des Übersetzers durch die Übersetzungsaufgabe im Vergleich zu einer reinen Verstehensaufgabe deutlich erhöht wird. Zwar wird der Anteil der reinen W-Probleme immer stark von der Struktur des Ausgangstextes abhängen, doch bleibt grundsätzlich festzuhalten, daß das textuelle Her-Übersetzen immer ein über die Wiedergabe von Verstandenem hinausgehender Aufgabentyp ist.

(5) Während die vorausgehend berichteten Ergebnisse der empirischen Prozeßanalyse tendenziell gegen das Her-Übersetzen sprechen, befürworten die folgenden Ergebnisse tendenziell das Her-Übersetzen und machen damit deutlich, daß simple Antworten im Sinne von Ja/Nein-Dichotomien von der Prozeßforschung nicht zu erwarten sind. Hier ist zunächst auf die große Bedeutung hinzuweisen, die interlinguale Spontanassoziationen im Texterschließungs- und Her-Übersetzungsprozeß spielen. So aktivieren die Lerner zu fast allen bekannten Wörtern des Ausgangstextes zunächst fest gespeicherte und hochgradig automatisierte muttersprachliche Äquivalentassoziationen im Sinne von Eins-zu-eins-Entsprechungen auf der Wortebene. So beginnen alle Versuchspersonen die Suche nach der Bedeutung und einer möglichen Wiedergabe des bereits erwähnten Satzes „L'œil noir de Tonton fusille immédiatement le bavard" mit „Das schwarze Auge Tontons erschießt sofort den Geschwätzigen". Trotz der offensichtlichen Unsinnigkeit dieser Wiedergabe (eine angemessene Übersetzung könnte z. B. lauten „Wer schwätzt, zieht sofort die bösen Blicke Mitterrands auf sich") scheint es fast einen psycholinguistischen Zwang zu geben, die Suche nach Bedeutung mit der Aktivierung und Zusammensetzung der interlingualen Spontanassoziationen *œil → Auge, noir → schwarz, fusiller → erschießen, immédiatement → sofort* und *bavard → geschwätzig* zu beginnen. Daß diese Beobachtung nicht auf Sätze mit schwierigen Rezeptionsproblemen wie im gerade angeführten beschränkt ist, sondern auch für reine Wiedergabeprobleme gilt, zeigt das Beispiel „La classe étant moins nombreuse", wo alle Versuchspersonen zunächst zu der Spontan-Übersetzung „Da die Klasse weniger zahlreich (geworden) ist" gelangen (*moins → weniger + nombreux → zahlreich*) und erst im zweiten Zugriff die von der Norm des Deutschen her inakzeptable Wiedergabe für *moins nombreuse* in „kleiner" oder „nicht mehr so umfangreich" abändern. Die Stabilität und Unmittelbarkeit solcher assoziativen Wortgleichungen, die auch experimentell mehrfach nachgewiesen wurden (siehe z. B. Kolers 1963; Riegel/Zivian 1972), läßt in starkem Maße vermuten, daß es sich hier um einen Grundzug der mentalen Organisation des fremdsprachlichen Lexikons handelt, die die Lerner bei jeder fremdsprachlichen Texterschließung (wenn auch vielleicht nicht in gleichem Maße) beeinflußt.

(6) Neben der Aktivierung interlingualer Spontanassoziationen scheint es noch eine zweite wichtige Tendenz der Versuchspersonen zu geben, zur

Texterschließung im Rahmen einer Her-Übersetzungsaufgabe die Muttersprache einzusetzen. Diese besteht darin, sich die Bedeutung besonders komplexer Passagen des fremdsprachlichen Textes durch globale muttersprachliche Paraphrasen zu vergegenwärtigen. So vergegenwärtigt sich z. B. die Versuchsperson Andrea den Sinn des Satzes „Les discussions en aparté sont désormais à peu près impossibles et lorsqu'un ministre intervient, il devient très risqué d'échanger en douce quelques vacheries à son endroit" nach Lösung der einzelnen Rezeptionsprobleme *en aparté, intervenir, en douce* und *vacheries* wie folgt:

also es könnte es könnte dem Sinn nach heißen wenn also ein Minister eingreift oder irgendwie eh mit Worten eingreift in die Diskussion oder überhaupt ne Diskussion anleiert ehm stellt er sich der Gefahr hin ehm daß andere hinter seinem Rücken über ihn ehm vacheries irgendwelchen Unsinn oder so erzählen (A–7–1)

Solche Paraphrasen sind in den Daten bei komplexen Sätzen immer wieder zu beobachten und zwar jeweils nach der Lösung der punktuellen Rezeptionsprobleme. Diese Strategie der Lerner erklärt sich wahrscheinlich dadurch, daß in der Muttersprache mehr Einheiten gleichzeitig im Kurzzeitgedächtnis verarbeitet werden können als in der Fremdsprache, so daß dem freien, mehr paraphrasierenden Übersetzen möglicherweise tatsächlich eine Katalysatorfunktion beim Verstehen fremdsprachlicher Texte zukommt. Diese und die unter (5) referierten Beobachtungen zu den interlingualen Assoziationen stellen möglicherweise den empirischen Nachweis dessen dar, was in der fremdsprachendidaktischen Diskussion häufig als „heimliches Übersetzen" bezeichnet worden ist (siehe z. B. Meyer 1976: 6). Dieses Konzept, das gerade von den Befürwortern des Übersetzens immer wieder ins Spiel gebracht wurde (nach dem Motto „Die Schüler übersetzen sowieso – also lieber gleich offen übersetzen"), wird durch die Prozeßdaten also teilweise gestützt, teilweise auch präzisiert. Es handelt sich in keinem Fall um ein vollständiges Übersetzen im engeren Sinne, das durchgängig zur Texterschließung in der Fremdsprache eingesetzt wird und die Normen der Muttersprache respektiert, sondern aller Wahrscheinlichkeit nach entweder um die Aktivierung interlingualer Äquivalentassoziationen auf der Wort- oder bestenfalls Syntagma-Ebene im Sinn von Differenzierung A.3 oder um das Sich-Vergegenwärtigen komplexer fremdsprachlicher Textpassagen mit Hilfe freier muttersprachlicher Paraphrasen im Sinne von Differenzierung A.6. (Man beachte, daß es sich nach Maßgabe der Übersetzungswissenschaft in beiden Fällen nicht um „Übersetzen" handelt – ein weiterer Grund für die in der fremdsprachendidaktischen Diskussion aufgetretene Verwirrung.)

(7) Schließlich besteht ein ganz wichtiges Ergebnis der Prozeßforschung in dem prinzipiellen Nachweis, daß das textuelle Her-Übersetzen den Übersetzer/Lerner zu einer besonders intensiven und vor allem voll-

ständigen Auseinandersetzung mit dem fremdsprachlichen Ausgangstext zwingt. Obwohl die unter (3) berichteten Ergebnisse zeigen, daß die Lerner häufig übersetzen, ohne richtig verstanden zu haben, und sich sogar Strategien zurechtlegen, um die durch den Wiedergabezwang implizierte kognitive Gesamtbelastung zu reduzieren (z. B. Vagheitsstrategien), und obwohl z. Z. vergleichende Prozeßanalysen auf der Grundlage anderer Aufgabentypen noch ausstehen (s. u.), läßt sich jetzt schon feststellen, daß der Aufgabentyp Her-Übersetzung die Lerner zur Aktivierung eines breiten Spektrums von Texterschließungsstrategien anregt (ausführlich dazu Krings 1986a: 217–262). Wichtig ist, daß die Lerner dabei sowohl zur Benutzung einschlägiger Hilfsmittel, insbesondere einsprachiger und zweisprachiger Wörterbücher, als auch zum systematischen Einsatz sog. Inferenzierungsstrategien (d. h. Techniken des Schließens von Bekanntem auf Unbekanntes durch Ausnutzung intralingualer, interlingualer und kontextueller „Inferenzierungsquellen" oder „cues") angeregt werden. Hier zeigen die Prozeßdaten zwar, daß die Lerner längst noch nicht optimal Gebrauch von diesen Strategien machen, weder hinsichtlich der Ausnutzung von Inferenzierungsquellen noch hinsichtlich des effektiven Umgangs mit Wörterbüchern, doch steht zu vermuten, daß die Breite und der Umfang der eingesetzten Texterschließungsstrategien bei keinem anderen Aufgabentyp größer sein wird als beim Her-Übersetzen.

5. Konsequenzen und Perspektiven

Faßt man die vorausgehend dargestellten Ergebnisse zusammen, so lassen sich diese wie folgt zu einer ersten Einschätzung des Her-Übersetzens aus prozeßanalytischer Sicht verdichten: Das textuelle Her-Übersetzen ist ein komplexer, kombiniert fremdsprachlich-muttersprachlicher Aufgabentyp, der in jedem Fall über die reine Offenlegung der Verstehensprozesse in der Rezeption des Ausgangstextes hinausgeht. Die zusätzliche muttersprachliche Vertextungsaufgabe stellt zwar in der Regel den leichteren Teil der Aufgabe dar, erhöht aber die kognitive Gesamtbelastung des Lerners/ Übersetzers und birgt somit zumindest potentiell die Gefahr der Ablenkung von den eigentlichen Verstehensprozessen. Die bei der Ausführung einer Her-Übersetzungsaufgabe auftretenden sprachlichen Probleme der Lerner variieren interindividuell erheblich und sind weder quantitativ noch qualitativ durch eine linguistische Analyse des fremdsprachlichen Ausgangstextes prognostizierbar, was die globale Bestimmung des übersetzerischen Schwierigkeitsgrades eines Textes sehr erschwert. Grundsätzlich kann aus keiner noch so detaillierten Analyse der Übersetzungsprodukte zuverlässig auf die vorausgehenden Verstehensprozesse geschlossen werden. Weder kann von einer richtigen Übersetzung sicher auf richtiges

Verstehen noch von einer falschen Übersetzung auf falsches Verstehen geschlossen werden. Eine Her-Übersetzung kann deshalb, solange sie nur als Übersetzungsprodukt vorliegt, keine zuverlässige verständnisdiagnostische Funktion haben. Zwischen dem Verstehen einer fremdsprachlichen Textvorlage und deren Übersetzen bestehen vielmehr komplexe Wechselbeziehungen, die sich nur einer systematischen Prozeßanalyse erschließen. Diese Wechselbeziehungen schließen den gezielten Einsatz verschiedener Strategien der Lerner, trotz mangelnden Verständnisses zu einer vollständigen Übersetzung zu kommen, ein. Der Aufgabentyp Her-Übersetzen fremdsprachlicher Texte ist deshalb, isoliert eingesetzt, weder ein geeignetes Verfahren, die Lerner zum bestmöglichen Verstehen dieser Texte zu bewegen, noch eignet er sich als zuverlässiges Kontrollinstrument zur Feststellung von Art und Umfang dieses Verstehens. Andererseits machen die Lerner bei der Erschließung fremdsprachlicher Texte in erheblichem Umfang Gebrauch von der Muttersprache. Dabei handelt es sich vor allem um die Aktivierung interlingualer Spontanassoziationen auf der Wortebene sowie um muttersprachliche Paraphrasen bei komplexen ausgangssprachlichen Textpassagen. Nur wenn man sich vergegenwärtigt, daß es sich um diese spezielle Form handelt, darf man behaupten, das Her-Übersetzen entspreche selbst einer nachweisbaren Texterschließungsstrategie der Lerner (Stichwort „heimliches Übersetzen"). Doch regt der in der Übersetzungsaufgabe normalerweise implizierte Wiedergabezwang die Lerner zum Einsatz eines breiten Spektrums anderer Texterschließungsstrategien, namentlich Inferenzierungs- und Hilfsmittelbenutzungsstrategien, an.

Dieses Gesamtbild mit den sich gegenseitig relativierenden Feststellungen, die jeden, der sich von der Prozeßforschung eindimensionale Handlungsanweisungen im Sinne von Ja/Nein-Dichotomien erwartet, enttäuschen müssen, zeigt, daß im textuellen Her-Übersetzen für den Fremdsprachenunterricht ein großes Potential steckt, daß dieses Potential durch den bloßen Auftrag, einen fremdsprachlichen Text in die Muttersprache zu übersetzen, jedoch weitgehend ungenutzt bleibt. Das Her-Übersetzen hat nur Sinn, wenn es eingebettet ist in eine umfassende methodische Konzeption der unterrichtlichen oder außerunterrichtlichen Beschäftigung mit fremdsprachlichen Texten.

In einer solchen Konzeption kann das Her-Übersetzen insbesondere zwei Funktionen übernehmen. Es kann in einer Phase, die der unterrichtlichen Besprechung eines Textes vorausgeht, die Lerner zu einem intensiven, selbstorganisierten Texterschließungsversuch anregen. In diesem Fall sollten die Lerner angehalten werden, sich auf solche Textstellen zu beschränken, die für sie subjektiv Verständnisprobleme beinhalten; sie sollten ferner angehalten werden, deren Her-Übersetzung als Explizierung von Bedeutungshypothesen zu verstehen und, wo immer möglich, auch konkurrierende Übersetzungen im Sinne konkurrierender Bedeutungshypothesen zu notieren und grundsätzlich keine Übersetzung zu produzieren, die lediglich ein Nicht-Verstehen kaschiert („Mut zur Lücke"). Als flankierende Maßnahmen wäre die Fähigkeit der Lerner zum „intelligenten Raten" im Sinne eines erfolgreichen Inferenzierens (s. die praktischen Vorschläge von Walter 1984) sowie des effektiven Einsatzes von Wörterbüchern und anderer Nachschlagewerke im Sinne einer umfassenden „Hilfsmittelbenutzungskompetenz" zu verbessern (welches Hilfsmittel ist zur Lösung welchen Problems in welcher Art am effektivsten einsetzbar; in meinen Daten finden sich viele Belege dafür, daß es den Lernern gerade an dieser Fähigkeit noch erheblich mangelt, bis hin zu regelrechten Hilfsmittelbenutzungsfehlern).

Die zweite Einsatzmöglichkeit des Her-Übersetzens besteht in der Aufgabe, einen vorausgehend unter Einsatz aller zur Verfügung stehenden Verfahren im Unterricht vollständig erschlossenen Text, dessen Verständnis durch die Lerner sowohl auf der syntaktischen und semantischen als auch auf der pragmatischen und stilistischen Ebene bereits hundertprozentig sichergestellt ist, abschließend in die Muttersprache zu übersetzen. Diese Einsatzmöglichkeit hat wiederum nur Sinn, wenn den Lernern vorher ein ausreichendes übersetzerisches Problembewußtsein vermittelt worden ist (zur Begründung und näheren Erläuterung dieser Forderung siehe Krings 1986, a: 468–478). Dieses impliziert vor allem die absolute Beachtung der muttersprachlichen Versprachlichungs- und Vertextungsnormen. Wie die Prozeßdaten besonders deutlich zeigen, produzieren die Lerner, obwohl alle hochkompetente Sprecher der deutschen Sprache, in der Her-Übersetzung ein absolut indiskutables Deutsch (bis hin zu regelrechten Stilblüten), weil sie sich von dem „hypnotischen Zwang" des Ausgangstextes nicht frei machen können.

Die hier vorgestellten und in ihren Konsequenzen diskutierten ersten Ergebnisse der empirischen Erforschung von Übersetzungsprozessen sind unbedingt noch als sich abzeichnende Tendenzen und nicht als abschließende Befunde zu betrachten, allein schon deshalb, weil die zugrundeliegende Datenbasis (wegen des im Vergleich zu traditionellen Erhebungsverfahren ungleich größeren Arbeitsaufwandes) noch vergleichsweise schmal ist. Auch sei noch einmal ausdrücklich daran erinnert, daß hier nur von solchen Ergebnissen der Prozeßforschung die Rede war, die sich auf textuelles Her-Übersetzen (im Sinne der Differenzierungen A.2 und A.3) beziehen. Außerdem war die Datenbasis das Übersetzungsverhalten fortgeschrittener Lerner (Differenzierung C.3) aus dem Bereich der Hochschule (C.2) mit dem Sprachenpaar Deutsch-Französisch (C.6). Was nun dringend erforderlich wäre, ist die kontinuierliche Ausdehnung der Prozeßforschung auf weitere Formen, Funktionen und Einsatzbereiche des Übersetzens im Sinne aller eingangs dargestellten Differenzierungen. In diesem Zusammenhang ist insbesondere der Brückenschlag von der übersetzungsbezogenen Prozeßanalyse zu der sich in jüngster Zeit immer deutlicher artikulierenden prozeßorientierten Textverstehensforschung anzustreben (zu muttersprachlichen Textverstehensprozessen siehe Ballstaedt et al. 1981; Groeben 1982; auf den fremdsprachlichen Textverstehensprozeß bezogen siehe z. B. Cavalcanti i. D.; Haastrup i. D.; Hosenfeld 1977). Dabei wird unter Rückbindung an die Erforschung der Unterschiede zwischen muttersprachlicher und fremdsprachlicher Textrezeption (siehe exemplarisch Wolff 1985a; 1985b) sowie an neuere Forschungen zur Frage des optimalen inputs und der optimalen input-Verarbeitung (siehe z. B. Krashen 1985) die Frage im Vordergrund stehen, wie sich die Aufgabe, einen Text in die Muttersprache zu übersetzen, auf die Rezeption dieses Textes im Vergleich zu anderen Aufgabentypen auswirkt, insbesondere dem „reinen" Lesen, dem Resümieren und dem „commentaire dirigé", wie ihn z. B. manche Richtlinien für die Abiturprüfung vorsehen. So zeigt sich paradoxerweise, daß trotz der jahrzehntelangen Diskussion über die Rolle der Übersetzung im Fremdsprachenunterricht z. Z. in der Prozeßforschung mehr neue Fragen gestellt als alte Antworten aufgearbeitet werden. Immerhin glaube ich gezeigt zu haben, daß die Prozeßforschung ein wichtiges innovatorisches Element in der Diskussion um das Übersetzen im Fremdsprachenunterricht ist. Ich bin überzeugt, daß in dem Maße, in dem das skizzierte Programm zur Aufarbeitung des Gesamtproblems mit Hilfe von Prozeßdaten voranschreitet, dieses Problem einer Lösung ein gutes Stück näher gebracht werden kann.

Bibliographie

Arcaini, E.: *Dalla linguistica alla glottodidattica.* Torino: Società Editrice Internazionale 1968.

Ballstaedt, S.-P./Mandl, H./Schnotz, W./Tergan, S. O.: *Texte verstehen. Texte gestalten.* München: Urban & Schwarzenberg 1981.

Bausch, K.-R.: „Zur Übertragbarkeit der ‚Übersetzung als Fertigkeit' auf die ‚Übersetzung als Übungsform'." *Die Neueren Sprachen 76* (1977): 517–535.

Bausch, K.-R./Weller, F.-R. (Hrsg.): *Übersetzen und Fremdsprachenunterricht.* Frankfurt a. M.: Diesterweg 1981.

Brandt, B.: „Zur Rolle des Herübersetzens im Fremdsprachenunterricht." *Fremdsprachenunterricht* (1982): 105–109.

Cavalcanti, M. C.: „Investigating FL Reading Performance through Pause Protocols." Faerch/Kasper (Hrsg.) i. D.

Dechert, H. W.: „Analyzing Language Processing through Verbal Protocols." Faerch/Kasper (Hrsg.) i. D.

Ericsson, K. A./Simon, H. A.: *Protocol-analysis.* Verbal Reports as Data. Cambridge, Mass.: MIT Press 1984.

Ettinger, S.: „Übersetzen und Sprachunterricht. Einige Bemerkungen zur Verwendung und zur Funktion der Übersetzung an Schule und Hochschule." *Die Neueren Sprachen 76* (1977): 548–553.

Faerch, C./Kasper, G.: „Processes and Strategies in Foreign Language Learning and Communication." *Interlanguage Studies Bulletin 5* (1980): 47–118.

Faerch, C./Kasper, G. (Hrsg.): *Introspection in Second Language Research.* Clevedon: Multilingual Matters i. D.

Gallert, I.: „Die Rolle der Übersetzung in den Fremdsprachen-Curricula der Bundesländer. Eine Dokumentation." *Die Neueren Sprachen 76* (1977): 553–566.

Gerloff, P.: „Identifying the Unit of Analysis in Translation: Some Uses of Think-Aloud Protocol Data." Faerch/Kasper (Hrsg.) i. D.

Göller, A.: „Gedanken zur Herübersetzung." *Praxis des neusprachlichen Unterrichts 14* (1967): 271–277.

Groeben, N.: *Leserpsychologie: Textverständnis – Textverständlichkeit.* Münster: Aschendorff 1982.

Haastrup, K.: „Using Thinking Aloud and Retrospection to Uncover Learners' Lexical Inferencing Procedures." Faerch/Kasper (Hrsg.) i. D.

Hölscher, A./Möhle, D.: „Cognitive Plans in Translation." Faerch/Kasper (Hrsg.) i. D.

Hosenfeld, C.: „A preliminary investigation of the reading strategies of successful and nonsuccessful second-language learners." *System 5* (1977): 110–123.

House-Edmondson, J./Blum-Kulka, Sh. (Hrsg.): *Interlingual and Intercultural Communication.* Discourse and Cognition in Translation and Second Language Acquisition Studies. Tübingen: Narr 1986.

Jäger, G.: „Übersetzen und Übersetzung im Fremdsprachenunterricht." Bausch/Weller (Hrsg.) 1981: 257–264 (zuerst 1972).

Kolers, P. A.: „Interlingual Word Associations." *Journal of Verbal Learning and Verbal Behavior 2* (1963): 291–300.

Königs, F. G.: „Übersetzung und Fremdsprachenunterricht – eine Auswahlbibliographie." Bausch/Weller (Hrsg.) 1981: 339–348.

Krashen, S. D.: *The Input Hypothesis: Issues and Implications.* London: Longman 1985.

Krings, H. P.: *Was in den Köpfen von Übersetzern vorgeht.* Eine empirische Untersuchung zur Struktur des Übersetzungsprozesses an fortgeschrittenen Französischlernern. Tübingen: Narr 1986 (= Krings 1986a).

Krings, H. P.: „Translation Problems and Translation Strategies of Advanced German Learners of French (L2)." House-Edmondson/Blum-Kulka (Hrsg.) 1986: 257–270. (= Krings 1986b).

Krings, H. P.: „The Use of Introspective Data in Translation." Faerch/Kasper (Hrsg.) i. D.

Krings, H. P.: „Der Einfluß des Übersetzens auf fremdsprachliche Lernprozesse." *Kongressbericht der Zweiten Fachtagung „Fremdsprachenausbildung an der Universität" des Arbeitskreises der Sprachenzentren, Sprachlehrinstitute und Fremdspracheninstitute (AKS).* Bochum: AKS-Verlag i. D.

Ladmiral, J. R.: „Pour la traduction dans l'enseignement des langues: ,Version' moderne des humanités." Bausch/Weller (Hrsg.) 1981: 217–232 (zuerst 1973).

Leisinger, F.: *Elemente des neusprachlichen Unterrichts.* Stuttgart: Klett 1966.

Meyer, E.: „Übersetzung als Lernziel?" *Der fremdsprachliche Unterricht 10* (1976): 3–16.

Muskat-Tabakowska, E.: „The Function of Translation in Foreign Language Teaching." Bausch/Weller (Hrsg.) 1981: 73–80 (zuerst 1973).

Piepho, H.-E.: „Untersuchungen zum Übersetzungsverhalten von Schülern der Klassen 7 und 8." *Der fremdsprachliche Unterricht 10* (1976): 29–35.

Reiß, K.: „Übersetzen und Übersetzung im Hochschulbereich." *Die Neueren Sprachen 76* (1977): 535–548.

Riegel, K. F./Zivian, I. W. A.: „A Study of Inter- and Intralingual Associations in English and German." *Language Learning 22* (1972): 51–63.

Schiffler, L.: „Empirische Untersuchung zur Effektivität der Übersetzung in die Muttersprache im Fremdsprachenunterricht." *Neusprachliche Mitteilungen 23* (1970): 241–244.

Walter, H.: „Einführung in die Texterschließung durch Kombinieren und intelligentes Raten." *Neusprachliche Mitteilungen 37* (1984): 27–34.

Weller, F.-R. (Hrsg.): Themenheft „Übersetzen". *Die Neueren Sprachen 76* (1977) (= Weller 1977a).

Weller, F.-R.: „Auswahlbibliographie zur Übersetzung im Fremdsprachenunterricht und im Fremdsprachenstudium." Weller 1977: 588–603 (= Weller 1977b).

Weller, F.-R.: „Formen und Funktionen der Übersetzung im Fremdsprachenunterricht – Beispiel Französisch." Bausch/Weller (Hrsg.) 1981: 233–296).

Wolff, D.: „Verstehensprozesse in einer zweiten Sprache." *Studium Linguistik* 17/18 (1985): 165–174 (= Wolff 1985a).

Wolff, D.: *Unterschiede im muttersprachlichen und zweitsprachlichen Verstehen.* Vortrag. Elfter Fremdsprachendidaktikerkongreß Ludwigsburg 1985 (= Wolff 1985b).

Peter Scherfer

Überlegungen zum Wortschatzlernen im Fremdsprachenunterricht

Die Beiträge zur Diskussion über das Wortschatzlehren und -lernen sind zahlreich. Die Diskussion selbst aber stellt sich zu einem großen Teil als ein Dogmenstreit für oder wider die strikte Einsprachigkeit dar. Das herrschende Dogma der direkten Methode hat manchem Referendar das Leben schwer gemacht; in der alltäglichen Praxis jedoch wurde es häufig umgangen. Die Erfahrung erfolgloser einsprachiger Semantisierungen zwang dazu.[1] Henrici/Herlemann (1985: 54) kommen bei ihrer Analyse von Lehrbüchern für Deutsch als Fremdsprache zu dem Ergebnis, daß die allgemein als negativ eingeschätzten zweisprachigen Vokabelgleichungen und alphabetischen Wortlisten im Lehrmaterial immer noch vorkommen. Die generell eher positiv eingeschätzten kontextuellen Vokabelerläuterungen (mit Bildern, Umschreibungen etc.) fehlen vielfach oder sind wenig hilfreich. Darüber hinaus fehlen auch eher jüngeren Forderungen Rechnung tragende Hinweise und Übungen für systematische und bewußtmachende Verarbeitungsprozesse. Es hat den Anschein, als sei die kontroverse Diskussion für die Praxis wenig hilfreich gewesen.

Lehr- und Lernprozesse sind in der Vergangenheit häufig normativ beschrieben worden auf der Grundlage der Struktur der Zielsprache und der kommunikativ zu bewältigenden Realität (Sachfelder, Situationen etc.). Der Wert der eigenen Lern- und Lehrerfahrung, die Erfahrungsberichte von Schülern wurden demgegenüber geringgeschätzt. Es wurde nicht gefragt, ob die auf diese Weise festgelegten Strukturierungsprinzipien kognitiven Verarbeitungsprinzipien entsprechen.

Seit den siebziger Jahren ändert sich die Situation: Arbeiten, die man unter das „Postulat der Lernerzentriertheit" (vgl. Bausch/Christ/Hüllen/Krumm 1982) stellen könnte, werden zahlreicher.[2] Die Perspektive weitet sich. Die Sprachlehr-/Sprachlernforschung macht Fortschritte. Erfahrungen aus dem natürlichen Zweitsprachenerwerb bereichern die Diskussion (vgl. Butzkamm 1985) ebenso wie Forschungsergebnisse der Psychologie. Ich halte diese Entwicklung für vorteilhaft: weg von den Dogmen, hin zur unvoreingenommenen Auswertung aller Erkenntnisse, wobei das Interesse an den Schülern und ihren Lernerfahrungen im Zentrum stehen sollte.

Ich möchte mich im folgenden in diesen Trend der Sprachlehr-/Sprachlernforschung stellen und einige Ausführungen machen zur *Wortschatzselektion,* zum *Verstehen* und *Behalten* zielsprachlicher Vokabeln und zur *Technik des Vokabellernens.* Ausgangspunkt meiner Überlegungen sind Lernerfahrungen von Schülern, so wie sie mir auf einem Fragebogen mitgeteilt wurden.[3] Die Befragung legte keinen Wert auf statistische Repräsentativität. Es kam mir vielmehr darauf an, *inhaltliche* Aussagen zu den in den Fragen angesprochenen Problemen zu erhalten, die ich unabhängig von ihrer Häufigkeit des Vorkommens in meine Überlegungen einbeziehe. Dieses Vorgehen erscheint mir legitim, da jeder Bericht über eine gemachte Lernerfahrung – wenn er adäquat interpretiert wird – Aufschluß über eine menschliche Lernstrategie geben kann. Wenn man davon ausgeht, daß alle Menschen über die jeweiligen Lernstrategien potentiell verfügen, so soll damit nicht behauptet werden, daß auch alle Menschen diese Strategien in gleicher Weise ausnutzen. Es ist vielmehr damit zu rechnen, daß es verschiedene Lernertypen gibt, die bestimmten Lernstrategien den Vorzug geben (vgl. Riessmann 1967, Reinert 1976).

1. Wortschatzselektion

Die Analyse der Antworten auf die Frage Nr. 3 des Fragebogens: „Gibt es Deiner Meinung nach unter den Vokabeln, die Du lernst, bzw. lernen möchtest, bestimmte Wörter, die Du für wichtiger hältst als andere?" führt zu folgenden Ergebnissen:

a) Die Schüler wollen sehr dezidiert Vokabeln aus dem Register „Umgangssprache" lernen;

b) sie wollen Vokabular lernen zur sprachlichen Bewältigung von Alltags- und Urlaubssituationen (genannt werden beispielsweise Situationen wie: „im Geschäft", „im Café/Restaurant", „im Hotel", „im Jugendaustausch", „in der Werkstatt", „in Notfällen" etc.);

c) die Schüler im sechsten Lehrjahr nennen noch das Vokabular der literarischen Interpretation, der *explication de texte.*

Die Antworten des Typs a) bis c) scheinen sehr geprägt zu sein durch das, was die Lehrer den Schülern heute als sinnvolle Lernziele mitteilen. So wichtige Faktoren wie Hörverstehen (man denke ans Fernsehen) oder Lesen-Können werden gar nicht genannt. In jedem Fall erlaubt es der Stand der Forschung sehr gut, auf solche Lernerbedürfnisse einzugehen. Er ist grosso modo durch zwei Strömungen gekennzeichnet: Einerseits durch das Arbeiten mit Universalnützlichkeitsmaßen, das Parameter verwendet wie: Häufigkeit des Vorkommens, Verteilung, Verfügbarkeit, Vertrautheit, Leistungsfähigkeit und Reichweite und das das Ziel hat, sogenannte Grund (Basis-) oder Mindestwortschätze (vgl. z. B. Raasch 1969) zu erstellen; andererseits durch lerngruppenorientierte Festlegungen der zu lehrenden und zu lernenden lexikalischen Einheiten, die solche Faktoren wie kommunikative Situation, Gesprächsabsicht, sprachliche Handlungstypen berücksichtigen. Ein typisches Beispiel für Arbeiten der erstgenannten Art ist das *Français Fondamental* (FF 1; FF 2), das in bestimmten, den jeweiligen Bedürfnissen angepaßten Ausprägungen in unsere Richtlinien und Lehrmaterialien eingegangen ist. Der andere Typ von Arbeiten ist repräsentiert durch die Lernzielkataloge der Volkshochschulen (vgl. Pädagogische Arbeitsstelle des Deutschen Volkshochschul-Verbandes 1977) und durch das Europaratprojekt, das für das Französische zur Erarbeitung des *Niveau Seuil* (Coste et al. 1976) geführt hat.

Hier liegen also für das Französische umfangreiche Vorarbeiten vor, die allerdings als solche nicht direkt in der Praxis des Französischunterrichts benutzt werden können. Die Sprachbeschreibung vom Typ des *Français Fondamental* liefert alphabetisch geordnete Listen isolierter Wörter, diejenige vom Typ des Europarats Listen abstrakter begrifflicher Notierungen mit gegenübergestellten exemplarischen Versprachlichungsvorschlägen. Beide Typen von Sprachbeschreibung sind letztlich Abstraktionen der authentischen sprachlichen Realität. Um im Fremdsprachenunterricht benutzt zu werden, müssen im einen Fall isolierte Wörter (re)kontextualisiert, im anderen Fall angemessene Versprachlichungen gefunden werden.[4] Es müssen also geeignete Texte und Dialoge konstruiert werden, die den Schülern als Muster geboten werden können.

In diesem Zusammenhang ist eine weitere Forderung der Schüler interessant:

d) Als wichtig stellen sie das Vokabular „zum Führen von Gesprächen", „Anrede-formen", „zusammenhängende Gesprächs-/Redeformeln", „gebräuchliche Redensarten" etc. heraus.

Will man dieser Forderung in der Praxis Rechnung tragen, so muß man sich klarmachen, daß Alltagsgespräche zu einem großen Teil in ihrem Aufbau und Ablauf, in ihrer sprachlichen Form und teilweise auch in ihren Inhalten stereotypisiert sind: Es gibt Konventionen darüber, wie etwas über einen bestimmten Gesprächsgegenstand üblicherweise geäußert wird (vgl. z. B. Antes 1978; Clyne 1981, 1984); es gibt Regeln dafür, wer wann auf welche Weise ein Gespräch eröffnen, fortsetzen und abbrechen kann, und es gibt Formeln, welche üblicherweise benutzt werden, um beispielsweise die Einleitung, die Fortsetzung, den Abbruch eines Gespräches (vgl. Gülich/Henke 1979/1980), die sozialen Beziehungen zwischen den Gesprächspartnern (vgl. Scherfer 1977: „partnerbeziehungssignalisierende Formeln") oder andere soziale Gesprächsbedingungen (z. B. Öffentlichkeit) zu signalisieren. Man kann davon ausgehen, daß die gesprächsorganisierenden Konventionen des Deutschen und des Französischen weitgehend identisch sind. Ob die Schüler diese Konventionen tatsächlich beherrschen, ob sie sie – wenn erforderlich – in ausreichendem Maße im muttersprachlichen Unterricht lernen oder ob dies der Fremdsprachenunterricht auch noch leisten muß, das sind beim augenblicklichen Stand unseres Wissens noch offene Fragen. Was die Schüler auf jeden Fall lernen müssen, sind die für die jeweiligen Zwecke üblicherweise benutzten „Gesprächssteuerungsformeln" und „Routineformeln"[5] der Fremdsprache. Bouton (1962: 9) charakterisiert dieses Problem aus fremdsprachendidaktischer Sicht unter dem Stichwort *cliché* folgendermaßen:

Pour une situation donnée, l'usage a élaboré des formules, des clichés, auxquels le sujet parlant a recours d'une manière spontanée. Ces formules sont nombreuses, en particulier dans le vocabulaire de la vie sociale. [. . .] Ces formules polies par l'usage sont souvent mal interprétées par l'élève étranger [. . .] S'il les comprend, il ne les réemploie pas spontanément quand il se trouve dans la situation de le faire. Il préfère alors, avec les éléments lexicaux dont il dispose, se forger une expression qui traduit ce qu'il pense. Ce qu'il dit ou écrit alors „ne fait pas français".

Auch Körner (1972: 42) weist auf die unterrichtliche und kommunikationspraktische Wichtigkeit von „,phatische' und ,konative' Funktion[6] erzielenden Einheiten" hin und fordert deren Erforschung. Als Beispiele führt er Einheiten auf wie: *si tu veux, si j'ose dire, voilà, en effet, eh bien, bien sûr, c'est certain* und *allez, tenez/tiens* und *quoi* in Sätzen wie

(1) *Allez, je me sauve.*
(2) *Tenez, regardez ce tableau.*
(3) *Tiens, c'est une idée.*
(4) *Il est fou, quoi.*

Seit dem Erscheinen von Sölls Arbeit zum gesprochenen Französisch (1974) ist diese Forschung ein gutes Stück vorangekommen. Die Arbeit von Gülich (1970) zu den Gliederungssignalen des Französischen hat der Beschreibung der Partikel und Modalausdrücke des Französischen wichtige Impulse gegeben. Auch Arbeiten konversationsanalytischer Prägung liegen inzwischen (auch unter fremdsprachendidaktischem Aspekt) vor.[7] Trotzdem scheint der Unterricht hier noch zu sehr im Traditionellen verhaftet zu sein.

2. Verstehen und Behalten

Mein Fragebogen enthielt zwei Fragen (Nr. 4 u. 5), die Hinweise dafür liefern sollten, welche Vokabeln die Schüler leichter bzw. schwerer verstehen und welche sie leichter behalten bzw. schneller vergessen. Eine weitere Frage (Nr. 7) zielte darauf ab, Informationen über die von den Schülern verwendeten mnemotechnischen Strategien („Eselsbrücken") zu gewinnen. Die Auswertung der Antworten auf die Fragen 4. und 5. ergibt, daß auf beide Fragen weitgehend identisch geantwortet wurde. Damit bestätigen die Schüler die aus der Unterrichtspraxis und aus der Psychologie bekannte Erkenntnis, die Oehler (1972: 5) folgendermaßen formuliert:

„Was gelernt werden soll, muß auch verstanden sein" (vgl. noch Rohrer 1978: 35–47). Die zu analytischen Zwecken unterscheidbaren Prozesse des Verstehens und Behaltens werden von den Schülern als Einheit wahrgenommen.

Ein erster Typ von Aussagen, der das Verstehen als Voraussetzung des Behaltens betrifft, läßt sich folgendermaßen zusammenfassen:

e) Einige Schüler geben an, sie könnten konkrete Wörter, die man mit „Zeichen" (gemeint: Symbole) /Bildern oder mit anderen Wörtern erklären könne, leichter verstehen. Entsprechend verstünden sie abstrakte Wörter, die man nicht auf diese Weise erklären könne, schwerer und könnten sie also auch nicht behalten.

Solche Aussagen lassen darauf schließen, daß die betreffenden Schüler einsprachigen Vokabelerklärungen ausgesetzt sind, die sie nicht verstehen. Damit werden die oben bereits angedeuteten Erfahrungen (vgl. Anm. 1) im Jahre 1985 noch einmal bestätigt. Beim heutigen Stand der Forschung erscheint es mir überflüssig, die Diskussion für und wider die strikte Einsprachigkeit noch einmal zu wiederholen. Die Argumente, die auf Grund empirischer Überprüfungen (Dodson 1967; Crothers/Suppes 1967; Preibusch/Zander 1971) sowie aus sprachtheoretisch-psychologischer (z. B. Quetz 1973, 1974; Vielau 1975; Hinkel 1980) und biologischer Sicht (z. B. Schneider 1979) gegen die strikte Einsprachigkeit vorgetragen wurden, sind überzeugend.[8] Bei Semantisierungen läßt es sich – auch wenn einsprachig erklärt wird – nicht verhindern, daß die Schüler die zielsprachliche Bedeutung automatisch in die Muttersprache übersetzen, d. h., daß sie der zielsprachlichen Wortform eine ausgangssprachliche Bedeutung zuordnen, und zwar auf jeden Fall immer dann, wenn sie bereits über den entsprechenden ausgangssprachlichen Begriff verfügen (vgl. Hiller 1981). Die befürchteten negativen Interferenzen konnten für das Wortschatzlernen empirisch nur als kaum relevant nachgewiesen werden.[9] So kann man sich der Forderung von Oehler (1972: 10), Quetz (1973) und Loebner (1974: 22) nach mehr Mut zur „positiven Interferenz" durchaus anschließen.

Damit soll nicht gesagt sein, daß die Verfahren, die man bisher zur einsprachigen Bedeutungserklärung eingesetzt hat, aus dem Fremdsprachenunterricht zu verbannen seien. Sie behalten durchaus ihren Wert, jedoch in einer anderen Funktion, handelt es sich bei ihnen doch um Strategien metasprachlicher Kommunikation, deren Beherrschung den Schülern im Kontakt mit Sprechern der Zielsprache durchaus nützlich sein kann, beispielsweise wenn die Bedeutung eines nicht verstandenen Wortes besprochen werden muß (vgl. Scherfer 1982).

Mit dem Begriff *Inferenz* (vgl. Carton 1971) ist auf eine Lernstrategie hingewiesen worden, die darauf beruht, daß Lerner für das Verstehen und Behalten eines unbekannten Wortes alle ihnen verfügbaren Informationen heranziehen, z. B. die Kenntnis ihrer Muttersprache oder anderer Sprachen, den entsprechenden sprachlichen oder außersprachlichen Kontext, ihr Weltwissen etc.[10] Um den Wert dieser Strategie wissen auch die von mir befragten Schüler:

f) Sie geben an, daß sie diejenigen Wörter leichter verstehen und behalten könnten, die „Ähnlichkeiten" mit dem Deutschen, dem Englischen oder dem Lateinischen bzw. mit bereits Gelerntem aufweisen (so sei z. B. *espoir* leichter zu verstehen, wenn man *espérer* bereits kenne).

Diese Schüler haben hier ein Phänomen erkannt, das in der Literatur unter dem Terminus *potentieller Wortschatz* diskutiert wird (vgl. Denninghaus 1976; Zapp 1983; Lübke 1984). Damit sind die Fähigkeiten der Lerner gemeint, auf Grund der folgenden drei Verfahren Bedeutungen zu verstehen, ohne sie speziell gelernt zu haben (nach Lübke 1984: 374)[11]:

1. Ableitung der französischen Wortbedeutung aus anderen französischen Wörtern, z. B. *continuellement* aus *continuer, s'enflammer* aus *la flamme* etc.
2. Ableitung der französischen Wortbedeutung aus Wörtern anderer Fremdsprachen, z. B.: frz. *éternel* aus engl. *eternal*, frz. *destin* aus engl. *destiny* etc.
3. Ableitung der französischen Wortbedeutung aus deutschen Fremdwörtern, z. B.: *immense* aus *immens, lecture* aus *Lektüre* etc.

Lübke (1984: 375–377) kann die enorme quantitative Bedeutung des potentiellen Wortschatzes plausibel machen. Er weist ferner auf seine außerordentliche Wirksamkeit hin: Jede neu hinzugelernte fremdsprachliche Vokabel, jedes Fremdwort erweitert den potentiellen Wortschatz um mehr als nur um sich selbst. Hier zeigt sich, wie sehr der Fremdsprachenunterricht von der Allgemeinbildung der Schüler profitieren kann.[12]

Den Konsequenzen, die Lübke (1984: 378–379) aus der Existenz des potentiellen Wortschatzes zieht, kann man durchaus zustimmen:

1. Er warnt davor, im Französischunterricht „die Einseitigkeiten der direkten Methode aufleben zu lassen";
2. er rät den Lehrern, den potentiellen Wortschatz der Schüler z. B. dadurch zu aktivieren, daß keine Vokabeln erklärt werden, die die Schüler nicht auch selbst herausbekommen könnten;
3. er fordert die Berücksichtigung des potentiellen Wortschatzes bereits im Anfangsunterricht;
4. Er spricht sich für eine bessere Koordination der verschiedenen Sprachunterrichte aus.

Zum Behalten und Verstehen geben die befragten Schüler weiterhin an,

g) daß sie „gebräuchliche", „übliche" etc. Wörter leichter verstehen und behalten könnten als „ungebräuchliche", „unübliche".

Dieser Befund könnte darauf zurückzuführen sein, daß – wie Zimmer (1985a: 326) ausführt – die meisten Objekte hierarchisch kategorisierbar sind. So befänden sich *Hammer* und *Pilz* auf der mittleren Ebene der Hier-

archien: *Maurerhammer, Hammer, Werkzeug,* bzw. *Fliegenpilz, Pilz, Pflanze.*
Psychologische Forschungen hätten ergeben, daß Wörter, welche Kategorien auf der mittleren Hierarchieebene, der sogenannten Basisebene (*basic level*: vgl. Rosch et al. 1976), bezeichnen, am frühesten und am schnellsten gelernt würden.

Aus diesen psychologischen Forschungen ergibt sich als Konsequenz für die Wortschatzprogression im Sprachkurs, daß zur Lernerleichterung die Wörter der Basisebene vor den spezielleren oder allgemeineren vorkommen sollten.

Wie weiter unten noch deutlicher wird, ist der Wortschatzerwerb im Fremdsprachenunterricht generell als ein Prozeß aufzufassen, in dem von einem relativ vagen Verstehen und Verarbeiten der zielsprachlichen Bedeutung (ausgehend von der Muttersprache über ein Interimslexikon) zu einem immer genaueren Erfassen der Bedeutung, das dann auch konnotative und soziokulturelle Komponenten umfaßt, fortgeschritten wird.[13] Diesen Prozeß könnte man sich so vorstellen, daß der Lerner vom partiellen zum vollständigen Besitz der fremdsprachlichen Bedeutung fortschreitet, daß er zunächst bestimmte (semantische) Merkmale bzw. bestimmte Lesarten des Lexems noch nicht erfaßt, die er später hinzulernt.

Zwei weitere Beobachtungen, über welche die Schüler berichten, bedürfen keines ausführlichen Kommentars. Sie stellen fest,

h) daß sie kurze, „normal" konstruierte und leicht auszusprechende Wörter leichter verstehen und behalten könnten als lange, ungewöhnlich konstruierte und schwer auszusprechende (genannt werden z. B. *oignon, oiseau, juin*);

i) daß sie Wörter, die im Sprachkurs häufiger vorkommen, besser erkennen und behalten als selten vorkommende.

Die letztgenannte Beobachtung (i) entspricht einer Binsenweisheit, die nicht nur durch die Erfahrung, sondern auch durch psychologische Forschungen abgesichert ist (vgl. Firges 1974: 62).

Die Erklärung für (h) ist in der Wahrscheinlichkeitsstruktur der Sprache (vgl. Hörmann, 1967, Kap. 5; Zimmer 1985: 272) zu suchen: Je größer die Wahrscheinlichkeit des Vorkommens einer Laut- oder Buchstabensequenz, desto leichter das Erkennen und Behalten. Zielsprachliche Wörter mit einer Lautstruktur, die der ausgangssprachlicher Wörter ähnelt, werden besser behalten (vgl. Firges 1974).

Unter den Wortarten werden die Funktionswörter, insbesondere die Präpositionen, als schwer zu behalten eingestuft.[14]

Wenn es schwer und leicht zu behaltende sprachliche Einheiten und Erscheinungen gibt, dann stellt sich das Behalten für die Schüler nicht als unproblematisch dar. Welche „Tricks"[15] benutzen sie, um ihre Behaltensleistung zu steigern?

Ott/Blake/Butler (1976) führen Evidenzen dafür auf, daß mnemotechnische Strategien („*mental elaboration*") von Lernern spontan gefunden und benutzt werden. Die von mir befragten Schüler bestätigen dies.

j) Sie führen einige Merksätze auf, die insbesondere orthographische Schwierigkeiten betreffen:
   - Schreibe *bicyclette* erst *i* dann *y*, da im Alphabet *i* vor *y*.
   - Wann schreibt man ou mit und wann ohne Akzent? Antwort: „Auf der Oder schwimmt kein Gras" [sic.].
   - Auf dem Fundament steht ein *bâtiment* mit Dach (=ˆ).

Ein weiterer Trick, sich die Orthographie einzuprägen, besteht darin, sich die „deutsche Aussprache" der französischen Wörter zu merken, als *difficile* als [difikile], *la banlieue* als [labanlioje].

Manche Schüler merken sich zu einer Vokabel, die sie unbedingt behalten wollen, ein Reimwort, oder sie nutzen Reime aus, z. B. zum Behalten der Präposition, die mit *intervene* steht: *intervene – between.*

Ein anderer Schüler gibt an, daß er Vokabeln dadurch behält und ihre Bedeutung wiederfindet, daß er die Seite seines Vokabelheftes, auf der die Vokabel steht, vor seinem geistigen Auge erscheinen lassen kann.

Dieser Befund läßt darauf schließen, daß recht viele und recht unterschiedliche Phänomene als „Mediationselement" fungieren können. Darüber, welche mnemotechnischen Strategien für wen und für welchen Lerngegenstand im Fremdsprachenunterricht am besten geeignet sind, gibt es leider noch zu wenig Erkenntnisse. Die Ergebnisse der Tests von Champagnol (1972) und Hartwig (1974) ergaben, daß Wörter besser behalten werden, wenn sie mit dem entsprechenden Gegenstand oder seiner bildlichen Darstellung assoziiert werden (vgl. hierzu noch Lübke 1973). Ott/Blake/Butler (1976) kommen zu dem Ergebnis, daß konkrete Wörter am besten behalten werden, wenn sie mit mentalen Bildern, abstrakte Wörter, wenn sie mit sprachlichen Elementen assoziiert gelernt werden (vgl. auch Engelkamp 1985: 306).

Bei diesem Stand der Dinge ist es angebracht, die Schüler zu ermutigen, die ihnen gemäßen mnemotechnischen Strategien zu finden, sie sich bewußt zu machen und solche „Tricks" ruhig anzuwenden. Es könnte sein, daß die Schüler sich scheuen, die Verwendung solcher Verfahren zuzugeben, weil das als „kindisch" angesehen werden könnte. So schrieb ein Schüler folgenden Kommentar zu einer Merkregel, die er beispielhaft aufgeführt hatte: „Das ist zwar beknackt, kann man sich aber merken."

Es ist auch damit zu rechnen, daß manche Schüler etwas einfallslos beim Finden und Bewußtmachen von assoziativen Lernhilfen sind. Hier sollte und kann der Lehrer Vorschläge machen und Beispiele vorführen.

Da es sich – wie Engelkamp (1985: 305) feststellt – in der Psychologie durchaus bewährt hat, „Bedeutungen von Wörtern als Konzepte anzusehen, die in einem Netzwerk verankert sind", kann man davon ausgehen, daß Bedeutungen als Begriffe und als Relationen zwischen diesen Begriffen verarbeitet und gespeichert werden. Hieraus folgt für die Fremdsprachendidaktik das Gebot, alles, was Beziehungen zwischen Wörtern und deren Bedeutungen stiften kann, als positiv für die Wortschatzarbeit zu betrachten. Beziehungsstiftend können sein: Beziehungen zwischen Wortformen, syntaktisch-morphologische Strukturen, semantische Merkmale, Sinnrelationen oder außersprachliche Zusammenhänge. Raasch (1970) konkretisiert diesen Gedanken. Er führt folgende Möglichkeiten auf: Wortverbindungen (Vokabeln werden in für sie typischen Kontexten gelernt); Wortableitungsklassen (vgl. Anm. 11), Wortfamilien/ morphologische Felder, Homophone/Homographe/Homonyme, Synonyme, Antonyme, Wortfelder, Sachfelder, *Centres d'intérêt* (Raasch 1970a), stilistische Felder, *faux amis*, Neologismen.[16] Auf Grund neuerer Forschungen müßten auch solche Strukturierungen wie die in Form von Prototypen (Rosch 1977) und Begriffsschemata (Fillmore 1977, 1978, 1982) berücksichtigt werden.

Wortbedeutungen werden jedoch nicht nur in Verbindung mit verbal bzw. inhaltlich fundierten Assoziationen kognitiv verknüpft, sondern auch mit sensorischen und motorischen Eindrücken, die wir mit Objekten und Ereignissen verbinden (vgl. Engelkamp 1981). Im Fremdsprachenunterricht ist also der Einsatz von visuellen und akustischen Lernhilfen durchaus anzuraten. Auch eigenes Handeln steigert die Behaltensleistung. Psychologische Untersuchungen ergaben, daß Verbalphrasen wie *die Hand eincremen, die Karten mischen* am besten behalten werden, wenn die entsprechenden Handlungen beim Hören der Phrasen ausgeführt wurden (vgl. Engelkamp/Krumnacker 1980; Engelkamp/Zimmer i. D., vgl. noch Engelkamp 1985: 308–309; 1985a: 338). Auch Emotionen haben zur Folge, daß sprachliche Inhalte (Bedeutungen), die durch sie ausgelöst bzw. mit ihnen verbunden werden und ihnen insofern entsprechen, besser kognitiv verarbeitet und behalten werden (vgl. Engelkamp 1985a: 338–340). Dialog- oder Rollenspiele oder gar die Anwendung der Fremdsprachenunterrichtsmethode des *Total Physical Response* (Asher 1977; vgl. Bleyhl 1982), die im wesentlichen darin besteht, die Schüler Aufgaben und Handlungen ausführen zu lassen, bei denen die Kommunikation in der Zielsprache abläuft, könnten – wenn wohl auch nur in begrenztem Maße – diesen Erkenntnissen in der Praxis Rechnung tragen. Auf jeden Fall sollte im Unterricht daran gedacht werden, daß – jedenfalls nach den hier referierten psychologischen Auffassungen – mehrfach repräsentierte Bedeutungen mental am besten verankert sind. „Mehrfach" heißt hier: nicht nur auf der verbalen oder den sensorischen oder der motorischen oder der emotionalen Ebene, sondern möglichst gleichzeitig auf mehreren dieser Repräsentationsebenen (vgl. Engelkamp 1985a).

3. Die Technik des Vokabellernens

Die Lektüre des bereits erwähnten Artikels von Ott/Blake/Butler (1976; vgl. bes. 42) über die Wichtigkeit und die Mannigfaltigkeit mnemotechnischer Strategien beim Sprachenlernen hatte in mir die Vermutung und die Hoffnung geweckt, daß die Schüler beim selbständigen Vokabellernen zu Hause, ohne groß darüber zu sprechen, mit anderen und variationsreicheren Verfahren operieren müßten als nur mit dem alt bekannten: „Linke Spalte zuhalten, rechte Spalte abfragen". Die Auswertung der entsprechenden Frage (Nr. 7) meines Fragebogens war enttäuschend. Idealtypisch läßt sich aus den Antworten folgende Technik des Vokabellernens rekonstruieren:

k) 1a) Die französisch-deutschen Vokabelgleichungen werden gründlich durchgelesen und/oder

    1b) sie werden aus dem Lehrbuch schriftlich in ein Vokabelheft übertragen.

    2) Dann wird die linke (französische) Spalte verdeckt, und die Schüler versuchen, die Übersetzungen/Entsprechungen der auf der rechten Seite stehenden deutschen Wörter zu finden.

    3a) Das französische Wort wird leise oder laut ausgesprochen und/oder

    3b) aufgeschrieben.

    4) Es wird überprüft, ob die gefundene Lösung stimmt.

    5) Die falschen Lösungen werden herausgezogen, und es wird mit ihnen das Verfahren 2) bis 4) erneut durchlaufen, bis alles richtig gelöst werden kann.

    6) Wenn möglich oder nötig, wird nach dieser Technik wiederholt.[17]

Nicht alle Schüler lesen/sprechen *und* schreiben die zu lernende Vokabel. Manche tun nur das eine; manche nur das andere. Diejenigen, die beides tun, lernen auf jeden Fall erst mündlich, dann schriftlich. Die möglichen anderen Varianten zu diesem Lernen sind ebenfalls gut bekannt: Statt das deutsche Wort selbst nachzuschauen, kann man sich abfragen lassen oder es auf Tonband sprechen und es sich wieder vorspielen. Nur ein Schüler spricht von einer Vokabelkartei. Er schreibt aber dazu, daß er sie nur für den Englischunterricht führe und nicht auch für das Französische, weil das Führen einer solchen Kartei zeitlich und organisatorisch zu aufwendig sei.

Wie ist dieser Befund zu interpretieren?

Zunächst einmal ist festzustellen, daß trotz des allgemein akzeptierten Glaubens, daß „die Vokabelgleichung für das *Erlernen* einer Sprache ein *Negativum*" sei (so z. B. Müller 1957: 1) und trotz der von der Mehrheit der Fremdsprachendidaktiker getragenen Bemühungen, sie aus dem Lernprozeß zu eliminieren (vgl. z. B. Doyé 1961), die meisten, wenn nicht gar alle Schüler dieses Verfahren benutzen. Wenn sie dabei von den deutschen Wörtern ausgehen, vergegenwärtigen sie sich die mit diesen Wörtern verbundenen, „deutschen" Begriffe und suchen in ihrem Gedächtnis nach den entsprechenden französischen Wort*formen*. Bei diesem Lernverfahren werden also nicht neue Bedeutungen gelernt, sondern neue (französische) phonische/graphische Repräsentationsformen für bereits erworbene Begriffe. Das gilt jedenfalls für diejenigen Wortbedeutungen, die in Ausgangs- und Zielsprache übereinstimmen bzw. sich überlappen. Wenn Wortbedeutungen der Zielsprache in der Ausgangssprache fehlen, muß der Bereich der muttersprachlichen Bedeutung verlassen und der entsprechende Begriff gebildet werden (vgl. Schwarze 1975: 59–61). Wegen dieses letzten und vor allem auch wegen der Fälle einander nur teilweise entsprechender Bedeutungen sind Vokabelgleichungen für das Vokabellernen als schädlich dargestellt worden.

Das Heilmittel, mit dem man diesem vermeintlichen Übel beikommen wollte, lag in dem Vorschlag, neue Vokabeln in sprachlichen Kontexten zu lernen. Begründet wurde dieser Vorschlag damit, daß Wörter beim Sprechen stets in Kontexten vorkämen und daß der Kontext „oft bereits die Erklärung selbst" sei (Müller 1957: 2). Bereits zu Beginn der dreißiger Jahre konnte Seibert (1930) experimentell nachweisen, daß das Wortlernen mit Hilfe der Vokabelgleichungen („learning the vocabulary by associated pairs") bei weitem effektiver ist als das Lernen neuer Wörter in sprachlichen Kontexten. Seibert (1930: 313) selbst begründet dies folgendermaßen:

It is evident that in using a word in a thousand possible combinations, the reactions obviously are limited in every case to the meaning of the word, and the context in which it was originally learned quickly fades out. Then why learn it first?

Ott/Blake/Butler (1976: 38–40) berichten von (allerdings unklaren) Experimenten, nach denen das Vokabellernen in syntaktischen Kontexten vorteilhaft wäre. Sie schränken jedoch ein:

The finding that some syntactic constructions were more effective than others suggests that simply creating a sentence does not guarantee effective elaboration (S. 40).

3.1. Das Lernen von Vokabeln in sprachlichen Kontexten

Die Auswertung der Frage Nr. 7, ob die Schüler die neuen Vokabeln lieber als einzelne Wörter lernen würden oder lieber, wenn sie in einem Satz, Ausdruck etc. vorkommen, ergibt das folgende quantitative Bild:

	einzeln	im Kontext	einzeln mit Einschränkung	im Kontext mit Einschränkung	keine Antwort
2. Lernjahr	16	9	2	2	–
4. Lernjahr	6	1	1	–	1
6. Lernjahr	1	2	2	2	–
ges.: 45	23	12	5	4	1

Dieses Ergebnis überrascht: Während einerseits alle Schüler angaben, nach der Vokabelgleichung-Methode zu lernen, wo ja im allgemeinen die Vokabeln ohne Kontext gelernt werden, geben andererseits fast ein Drittel der Befragten an, daß sie lieber die neuen Vokabeln in Kontexten lernen würden.

Erste Hinweise zur Lösung dieses Widerspruches werden sich in den Antworten finden lassen, in welchen mit Einschränkungen Position bezogen wurde.

Zunächst jedoch sei eine typische Begründung für die Ablehnung des Vokabellernens im Kontext zitiert:

l)   – „Ich lerne die neuen Vokabeln lieber als einzelne Wörter, da ich sonst noch andere Wörter lernen müßte."

Demnach wählen diejenigen, die sich für das Lernen einzelner Vokabeln entscheiden, den ökonomischen Weg für das Einprägen des neuen Wortes und seiner Bedeutung. Andere Schüler jedoch zeigen durch ihre Antworten, daß ihr Vokabellernen über diese Lernaufgabe hinausgeht. Sie schreiben z. B.:

m) – „Ich lerne sie erst einzeln, und wenn ich sie kann, im Zusammenhang."
    – „Ich lerne lieber einzelne Wörter, aber ich kann sie besser anwenden, wenn ich sie in ganzen Sätzen lerne."
    – „Ich lerne die Wörter einzeln, aber zum besseren Lernen eignen sich Sätze, um auch gleich die Anwendung der neuen Vokabel zu üben."

Hieraus folgt, daß diese Schüler sich nicht damit begnügen, für bereits vorhandene Begriffe zielsprachliche Wortformen zu lernen. In einem nächsten Schritt fangen sie an, die Bedeutung, die sie mit dem zielsprachlichen Wort verbinden, zu „bearbeiten", wofür Kontexte wichtig sind.[18] Dabei findet auf jeden Fall eine Entfernung von der ausgangssprachlichen Bedeutung statt, die im günstigsten Fall zur zielsprachlichen Bedeutung führt. Dieser Fall wird jedoch – wie die Arbeiten von Kielhöfer (1978) und Kielhöfer/Schmidt (1981) zeigen – nicht immer erreicht: die neue Bedeutung kann sich von der muttersprachlichen entfernen, ohne der zielsprachlichen näherzukommen: Es bildet sich ein Interimslexikon mit einer ihm eigenen Struktur heraus. Die Untersuchungen von Strick (1980, vgl.: 171) liefern Anhaltspunkte dafür, daß die Strukturen des Interimslexikons auf universellen semantischen Primitiven basieren und „salient, culturally invariant dimensions, restricted by cognitive or perceptual constraints on possible categories" besitzen könnten.

Wir können also feststellen: Die Aufgaben der Wortschatzarbeit im Fremdsprachenunterricht bestehen nur zu einem geringen Teil in der Vermittlung von neuen Bedeutungen. Dieser Fall tritt nur ein, wenn eine Wortbedeutung der Zielsprache in der Ausgangssprache nicht vorhanden ist. Hierbei handelt es sich um Wörter, die durch Kulturverschiedenheit bedingte Erscheinungen ausdrücken. Landeskundliche Sachinformationen helfen den Schülern, die entsprechenden Begriffe zu bilden. Das Wesen der Wortschatzarbeit im Fremdsprachenunterricht liegt vielmehr hauptsächlich darin, Bedeutungsunterscheidungen von Wörtern der Ausgangs- und der Zielsprache und von Wörtern innerhalb der Zielsprache bewußt zu machen und einzuüben, um so den Schülern in einem länger dauernden Prozeß ein immer genaueres Erfassen der zielsprachlichen Bedeutung zu ermöglichen. Je nach Lernniveau sind immer differenziertere Einsichten in die Struktur des zielsprachlichen Lexikons zu vermitteln und die daraus resultierenden Ausdrucksmöglichkeiten zu üben.[19] Sprachliche Routineformeln[20] sind zu erklären und ihr situationsangemessener Gebrauch ist zu üben. Konnotationen, „le potentiel culturel, émotionnel, historique qui s'attache au mot" (Bouton 162: 10), sind zu vermitteln.[21]

Schließlich sind – und das sollte nicht vergessen werden – auch die zielsprachlichen Wort*formen* und ihre grammatischen Eigenschaften (z. B. Genus des Nomens) zu lehren und zu lernen.

Mit den bisherigen Ausführungen ist die Frage nach der Rolle von Kontexten beim Vokabellernen noch nicht erschöpfend beantwortet, denn es gibt auch Schüler, die folgendes anführen:

n) „Ich lerne lieber in Sätzen, dann behält man die Vokabeln besser."

Können sprachliche Kontexte also auch eine behaltenssteigernde Wirkung haben? Engelkamp (1985a: 345–346) berichtet über psychologische Forschungen, die ergeben hätten, daß syntaktische Faktoren, welche den Fokus der Aufmerksamkeit steuern können (vgl. Zimmer 1985a: 327), das Behalten beeinflussen.[22] Nach Untersuchungen von Coleman (1965), Martin/Walter (1969), Rosenberg (1968) und Engelkamp/Zimmer (1982) würden Wörter in der Position des grammatischen Subjekts besser behalten als die anderen Wörter des Satzes (Subjekt-Überlegenheitseffekt). Gibt es für diesen Befund auch eine linguistische Erklärung? Nach Fenk-Oczlon (1983: 27) wird die grammatische Kategorie *Subjekt* „als Verbindung zwischen der semantischen Rolle *Agens* und der pragmatischen Kategorie *Topic* gesehen"; die grammatische Kategorie *Objekt* „als Schnittpunkt aus der semantischen Rolle *Patiens* und der pragmatischen Kategorie *Comment*". Da das Subjekt im neutralen Aussagesatz in der Topic-Position ist, trägt es weniger Information als das Objekt und das Verb. Vielleicht ist es gerade deswegen und wegen der exponierten Stellung am Satzanfang (jedenfalls im pragmatisch neutralen Aussagesatz) besonders geeignet, die Wahrnehmung auf sich zu ziehen. Hier könnte u. U. auch die Tatsache eine Rolle spielen, daß – jedenfalls im Deutschen und im Französischen – alle finiten Verben zwar ein Subjekt haben, nicht aber ein Objekt und daß deswegen

die möglichen Subjekte eines Verbs beim Lernen dieses Verbs eher mitge-
lernt werden als die möglichen Objekte. Dann wären die Konstituenten in
Subjektposition leichter etwas „als bekannt Vorausgesetztes" (= Topic).
Auch andere syntaktische Konstruktionen sind geeignet, den Fokus der
Aufmerksamkeit zu lenken und damit die Behaltensleistung zu verbessern.
Engelkamp (1985: 346; vgl. noch Engelkamp/Krumnacker 1978) weist
besonders auf die *mise-en relief*-Konstruktion („C'est le maire qui a défendu
le député") hin. Daneben jedoch hat das Französische eine Reihe von Möglichkeiten, über syntaktischen Strukturen die Thema-Rhema-Abfolge zu
gliedern:

– Extraposition des Subjekts:
  Un grave accident s'est produit sur la N 7 → *Il s'est produit un grave accident sur la N 7.*
  Im ersten Satz steht das Subjekt links vom Verb und ist also Thema, im zweiten
  steht es rechts vom Verb, ist also Rhema in der Informationsabfolge.
– Aktiv/Passiv-Konstruktionen
  Un accident (Thema) *a interrompu la circulation sur l'autoroute du Nord* (Rhema) → *La
  circulation sur l'autoroute* (Thema) *a été interrompue par un accident* (Rhema).
– Satzsegmentierung
  Sa voiture (Thema), *elle n'est pas neuve* (Rhema) → *Elle* (Rhema) *n'est pas neuve, sa
  voiture* (Thema).[23]

Die sprachlichen Verhältnisse sind in diesem Bereich also so komplex,
daß man heute noch kein abschließendes Fazit über die behaltenssteigernde Wirkung von verbalen Kontexten ziehen kann. Fest steht, daß nicht be-
liebige Kontexte eine solche Wirkung haben, sondern nur spezifische.
Welche das sind, müssen weitere Untersuchungen herausfinden.

4. Schlußbemerkung

Ich hoffe, gezeigt zu haben, daß es sinnvoll ist, Forschungsergebnisse verschiedener Disziplinen und die Lernerfahrungen von Schülern aufeinander
zu beziehen, um auf diese Weise Anregungen für die Verbesserung des
Fremdsprachenunterrichts zu erhalten. Für dieses Vorgehen ist ein guter
Informationsfluß zwischen Praxis und Wissenschaft eine wesentliche Vor-
bedingung. Der Austausch von Informationen zwischen Praxis und Theorie wiederum erfordert heute mehr denn je den wissenschaftlich gebildeten
Lehrer.[24]

Anhang

Fragebogen

1. Welche Fremdsprachen hast Du gelernt:
2. Welches Lernjahr Französisch:
3. Gibt es Deiner Meinung nach unter den Vokabeln, die Du lernst bzw. lernen möchtest, bestimmte Wörter, die Du für wichtiger hältst als andere?
   Wenn ja
   a) Wichtige Wörter sind für mich:
   b) Weniger wichtige Wörter sind für mich:
4. Verstehst Du, wenn im Unterricht neue Vokabeln durchgenommen werden, bestimmte Wörter leichter?
   Wenn ja,
   a) Wörter der folgenden Art kann ich leichter verstehen:
   b) Wörter der folgenden Art verstehe ich schwerer:
5. Behältst Du manche der neuen Vokabeln leichter als andere?
   Wenn ja
   a) Wörter der folgenden Art kann ich leichter behalten:
   b) Wörter der folgenden Art vergesse ich schneller:
   c) Sind Bilder (Folien etc.) eine Hilfe für das Behalten:
6. Wie lernst Du zu Hause Vokabeln?
   (Beantworte diese Frage bitte so genau wie möglich. Schreibe alle „Methoden", Tricks, Hilfsmittel etc., die Du verwendest, auf):
7. Lernst Du die neuen Vokabeln lieber als einzelne Wörter oder lieber, wenn sie in einem Satz, einem Ausdruck etc. vorkommen? (Schreibe bitte auf, wie Du am besten lernst):
7a. Kann es vorkommen, daß Du einen Satz nicht bilden kannst, obwohl Du alle darin vorkommenden Wörter kennst?
   Wenn ja, woran könnte das liegen:
8. Baust Du dir manchmal Eselsbrücken, um neue Vokabeln besser behalten zu können?
   Wenn ja, gib bitte Beispiele für solche Eselsbrücken:
9. Wie hilfst Du Dir weiter, wenn Du ein Wort der Fremdsprache ausdrücken möchtest, das Du noch nicht kennst? Gib bitte – wenn möglich – ein oder mehrere Beispiele für die „Tricks", die Du dann anwendest:
10. Was gefällt Dir beim Sprachenlernen am besten, was am wenigsten?

Anmerkungen

1 Vgl. die Berichte von Pfeiffer (1950), Bodensieck (1967), Lübke (1971: 172; 1972), Burstall et al. (1974, vgl. z. B.: 139; 161; 243), Piepho (1976), Butzkamm (1979: 137–138).

2 Zum Stand der Forschung im Bereich des lexikalischen Lernens im Fremdsprachenunterricht vgl. Scherfer (1985). Lernerzentriert sind beispielsweise die Forschungen zum „Interimslexikon"; vgl. Heuer (1973); Lauerbach (1979); Kielhöfer (1978, 1981); Kielhöfer/Schmidt (1981) und, methodisch und theoretisch anders orientiert, Hernández-Chávez (1977); Levenston (1979); Blum/Levenston (1978); Strick (1980).

3 Zum Fragebogen s. Anhang. Befragt wurden im Juli 1985 45 Schüler des Ernst-Barlach-Gymnasiums in Kiel in ihrem Französischunterricht, von denen sich 29 am Ende ihres 2. Lernjahres, 9 am Ende ihres 4. und 7 am Ende ihres 6. Lernjahres befanden. Für ihre tatkräftige Hilfe danke ich Frau OStR U. Oehring und Herrn OStR Dr. F. Haferkorn.

Herr StD. D. Mahnert (Essen) hat im Anschluß an meinen Wuppertaler Vortrag, in dem ich am 29. 8. 1985 auf dem FMF-Tag über die hier vorgestellte Untersuchung berichtete, diese Befragung mit seinen Schülern wiederholt. Die Antworten, die er erhielt, bestätigen meine Ergebnisse. Zum Fragebogen siehe Anhang.

4 Eine genauere Darstellung der hier angedeuteten Verfahren der Wortschatzselektion gibt Scherfer (1985: 412–421).

5 Zu diesen Begriffen vgl. Keller (1981), Coulmas (1981) sowie Gülich/Henke (1979: 514 u. 526 Fn).

6 Vgl. zu diesen Begriffen Malinowski (1923: bes. 315) u. Jakobson (1960).

7 Vgl. z. B. Gülich (1982), Gülich/Kotschi (1983), Gülich/Henke (1979/1980), Thun (1979), Weller (1979).

8 Butzkamm (1985: 7) zeigt, daß auch das Ernstnehmen der Erfahrungen zweisprachiger Menschen den Argumenten der Verfechter der strikten Einsprachigkeit den Boden entzieht.

9 Bernstein (1979: 142) kommt bei der Auswertung seiner Fehlersammlung zu dem Ergebnis, daß 85 % aller Fehler Interferenzfehler seien, davon allerdings beträgt der Anteil der lexikalischen Fehler nur 16 %.

10 Vgl. Quetz (1974) zu: „Inferenz und Interferenz bei Semantisierungsprozessen in einer Fremdsprache". Vgl. noch unten und Anm. 12.

11 Die Wichtigkeit der Wortbildung in diesem Zusammenhang zeigen Alfes (1979) und Kastovsky (1981) auf.

12 Die Umkehrung dieses Satzes stimmt ebenso: Auch die Allgemeinbildung kann vom Fremdsprachenunterricht profitieren. Zur Wichtigkeit von Faktoren wie „the learner's prior experience, prior learning, . . ." vgl. Wittrock/Carter (1975).

13 Vgl. die in Anm. 2 gen. Literatur und Bouton (1962).

14 Auch Verben, Adjektive und Substantive scheinen unterschiedliche Verstehens- und Behaltensschwierigkeiten zu bieten (vgl. Marshall/Newcombe/Holmes 1975). Man könnte die Hypothese aufstellen, daß Verben auf Grund ihrer semantischen (Valenz-) Struktur komplexer und deswegen kognitiv schwerer zu verarbeiten sind. In der Praxis scheinen Substantive vielfältiger geübt zu werden als andere Wortarten (vgl. Koch 1975 u. Gierich 1976). Meine Daten erlauben keine weitere Behandlung dieses Problems.

15 Im Zusammenhang mit mnemotechnischen Strategien vgl. die „hook-method" (Paivio 1971: 168–172), Lorayne 1974, Paivio/Desrochers 1979); die „keyword-method" (Atkinson 1975; Atkinson/Raugh 1975 [zum Russischen]; Raugh/Atkinson 1975 [zum Spanischen]; Willerman/Melvin 1979 [kritisch]; Pressley/Levin/Hall/Miller/Berry 1980); allgemein noch: Cohen, A. D./Aphek, E. (1980 u. 1981).

16 Vgl. noch Galisson (1970, 1971), Barrie (1972), Werlich (1969), Eisermann (1974).

17 Dieses Schema entspricht dem, das auch in der entsprechenden Literatur vorkommt. Dort allerdings wird teilweise davon ausgegangen, daß neue Bedeutungen gelernt werden (vgl. Lübke 1971: 169).

18 Cohen/Aphek (1980: 223 u. 228) stellen fest, daß für *fortgeschrittene* Lerner Kontexte eine behaltenssteigernde Wirkung haben.

19 Vgl. oben das im Anschluß an (j) Gesagte.

20 Vgl. oben die Ausführungen im Anschluß an (d).

21 Vgl. die Termini *referential/applicational/collocational/substitutional relationship* bei Corder (1969: 157).

22 Ich vertrete weder hier, noch überall dort, wo ich sonst noch auf Ergebnisse psychologischer Forschungen Bezug nehme, die Meinung, daß solche in Testsituationen gewonnenen Erkenntnisse *ohne weiteres* auf die ungleich komplexere Situation des Fremdsprachenerwerbs übertragen werden können. Auch empirisch arbeitende Psychologen wissen, daß bei solchen Übertragungen „there is often an awkward gap between artificial laboratory

tasks and the real-world vocabulary expectations of the foreign language class-room" (Ott/Blake/Butler 1976: 45). In jedem Fall jedoch kann die Erforschung des Fremdsprachenlehrens und -lernens durch solche Arbeiten zu weiteren Überlegungen und eigenen Arbeiten angeregt werden.

23 Zur Mitteilungsperspektive vgl. Klein/Kleineidam (1983: 282–290), von denen auch die Beispiele stammen.

24 Zum Begriff des wissenschaftlich gebildeten Lehrers am Beispiel des Neusprachlers vgl. Schwarze (1972).

Bibliographie zum Wortschatzlehren und -lernen

Alfes, L.: „Analogieschlüsse und potentielle Wortkompetenz". *Die Neueren Sprachen 78* (1979): 351–364.

Antes, P.: „Brillanz und Begrenztheit französischer Exposés". *französisch heute 9* (1978): 227–233.

Asher, J. J.: *Learning Another Language Through Action,* Los Gatos, Cal. 1977.

Atkinson, R. C.: „Mnemotechnics in Second-Language Learning". *American Psychologist 30* (1975): 821–828.

Atkinson, R. C./Raugh, M. R.: „An Application of the Mnemonic Keyword Method to the Acquisition of a Russian Vocabulary". *Journal of Experimental Psychology: Human Learning and Memory 104* (1975): 126–133.

Barrie, W. B.: „Semantics and the Teaching of Vocabulary". *Bulletin CILA 16* (1972): 28–48.

Bausch, K.-R./Christ, H./Hüllen, W./Krumm, H.-J. (Hrsg.): *Das Postulat der Lernerzentriertheit: Rückwirkungen auf die Theorie des Fremdsprachenunterrichts,* (Arbeitspapiere der 2. Frühjahrskonferenz zur Erforschung des Fremdsprachenunterrichts), Bochum 1982.

Bernstein, W.: „Wie kommt die muttersprachliche Interferenz beim Erlernen des fremdsprachlichen Wortschatzes zum Ausdruck?". *Linguistik und Didaktik 38* (1979): 142–147.

Bierwisch, M.: „Sprache und Gedächtnis: Ergebnisse und Probleme". Ders. (Hrsg.) *Psychologische Effekte sprachlicher Strukturkomponenten,* München 1980: 29–130.

Bleyhl, W.: „Variationen über das Thema: Fremdsprachenmethoden". *Praxis des neusprachlichen Unterrichts 29* (1982): 3–14.

Blum, S./Levenston, E. A.: „Universals of Lexical Simplification". *Language Learning 28* (1978): 399–415.

Bodensiek, G.: „Untersuchungen zu Darbietungsverfahren der direkten Methode bei abstrakten Adjektiven". *Englisch 2* (1967): 11–16.

Bol, E./Carpay, J. A. M.: „Der Semantisierungsprozeß im Fremdsprachenunterricht". *Praxis des neusprachlichen Unterrichts 19* (1972): 119–133.

Bongers, H.: *The History and Principles of Vocabulary Control,* Woerden 1947.

Bouton, Ch.: „L'acquisition du vocabulaire chez les étudiants avancés". *Le français dans le monde 9* (1962): 8–11.

Burstall, C./Jamieson, M./Cohen, S./Hargreaves, M.: *Primary French in the Balance,* Slough 1974.

Butzkamm, W.: „Aufgeklärte Einsprachigkeit". *Praxis des neusprachlichen Unterrichts 18* (1971): 40–55.

Butzkamm, W.: *Aufgeklärte Einsprachigkeit:* Zur Entdogmatisierung im Fremdsprachenunterricht, Heidelberg, ²1978.

Butzkamm, W.: „Über Sinnverstehen und spontane Sinngebungen. Sprachpsychologische und sprachdidaktische Überlegungen zum Problem des Verstehens". *Linguistik und Didaktik 38* (1979): 133–141.

Butzkamm, W.: *Praxis und Theorie der bilingualen Methode,* Heidelberg 1980.

Butzkamm, W.: „Natürliche Erwerbssituationen als Bezugspunkte für die Sprachlehrmethodik". *Neusprachliche Mitteilungen 38* (1985): 5–11.

Carton, A. S.: „Inferencing: A Process in Using and Learning Language". Primsleur, P./ Quinn, T. (Hrsg.) *The Psychology of Second Language Learning*, Cambridge 1971: 45–58.

Champagnol, R.: „Conditions d'apprentissage du vocabulaire". *Les langues modernes 66* (1972): 413–426.

Clyne, M. G.: „Culture and Discours Structure". *Journal of Pragmatics 5* (1981): 61–66.

Clyne, M. G.: „Wissenschaftliche Texte Englisch- und Deutschsprachiger: Textstrukturelle Vergleiche". *Studium Linguistik 15* (1984): 92–97.

Cohen, A. D./Aphek, E.: „Retention of Second-Language Vocabulary over Time: Investigating the Role of Mnemonic Associations". *System 8* (1980): 221–235.

Cohen, A. D./Aphek, E. „Easifying Second Language Learning". *Studies in Second Language Acquisition 3* (1981): 221–237.

Coleman, E. B.: „Learning of Prose Written in Four Grammatical Transformations". *Journal of Applied Psychology 49* (1965): 332–341.

Corder, S. P.: „The Teaching of Meaning". Fraser, H./O'Donnell, W. R. (Hrsg.), *Applied Linguistics and the Teaching of English*, London 1969: 140–158.

Coseriu, E.: „Structure lexicale et enseignement du vocabulaire", *Actes du Premier Colloque International de Linguistique Appliquée*, Nancy 1966 (deutsche Übers. in: Coseriu, E., *Einführung in die strukturelle Betrachtung des Wortschatzes*, Tübingen 2/1973: 1–104).

Coseriu, E.: „Lexikalische Solidaritäten". *Poetica 1* (1967): 293–303.

Coste, D./Courtillon, J./Ferenczi, V./Martins-Baltar, M./Papo, E./CREDIF/ Roulet, E. *Un niveau-seuil*, Straßburg: Europarat 1976.

Coulmas, F.: *Routine im Gespräch. Zur pragmatischen Fundierung der Idiomatik*, Wiesbaden 1981.

Crothers, E./Suppes, P.: *Experiments in Foreign Language Learning*, New York, London 1967.

Denninghaus, F.: „Probleme der einsprachigen Bedeutungserklärung". *Praxis des neusprachlichen Unterrichts 12* (1965): 9–22.

Denninghaus, F.: „Der kontrollierte Erwerb eines potentiellen Wortschatzes im Fremdsprachenunterricht". *Praxis des neusprachlichen Unterrichts 23* (1976): 3–14.

Dodson, C. J.: *Language Teaching and the Bilingual Method*, London 1967.

Doyé, P.: „Probleme des Vokabellernens". *Die Neueren Sprachen 10 NF* (1961): 84–92.

Doyé, P.: *Systematische Wortschatzvermittlung im Englischunterricht*, Hannover 1971 (4/1975).

Düwell, H.: „Zur Wortschatzselektion und Wortschatzprogression im Französischunterricht". *Linguistik und Didaktik 10* (1972): 129–143.

Eisermann, H.: „Die Semanalyse als Grundlage für eine systematische Wortschatzarbeit im Französischunterricht der zweiten Stufe". *Der fremdsprachliche Unterricht 1* (1974): 38–56.

van Ek, J. A.: *The Threshold Level*, with an appendix by L. G. Alexander, Straßburg: Europarat 1975.

Engelkamp, J.: „Sensorische und motorische Aspekte von Bedeutung". *Zeitschrift für Semiotik 3* (1981): 327–337.

Engelkamp, J.: „Die Repräsentation der Wortbedeutung". Schwarze, Ch./Wunderlich, D. (Hrsg.) 1985: 292–313.

Engelkamp, J.: „Die Verarbeitung von Bedeutung: Behalten". Schwarze, Ch./Wunderlich, D. (Hrsg.) 1985: 333–347.

Engelkamp, J./Krumnacker, H.: „The effect of cleft sentence structures on attention". *Psychological Research 40* (1978): 27–36.

Engelkamp, J./Krumnacker, H.: „Imaginale und motorische Prozesse beim Behalten verbalen Materials". *Zeitschrift für experimentelle und angewandte Psychologie 4* (1980): 511–533.

Engelkamp, J./Zimmer H. D.: „The interaction of subjectivization and concept placement in the processing of cleft sentences". *Quarterly Journal of Experimental Psychology 34 A* (1982): 463–478.

Engelkamp, J./Zimmer, H. D.: „Zum Einfluß von Wahrnehmen und Tun auf das Behalten von Verb-Objekt-Phrasen". *Sprache und Kognition* (im Druck).

Fenk-Oczlon, G.: „Ist die SVO-Wortfolge die ‚natürlichste'?". *Papiere zur Linguistik 29* (1983): 23–32.

FF 1: *Le Français Fondamental 1er degré,* Publication de l'Institut Pédagogique National, Paris o. J.

FF 2: *Le Français Fondamental 2e degré,* Publication de l'Institut Pédagogique National, Paris o. J.

Fillmore, Ch. J.: „Topics in Lexical Semantics". Cole, R. W. (Hrsg.), *Current Issues in Linguistic Theory,* Bloomington 1977: 76–139.

Fillmore, Ch. J.: „On the Organization of Semantic Information in the Lexicon". Farkas, D. et al. (Hrsg.), *Papers from the Parasession on the Lexicon,* (Chicago Linguistic Society, April 14–15), Chicago 1978: 148–174.

Fillmore, Ch. J.: „Frame Semantics". The Linguistic Society of Korea (Hrsg.), *Linguistics in the Morning Calm,* Seoul 1982: 111–138.

Firges, J.: „Fremdsprachenunterricht ohne Vokabellernen?". *Der fremdsprachliche Unterricht 8* H.1 (1974): 57–63.

Ford, J. C.: „Analysis of a Particular Audio-Visual Method for Teaching French Vocabulary". *The French Review 45* (1972): 842–845.

Fourré, P.: *Premier dictionnaire en images,* Montréal, Paris, Bruxelles 1962.

Galisson, R.: *L'apprentissage systématique du vocabulaire,* I: Livre du maître; II: Exercices, Paris 1970.

Galisson, R.: *Inventaire thématique et syntagmatique du français fondamental.* Paris 1971.

Gierich, E.: „Intensive Wortschatzarbeit – aber wie?". *Fremdsprachenunterricht 20,* H. 1, (1976) 10–12.

Gougenheim, G.: *Dictionnaire fondamental de la langue française,* Paris 1958.

Gougenheim, G./Michéa, R./Rivenc, P./Sauvageot, A.: *L'élaboration du Français Fondamental (1er degré),* Paris 1967.

Graham, E. C.: *Basic English: International Second Language.* A revised and expanded version of „The System of Basic English" by C. K. Ogden, New York 1968.

Gülich, E.: *Makrosyntax der Gliederungssignale im gesprochenen Französisch,* München 1970.

Gülich, E.: „La phrase segmentée en français et en allemand: Une technique particulière à la communication orale". *Didactique des langues étrangères. Français, allemand.* (= Actes du colloque tenu à l'Université de Lyon II en mars 1981), Lyon 1982: 33–66.

Gülich, E./Henke, K.: „Sprachliche Routine in der Alltagskommunikation. Überlegungen zu ‚pragmatischen Idiomen' am Beispiel des Englischen und Französischen (I) u. (II)". *Die Neueren Sprachen 78* (1979): 513–530; *79* (1980): 2–33.

Gülich, E./Kotschi, Th.: „Les marqueurs de la reformulation paraphrastique". *Cahiers de linguistique française 5* (= Actes du 2ème coll. de pragmatique de Genève) (1983): 305–351.

Guirard, P.: *Bibliographie critique de la statistique linguistique,* Utrecht-Anvers 1954.

Haase, A.: *Englisches Arbeitswörterbuch,* Frankfurt/Berlin/Bonn 1959 (3/1964).

Haase, A.: „Wertigkeitsstufen als Grundlage für eine systematische Wortschatzarbeit und den praktischen Erfolg des Fremdsprachenunterrichts". *Die Neueren Sprachen 9 NF* (1960): 278–293.

Hammerly, H.: „Primary and Secondary Associations with Visual Aids as Semantic Conveyors". *International Review of Applied Linguistics 12* (1974): 119–125.

Hartwig, R. J.: „Teaching French Vocabulary". *The French Review 47* (1974): 720–726.

Hausmann, F. J.: „Was ist und was soll ein Lernwörterbuch?". *Zeitschrift für französische Sprache und Literatur 84* (1974): 97–129.

Henning, G. H.: „Remembering Foreign Language Vocabulary: Acoustic and Semantic Parameters". *Language Learning 23* (1973): 185–196.

Henrici, G./Herlemann, B.: *Semantisierungsprobleme im DaF/DaZ-Unterricht*. Zum Beispiel Kontaktaufnahme – Kontaktbeendigung: Begrüßen – Verabschieden, Ms., 100 S., Univ. Bielefeld 1985.

Hernández-Chávez, E.: „The Development of Semantic Relations in Child Second Language Acquisition". Burt, M./Dulay, H./Finocchiaro, M. (Hrsg.) (1977), *Viewpoints on English as a Second Language*, New York 1977: 127–151.

Heuer, H.: „Wortassoziationen in der Fremdsprachendidaktik". Hüllen, W. (Hrsg.), *Neusser Vorträge zur Fremdsprachendidaktik*, Berlin, Bielefeld 1973.

Heuer, H./Heyder, E.: „Das Lernen neuer Wörter in Beziehung zur Vokabelanzahl, zur Darbietungsmethode und zur Altersstufe. Eine empirische Untersuchung". *Praxis des neusprachlichen Unterrichts 18* (1971): 21–27.

Hiller, U: „Der Semantisierungsprozeß im Zweitsprachenerwerb". *Neusprachliche Mitteilungen 34* (1981): 144–152.

Hinkel, R.: „Gegen das Prinzip der strikten Einsprachigkeit im Fremdsprachenunterricht". *Zielsprache Deutsch, H. 3* (1980): 14–25.

Hörmann, H.: *Psychologie der Sprache*, Berlin 1967 (Neudruck 1970).

Huybrechts, I.: „Zur Sicherung der Wortschatzkenntnisse im Fach Französisch". *Fremdsprachenunterricht 18, H. 1*, (1974): 17–21.

Jakobson, R.: „Closing Statement: Linguistics and Poetics". Seboek, T. A. (Hrsg.), *Style in Language*, New York 1960: 350–377.

Jones, R. M.: „Situational Vocabulary". *International Review of Applied Linguistics 4* (1966): 163–173.

Juilland, A./Chang-Rodriguez, E.: *Frequency Dictionary of Spanish Words*, Den Haag 1964.

Juilland, A./Edwards, P. M. H./Juilland, I.: *Frequency Dictionary of Rumanian Words*, Den Haag 1965.

Juilland, A./Brodin, D./Davidovitch, C.: *Frequency Dictionary of French Words*, Den Haag, Paris 1970.

Juilland, A./Traversa, V.: *Frequency Dictionary of Italian Words*, Den Haag 1973.

Kastovsky, D.: „Wortbildung bei der Wortschatzarbeit". *Der fremdsprachliche Unterricht 15* (1981): 169–176.

Keller, E.: „Gambits. Conversational Strategy Signals". Coulmas, F. (Hrsg.), *Conversational Routine. Explorations in Standardized Communication Situations and Prepatterned Speech*, Den Haag, Paris 1981: 93–113.

Kielhöfer, B.: „Semantisierungsverfahren in der Fremdsprache". *Linguistik und Didaktik 36* (1978): 367–378.

Kielhöfer, B.: „Strukturen der assoziativen Bedeutung". Kotschi, Th. (Hrsg.) *Beiträge zur Linguistik des Französischen*, Tübingen 1981: 50–79.

Kielhöfer, B./Schmidt, D.: „Entstehung und Entwicklung lexikalischer Strukturen beim Zweitsprachenerwerb". *Die Neueren Sprachen 80* (1981): 142–164.

Klein, H.-W.: *Schwierigkeiten des deutsch-französischen Wortschatzes. Germanismen-Faux Amis*, Stuttgart 1968.

Klein, H.-W./Kleineidam H.: *Grammatik des heutigen Französisch*, Stuttgart 1983.

Koch, G.: „Intensive Wortschatzarbeit ist eine Voraussetzung für bessere Hör- und Sprechleistungen". *Fremdsprachenunterricht 19, H. 2* (1985): 88–94.

Körner, K.-H.: „Kommunikations-linguistische Betrachtungen zum Erwerb des französischen Wortschatzes". *Romanisches Jahrbuch 23* (1972): 25–47.

Lauerbach, G.: „Das Wortassoziationsexperiment als Forschungsexperiment der Fremdsprachendidaktik". *Die Neueren Sprachen 78* (1979): 379–391.

Levenston, E. A.: „Second Language Lexical Acquisition: Issues and Problems". *Interlanguage Studies Bulletin 4, H. 2* (1979): 147–160.

Levenston, E. A./Blum, S.: „Aspects of Lexical Simplification in the Speech and Writing of Advanced Adult Learners". Corder, S. P./Roulet, E. (Hrsg.), *The Notions of Simplification, Interlanguages and Pidgins and their Relation to Second Language Pedagogy,* (= Actes du 5ème Colloque de Linguistique Appliquée de Neuchâtel, 20–22 mai 1976), Neuchâtel, Genève 1977: 51–71.

Levin, M. P. u. J. R./Hall, J. W./Müller, G. E./Berry, J. K.: „The Keyword Method and Foreign Word Acquisition". *Journal of Experimental Psychology: Human Learning and Memory 6,* H. 2 (1980): 163–173.

Loebner, H.-D.: „Neuralgische Punkte der neusprachlichen Wortschatzarbeit". *Der fremdsprachliche Unterricht 8,* H. 1 (1974): 15–27.

Lorayne, H.: *How to Develop a Super-Power Memory,* New York 1974.

Lübke, D.: „Die Rolle der Muttersprache beim Vokabellernen". *Die Neueren Sprachen 70 (20 NF)* (1971): 169–177.

Lübke, D.: „Einsprachige Vokabelerklärungen. Testergebnisse aus dem Französischunterricht". *Neusprachliche Mitteilungen 25* (1972): 23–31.

Lübke, D.: „Vokabelabfragen ohne Verwendung der Muttersprache". *Der fremdsprachliche Unterricht 6,* H. 3 (1972): 52–61.

Lübke, D.: „Die Reihenfolge der Lernschritte beim Vokabelerklären". *Der fremdsprachliche Unterricht 7,* H. 4 (1973): 55–62.

Lübke, D.: „Zweisprachiges Semantisieren von Vokabeln bei der Arbeit mit dem Lehrbuch". *Die Neueren Sprachen 78* (1979): 317–323.

Lübke, D.: „Der potentielle Wortschatz im Französischen". *Praxis des neusprachlichen Unterrichts 31* (1984): 372–379.

Mackey, W. F./Savard, J.-G.: „The Indices of Coverage: A New Dimension in Lexicometrics". *International Review of Applied Linguistics 5* (1967): 71–121.

Macnamara, J.: „Comparison between First and Second Language Learning". *Die Neueren Sprachen 75 (25 NF)* (1976): 175–188.

Malinowski, B.: „The problem of Meaning in primitive languages". Supplement I in: Ogden, C. K., Richards, I. A. *The Meaning of meaning,* London 1923 ([10] 1966): 296–336.

Marshall, J. C./Newcombe, F./Holmes, J. M.: „Lexical Memory: A Linguistic Approach". Kennedy, A./Wilkens, A. (Hrsg.), *Studies in Long Term Memory,* London 1975: 315–322.

Martin, E./Walter, D. A.: „Subjects Uncertainty and Word-Class Effects in Short-Term Memory for Sentences". *Journal of Experimental Psychology 80* (1969): 47–51.

Matoré, G.: *Dictionnaire du vocabulaire essentiel.* Les 5000 mots fondamentaux, Paris 1963.

Michéa, R.: „Vocabulaire et culture". *Les langues modernes 44* (1950): 187–192.

Macht, K./Steiner, F.: *Erfolgsfaktoren des Vokabellernens.* Untersuchungen zum aktiven englischen Wortschatz von Hauptschulabgängern. Augsburg 1983 (Augsburger Schriften 25).

Michéa, R.: „Vocabulaire et physiologie". *Les langues modernes 46* (1952): 227–232.

Michéa, R.: „Mots fréquents et mots disponibles. Un aspect de la statistique du langage". *Les langues modernes 47* (1953): 338–344.

Michéa, R.: „Les vocabulaires fondamentaux". Conseil de la Coopération Culturelle (Hrsg.), *Recherches et techniques nouvelles au service de l'enseignement des langues vivantes,* Straßburg 1964: 21–36.

Michéa, R.: „Les vocabulaires fondamentaux dans l'enseignement des langues vivantes". *Le français dans le monde 103* (1974): 11–13.

Morgan, C. L./Foltz, M. C.: „The Effects of Context on Learning a French Vocabulary". *Journal of Educational Research 38* (1944): 213–216.

Müller, G.: „Vokabelgleichung und Begriffsdefinition – die zwei Haupthindernisse für das einsprachige Vokabular". *Praxis des neusprachlichen Unterrichts 4* (1957): 1–5.

Nickolaus, G.: *Grund- und Aufbauwortschatz Französisch,* Stuttgart 1963.

Nickolaus, G.: „Der französische Kernwortschatz. Seine systematische Erarbeitung und Festigung". *Der fremdsprachliche Unterricht 6,* H. 3 (1972): 13–32.

Oehler, H.: „Der mehrsprachige Grundwortschatz als Lern- und Lehrhilfe auf dem Wege zur Mehrsprachigkeit". *Der fremdsprachliche Unterricht 6,* H. 3 (1972): 2–12.

Ogden, C. K./Richards, I. A.: *The Meaning of Meaning,* London 1923.

Ogden, C. K.: *Basic English,* London 1928/1930.

Ott, C. E./Butler, D. C./Blake, R. S./Ball, J. P.: „The Effect of Interactive-Image Elaboration on the Acquisition of Foreign Language Vocabulary". *Language Learning 23* (1973): 197–206.

Ott, C. E./Blake, R. S.,/Butler, D. C.:„Implications of Mental Elaboration for the Acquisition of Foreign Language Vocabulary". *International Review of Applied Linguistics 14* (1976): 37–48.

Paivio, A.: *Imagery and Verbal Processes,* New York 1971.

Paivio, A./Desrochers, A.: „Effects of an Imagery Mnemonic on Second Language Recall and Comprehension". *Canadian Journal of Psychology 33* (1979): 17–28.

PAS: Pädagogische Arbeitsstelle des Deutschen Volkshochschul-Verbandes (Hrsg.), *Das VHS Zertifikat Französisch,* Bonn-Bad Godesberg 1977.

Piepho, H.-E.: „Untersuchungen zum Übersetzungsverhalten von Schülern der Klasse 7 und 8". *Der fremdsprachliche Unterricht 10,* H. 40 (1976): 29–35.

Preibusch, W./Zander, H.: „Wortschatzvermittlung: Auf der Suche nach einem analytischen Modell". *International Review of Applied Linguistics 9* (1971): 131–145.

Pfeiffer, H.: „Die Grenzen der sogenannten ‚Direkten Methode' beim Sprachenlernen". *Lebende Fremdsprachen* (1950): 232–236.

Pressley, M./Levin, J. R./Hall, J. W./Miller, G. E./Berry, J. K.: „The Keyword Method and Foreign Word Acquisition". *Journal of Experimental Psychology: Human Learning and Memory 6* (1980): 163–173.

Quémada, B.: „Remarques de méthode sur une recherche d'indices d'utilité du vocabulaire". *Le français dans le monde 103* (1974): 18–24.

Quetz, J.: „Wortschatzarbeit im Lichte neuerer Semantiktheorien und lernpsychologischer Untersuchungen". Hüllen, W. (Hrsg.) (1973), *Neusser Vorträge zur Fremdsprachendidaktik,* Bielefeld 1973: 130–137.

Quetz, J.: „Inferenz und Interferenz bei Semantisierungsprozessen in einer Fremdsprache". *Neusprachliche Mitteilungen 27* (1974): 65–73.

Raasch, A.: *Französischer Mindestwortschatz,* München 1969 (3/1971).

Raasch, A.: „Wortschatzarbeit im Französischunterricht". *Französisch an Volkshochschulen 1* (1970): 1–5.

Raasch, A.: „Centres d'intérêt – Lernfelder". *Französisch an Volkshochschulen, 2* (1970): 41–44.(a)

Raasch, A.: „Neue Wege zu einem Grundwortschatz". *Praxis des neusprachlichen Unterrichts 19* (1972): 235–244.

Raasch, A.: *Französisch-deutsches Lernwörterbuch,* München 1972.

Raasch, A.: „Lernzielorientierte Sprachinventare im Französischen". Hüllen, W./Raasch, A./Zapp, F. J. (Hrsg.), *Sprachminima und Abschlußprofile,* Frankfurt: Diesterweg 1977: 71–80 (Schule und Forschung).

Raasch, A.: „Ein neues ‚Français Fondamental'?". *Praxis des neusprachlichen Unterrichts 25* (1978): 292–301.

Raasch, A.: „Objectifs d'apprentissage et inventaires linguistiques". *Etudes de linguistique appliquée 31* (1978): 29–43.

Raugh, M./Atkinson, R. C.: „A Mnemonic Method for Learning a Second-Language Vocabulary". *Journal of Educational Psychology 67* (1975): 1–16.

Reinert, H.: „One Picture is Worth a Thousand Words? Not Necessarily!". *Modern Language Journal 60* (1976): 160–168.

Richards, J. C.: „A Psycholinguistic Measure of Vocabulary Selection". *International Review of Applied Linguistics 8* (1970): 87–102.

Riessman, F.: „The Strategy of Style". Passow, A. H./Goldberg, M./Tannenbaum, A. J. (Hrsg.), *Education of the Disadvantaged,* New York etc. 1967: 326–332.

Rohrer, J.: *Die Rolle des Gedächtnisses beim Sprachenlernen,* Bochum 1978.

Rosch, E. H.: „Human Categorization". Warren, N. (Hrsg.), *Studies in Cross-Cultural Psychology,* vol. 1, London, New York, San Francisco 1977: 1–51.

Rosch, E./Mervis, C. B./Gray, W. D./Johnson, D. M./Boyes-Braem, P.: „Basic Objects in Natural Categories". *Cognitive Psychology 8* (1976): 382–439.

Rosenberg, S.: „Association and phrase structure in sentence recall". *Journal of Verbal Learning and Verbal Behaviour 7* (1968): 1077–1081.

Roulet, E.: *Un Niveau-Seuil. Présentation et guide d'emploi.* Straßburg: Europarat 1977.

Savard, J.-G.: *La valence lexicale,* Québec 1970.

Savard, J.-G./Richards, J.: *Les indices d'utilité du vocabulaire fondamental français,* Québec 1970.

Seibert, L. C.: „An Experiment on the Relative Efficiency of Studying French Vocabulary in Associated Pairs versus Studying French in Context". *Journal of Educational Psychology 21* (1930): 297–314.

Singer, M. H.: „Thematic structure and the integration of linguistic information". *Journal of Verbal Learning and Verbal Behaviour 15* (1976): 549–558.

Söll, L.: *Gesprochenes und geschriebenes Französisch,* Berlin 1974 (2. rev. u. erw. Aufl., bearb. v. F. J. Hausmann, 1980).

Scherfer, P.: *Funktionale Sprachvarianten.* Eine Untersuchung zum Französischen unter fremdsprachendidaktischem Aspekt, Kronberg/Ts. 1977.

Scherfer, P.: „Funktionale Variation im Französischunterricht und Lernzielbestimmung". Spillner, B./Scherfer, P. (Hrsg.) *Norm und Varietät.* Stuttgart: Hochschulverlag 1977: 108–128. (Bd. I der Kongreßberichte der 7. Jahrestagung der GAL e. V.)

Scherfer, P.: „Kritische Bemerkungen zum Begriffsinstrumentarium zur Angabe des sprachlichen Materials für den außerschulischen Französischunterricht". *Zielsprache Französisch 12* (1980): 17–29.

Scherfer, P.: „Zur Erforschung von Sprachlehr- und -lernprozessen auf Gegenseitigkeit". *Zeitschrift für Literaturwissenschaft und Linguistik 12,* H. 45 (1982): 72–99.

Scherfer, P.: „Lexikalisches Lernen im Fremdsprachenunterricht". Schwarze, Ch./Wunderlich, D. (Hrsg.) 1985: 412–440.

Schiffler, L.: „Diskussionsthema: Einsprachigkeit". *Praxis des neusprachlichen Unterrichts 21* (1974): 227–238.

Schneider, R.: „Biologie und Fremdsprachenunterricht. Das Prinzip der Einsprachigkeit im Lichte biologischer Erkenntnisse über Denken und Lernen". *Praxis des neusprachlichen Unterrichts 26* (1979): 236–246.

Schwarze, Ch.: „Der Begriff des wissenschaftlich gebildeten Lehrers am Beispiel des Neusprachlers". Freudenstein, R. (Hrsg.), *Focus '80. Fremdsprachenunterricht in den siebziger Jahren,* Berlin 1972: 149–158.

Schwarze, Ch.: *Einführung in die Sprachwissenschaft,* Kronberg/Ts. 1975.

Schwarze, Ch./Wunderlich, D. (Hrsg.): *Handbuch der Lexikologie,* Königstein/TS. 1985.

Stentenbach, B.: „Systematische Wortschatzarbeit im Französischunterricht der Sekundarstufe I". *Der fremdsprachliche Unterricht 15* (1981): 177–185.

Strick, G. J.: „A Hypothesis for Semantic Development in a Second Language". *Language Learning 30* (1980): 155–176.

Thun, H.: „Der Nutzen einer Klassifikation der fixierten Wortgefüge für den Französischunterricht". *Die Neueren Sprachen 78* (1979): 498–512.

Töpfer, A.: „Assoziative Festigung des Wortschatzes". *Der fremdsprachliche Unterricht 1,* H. 2 (1967): 35–46.

50

Vander Beke, G. E.: *French Word Book*, New York 1929.

Verlée, L.: *Basis-woordenboek voor de Franse Taal*, Antwerpen, Amsterdam 1954.

Vielau, A.: „Kognitive Wortschatzdidaktik". *Die Neueren Sprachen 74 (24 NF)* (1975): 248–264.

Walpole, H.: „The Theory of Definition and its Application to Vocabulary Limitation". *Modern Language Journal 21* (1947): 398–402.

Weller, F.-R.: „‚Idiomatizität' als didaktisches Problem des Fremdsprachenunterrichts – erläutert am Beispiel des Französischen". *Die Neueren Sprachen 78* (1979): 530–554.

Werlich, E.: „Die Technik systematischer Wortschatzarbeit im Fremdsprachenunterricht. I: Aspekte und Bedeutung feldbezogener Worterlernung. II: Feldbezogene Wortschatzarbeit und Textlektüre". *Praxis des neusprachlichen Unterrichts 16* (1969): 23–38 u. 158–174.

West, M. P.: *Definition Vocabulary*, Toronto 1935 (Bulletin n° 4, Department of Educational Research, Univ. of Toronto).

West, M. P.: *A General Service List of English Words*, London 1936, (1953: rev. enlarged ed.).

Wilkins, D. A.: *Notional Syllabuses*, Oxford 1976.

Willerman, B./Melvin, B.: „Reservations about the Keyword Mnemonic". *The Canadian Modern Language Review 35* (1979): 443–453.

Wittrock, M. C./Carter, J. F.: „Generative Processing of Hierarchically Organized Words". *American Journal of Psychology 88* (1975): 489–501.

Wulf, H.: „Wörterverzeichnis und Wortschatzarbeit". *Der fremdsprachliche Unterricht 8*, H. 1 (1974): 28–37.

Zapp, F. J.: „Sprachbetrachtung im lexikalisch-semantischen Bereich: eine Hilfe im Zweit- und Drittsprachenerwerb". *Der fremdsprachliche Unterricht 17* (1983): 193–199.

Zeidler, H.: *Das „français fondamental (1er degré)"*, Frankfurt/Bern/Cirencester 1980.

Zimmer, H. D.: „Die Repräsentation und Verarbeitung von Wortformen". Schwarze, Ch./Wunderlich, D. (Hrsg.) 1985: 271–291.

Zimmer, H. D.: „Die Verarbeitung von Bedeutung: Verstehen und Benennen". Schwarze, Ch./Wunderlich, D. (Hrsg.) 1985: 314–332 (a).

Zipf, G. K.: „The Meaning-Frequency Relationship of Words". *Journal of General Psychology 33* (1945): 251–256.

Zöfgen, E./Stefanik, B.: „Französische Lexik. Zur Konzeption und Durchführung eines Lexikkurses auf linguistisch-didaktischer Grundlage". Sprissler, M. (Hrsg.): *Bielefelder Beiträge zur Sprachlehrforschung 8* (1976): 61–78.

II. Lernerorientierung im Anfangs-
unterricht (Sekundarstufe I)

Erich Schneider

Gelenktes Entdecken, Probieren, Produzieren

– Zur Neubestimmung des Verhältnisses von Lehren und Lernen
im kommunikativen Französischunterricht der Sekundarstufe I –[1]

Im folgenden soll die Rede sein von einer sprachpädagogischen Neubestimmung des Verhältnisses von Lernen und Lehren, die der gelenkten
Selbsttätigkeit des Lerners entsprechend seinen Bedürfnissen Raum gibt,
und der unterrichtspraktischen Umsetzung dieser Lernkonzeption im
Französischunterricht der Sekundarstufe I.

1. Beobachtungen zu Motivationsschwankungen
im lehrwerkgebundenen Französischunterricht
der Sekundarstufe I

Das Bestreben, den Lerner und seine Bedürfnisse im Unterricht stärker zu
berücksichtigen, wurde durch persönliche Unterrichtsbeobachtungen ausgelöst. Im Französischunterricht mit Gymnasial- und Realschülern auf der
Grundlage eines kommunikationsorientierten Lehrwerks[2] stellte ich wiederholt nach problemlosem zweijährigem Anfangsunterricht im Verlaufe
der folgenden vier Lernjahre bei größeren Schülergruppen starke Motiva-
tions- und Lernerfolgsschwankungen fest. Deren Zusammenhang mit
einem Übermaß bzw. einer Einschränkung von Zwängen, denen der Lerner sich ausgesetzt sah, war ebenso deutlich. Zu diesen Zwängen gehörten
die Bindung an die Lehrwerkprogression, die zeitliche Zerdehnung der
Sprachverarbeitungsphase und das Hinauszögern der freien Sprachanwendung sowie die über lange Frontalunterrichtsphasen ungebrochene Lehrerdirektivität. Es war zu beobachten, wie Lernmotivation und -erfolg ab-
sanken, sobald einer dieser Zwänge ungeachtet der jeweiligen Bedürfnisse
der Lerner wirksam wurde, sei es, daß vorgegebene Themen ohne ihre
Anbindung an die persönlichen Interessen und Erfahrungen der Lerner
übernommen wurden, sei es, daß der Lehrer durch Überaktivität den
Drang des Lerners nach eigenem Tun erlahmen ließ, sei es, daß der Wechsel von sprachbezogenem Drill zur mitteilungsbezogenen Übung unter

Berücksichtigung der Ausdrucksbedürfnisse der Lerner wiederholt nicht rechtzeitig vollzogen wurde. Umgekehrt war festzustellen, wie motivierend und lernintensiv Unterrichtsequenzen waren, die sich dadurch auszeichneten, daß von Anfang an die Fragen gestellt wurden, die interessierten und zu denen spontan Stellung bezogen wurde, daß sich ferner die Lerner relativ oft frei äußerten, daß schließlich der Lehrer relativ oft Gruppenarbeitsphasen einbrachte.

Es sei betont, daß diese Beobachtungen zum Zusammenhang von Lehr- und Lernverhalten keineswegs im Rahmen eines grammatikalisierenden nichtkommunikativen Unterrichts gemacht wurden, der durch die Beschränkung auf Sprachwissensvermittlung, das Übermaß an Kognitivierung, methodischen Schematismus und die Ausklammerung von Sprachhandlungstraining Probleme ganz anderer Größenordnung aufwirft. Die Lernverweigerung ganzer Lernergruppen, unterbrochen von punktuellen, kurzfristigen Lernanstrengungen vor Klassenarbeiten, ist wohl zu unterscheiden von Motivations- und Lernintensitätsschwankungen in einem über Jahre hinaus kontinuierlichen Lernprozeß. Nur um letzteren Tatbestand geht es hier, und zwar im Zusammenhang mit einem Unterricht, der zwar Kommunikationsmöglichkeiten bietet und Sprachhandlungstraining betreibt, der jedoch die Interessen und Kommunikationsbedürfnisse des Lerners nicht genügend berücksichtigt und sich den Zwängen der Lehrprogression, des zeitlich zerdehnten Lehrphasenschemas von Sprachaufnahme, Sprachverarbeitung und Sprachanwendung sowie direktiven Lehrgewohnheiten zu stark anpaßt.[3]

2. Eine Orientierungshilfe zur Verstärkung der Lernerorientierung

Auf der Suche nach einer lernerzentrierten Unterrichtskonzeption stieß ich auf die Darstellungen von G. Dalgalian et al. und W. Knibbeler.[4] Der theoretische Bezugsrahmen zur Verbesserung einer kommunikativ unzulänglichen Unterrichtspraxis beruht auf ihren Leitvorstellungen. Sie wurden übernommen, soweit sie als Orientierungshilfe opportun erschienen. Eine Akzentverschiebung ergab sich durch die Betonung des Lernens als probierender Umgang mit der Sprache. Es versteht sich, daß Leitvorstellungen der genannten Autoren, die mit den bisher in der Unterrichtspraxis wirksamen Leitvorstellungen übereinstimmen, in diesem theoretischen Bezugsrahmen zwar implizit enthalten sind, jedoch nicht mehr ausdrücklich erwähnt werden.

Demnach stellt sich der Bezugsrahmen in der gebotenen Kürze wie folgt dar:

1. Im Hinblick auf das Verhältnis von Lernen und Lehren wird als primä-

re Größe der ideale Lerner gesetzt, der bereit und fähig ist, Elemente der Zielsprache zu entdecken, sie probierend einzusetzen und sie zum Produzieren immer neuer Aussagen zu benutzen. Ideales Lehrverhalten ist eine sekundäre, auf ideales Lernverhalten bezogene Größe. Der ideale Lehrer bietet Lernimpulse und lenkt Lernertätigkeiten wie Entdecken, Probieren, Produzieren. Wissensvermittlung entfällt zwar nicht als Lehrertätigkeit, aber sie tritt in Abhängigkeit zu den erwähnten Lernertätigkeiten und den entsprechenden Kommunikationsbedürfnissen.

2. Dem Konzept des gelenkten Lernens durch Entdecken, Probieren und Produzieren entspricht folgendes flexibel zu handhabendes Verlaufsschema zur Abfolge der Lerner- und Lehrertätigkeiten:

Phase 1 Entdeckung einer kommunikativen Aufgabe und Lösungsversuche

Phase 2 Gelenkte Entdeckung und produktive Erprobung des benötigten sprachlichen Instrumentariums

Phase 3 Lösung der kommunikativen Aufgabe

Phase 4 Erprobung weiterer Variationsmöglichkeiten.

Dieser Überblick deutet die Lernerzentrierung an. Sie sei erläutert. In Phase 1 ergibt sich die Aufgabenstellung aus simulierten oder wirklichen Anlässen. Beispiele: Sich im ersten Brief an den französischen Briefpartner vorstellen, ein französisches Gesellschaftsspiel als Geschenk erhalten und seine Spielregeln verstehen und anwenden, beim Aufräumen des eigenen Zimmers auf alte Fotos stoßen und dadurch ausgelöste Erinnerungen mitteilen, eine Tagestour zum Besuch der französischen Partnerschule planen. Der tägliche Meinungsaustausch zum Unterricht, zum Schulleben, zur Tagesaktualität bietet zahlreiche Anlässe zum gemeinsamen Entdecken von kommunikativen Aufgaben. Der Lerner ist in doppelter Weise betroffen: einmal durch die Aufgabe, bei deren Entdeckung er mitwirkt, zum andern durch das versuchsweise Angehen der Aufgabe. In der Regel decken diese Lösungsversuche sprachliche Defizite auf und damit das Bedürfnis nach Erweiterung der Sprachkompetenz im Hinblick auf die Bewältigung der gestellten Aufgabe. Die stärker gelenkten Lerneraktivitäten der Phase 2 sind durch die Aufgabenstellung in Phase 1 und die in Phase 3 anvisierte Aufgabenlösung gerechtfertigt. In Phase 2 wird ein *support* (Hörtext, Lesetext, Spiel u. a.) mit dem benötigten sprachlichen Instrumentarium eingesetzt. Situationsnähe zur Aufgabenlösung ist erwünscht. Die Lenkungsmaßnahmen zum Entdecken des sprachlichen Instrumentariums können verschiedenster Art sein (Lückentext, Kontrasttext u. a.). Wichtig ist, daß bei aller Lenkung von Erkenntnissen und Erkenntnisinteressen des Lerners zur Hypothesenbildung Spielraum gelassen wird. Die produktive Erprobung des entdeckten sprachlichen Instrumentariums vollzieht sich in kurzen Sequenzen, wobei analytische Kognitivierungsphasen mit

Automatisierungsdrills und sprachbezogene Übungen kurzfristig mit mitteilungsbezogenen Probeläufen wechseln. Die Anbindung des Lernens an wirkliche oder simulierte Kommunikation muß immer im Verlaufe einer Sequenz gewährleistet sein. Die nach Absolvierung der Phase 2 zu erwartende Kompetenzerweiterung ermöglicht es dem Lerner, den in Phase 1 versuchten Transfer relativ selbsttätig zu leisten. Varianten zur in Phase 1 gestellten Aufgabe sollten den Lerner zum Ausdruck seiner persönlichen Vorstellungen herausfordern. In Phase 4 kann der Lerner durch weitergehendes Variieren von Situation, Rolle und Register, ähnlich wie in Phase 1, wiederum zu einer Grenze seiner aktuellen Sprachkompetenz geführt werden, womit eine neue kommunikative Aufgabe gestellt und eine neue Unterrichtseinheit eröffnet werden kann.

Ein vergleichender Blick auf das traditionelle Verlaufsschema mit der Abfolge von Sprachaufnahme, Sprachverarbeitung und Sprachanwendung zeigt deutlich die Verschiebung der Perspektive zugunsten der Sprachanwendung. Die mit der obigen Dreiteilung gegebenen Probleme der zeitlichen Zerdehnung, des Übergewichts und der Verselbständigung von anwendungspropädeutischen Phasen entfallen. Ebenso entfällt das Problem der mangelnden Durchsicht auf Lernertätigkeiten. Stattdessen erscheint Sprachanwendung als durchgehende, periodisch wiederkehrende, mehr oder weniger gelenkte Tätigkeit des Lerners. Von Anfang an erscheint und betätigt sich der Lerner bewußt und mit wachsender Sprachkompetenz als Entdecker und Benutzer des Kommunikationsinstrumentes der Zielsprache.

3. Eine lernerzentrierte Unterrichtseinheit im Französischunterricht der Sekundarstufe I

Die folgende in ihrem Verlauf nachgezeichnete Unterrichtseinheit stellt den Versuch dar, das Prinzip der Lernerzentrierung entsprechend dem obigen Verlaufsschema in die Unterrichtspraxis umzusetzen.

3.1. Ziel und Adressat

Zu Ziel und Zielgruppe sei angemerkt: Es handelt sich um Gymnasialschüler der Klasse 7 im 3. Lernjahr mit Französisch als 1. Fremdsprache. Auf Grund eines kommunikationsorientierten Unterrichts mit starker Lehrerdirektivität auf der Grundlage des Lehrwerks „Alors, François . . ." (Teile 1 und 2) haben sich folgende Lernvoraussetzungen herausgebildet: Verfügbarkeit eines beschränkten Wortschatzes zu den Sachfeldern: Schule, Freizeitaktivitäten, Verfügbarkeit des *Présent*, des *Passé composé*, des *Futur composé*, des *Conditionnel (vouloir)*, Inferenzfähigkeit, relative Unbefangenheit bei freier Meinungsäußerung, Begeisterungsfähigkeit im Hinblick auf kurzfristig verwirklichbare Pläne. Als Ziel ist gesetzt: sich im thematischen Rahmen von Freizeitaktivitäten mit dem Rad und Aktivitäten beim Besuch einer französischen Schule zu persönlichen Plänen äußern, dazu genaue Vorstellungen entwickeln, an deren Verwirklichung man mit Entschiedenheit glaubt, und zum Ausdruck verbindlich geplanten Tuns außer dem *Présent* und dem *Conditionnel* von *vouloir* das *Futur simple* verwenden.[5] Als Zeitbedarf lassen sich unter Berücksichtigung der Forderung kurzer Übungssequenzen 5 bis 6 Unterrichtsstunden ansetzen.[6]

3.2. Verlauf

Der Unterrichtsverlauf sei nachfolgend, gegliedert nach dem lernerzentrierten 4-Phasen-Schema, in idealisierter Fassung nachgezeichnet.

Phase 1 Entdeckung der kommunikativen Aufgabe: Vorstellung des Plans einer Wanderung mit dem Rad – Lösungsversuche

Muttersprachlicher Einstieg: Den Schülern (S.) wird eine Liste zur Wahl eines Lieblingsprojektes vorgelegt: Theaterspiel, Schulfest, Zoobesuch, Tierpflege, Tierdressur, Zelten, Radwanderung, Radrennen, Radcross, Fahrt nach Frankreich, Besuch der Partnerschule, Fußballturnier, Tennisturnier, Anlegen eines Teiches, Anlegen eines Gartens. Sie haben zusätzlich die Möglichkeit, bei Ablehnung dieser Vorschläge selbst ein Lieblingsprojekt zu benennen. Die S. wählen häufig Vorschläge zu Freizeitaktivitäten mit dem Rad, verbunden mit der Vorstellung einer Fahrt in das grenznahe Frankreich, ebenso häufig den Vorschlag zum Besuch der französischen Partnerschule. Vorschläge zu sportlichen Wettbewerben werden weniger häufig gewählt. Originelle Schülervorschläge: Kirschkernspucken, Rattendressur. Die Vorliebe für Projekte, die als Zielland Frankreich einbeziehen, hängt offensichtlich mit ersten Frankreichkontakten einer Reihe von S. zusammen.[7]

Da die überwiegende Mehrheit sich für die beiden Themen Freizeitaktivität mit dem Rad bzw. Besuch der Partnerschule entschieden hat, werden Gruppen gebildet, die sich mit einem der beiden Themen beschäftigen, dazu genaue Vorstellungen entwickeln und sie schriftlich niederlegen. Die wenigen Schüler mit selten gewählten Themen haben die Freiheit, an einem der mehrheitlich gewählten Themen mitzuarbeiten oder in Einzelarbeit ihr zuerst gewähltes Thema zu entwickeln. Mit dem Arbeitsauftrag der muttersprachlichen Projektbeschreibung werden zwei Ziele anvisiert: 1. Es soll verhindert werden, daß die S. sich mit vagen, unverbindlichen Vorstellungen begnügen. Damit wäre sowohl das persönliche Engagement zu eigenem Handeln in Frage gestellt als auch die anvisierte Instrumentalisierung des Futur simple. 2. Der Lehrer (L.) verfügt über Unterlagen zur Planung evt. notwendiger Lenkungsmaßnahmen. Er kann z. B. Kollokationslisten zur Kompensation zu erwartender Wortschatzdefizite bereithalten. Die Notwendigkeit einer solchen Hilfestellung erweist sich vor allem beim Thema der Freizeitaktivitäten mit dem Rad. Beim zweiten Thema kann sich der L. auf Grund der geringen Zahl erwartbarer Ausdrucksprobleme auf individuelle Hilfestellung und Ad-hoc-Interventionen beschränken.

Wechsel zu vorwiegend und zunehmend zielsprachlichen Unterrichtsphasen: Die S. entwickeln in Partnerarbeit ihre persönlichen Vorstellungen zum Projekt Wanderung mit dem Rad in Form einer kurzen Projektbeschreibung. Sie dürfen ein zweisprachiges Wörterbuch benutzen. Die schriftliche Vorlage dient als Vorbereitung der mündlichen Vorstellung des Projekts im Rahmen eines Lehrer-Schüler-Interviews vor der Klasse. Der L. befragt wechselweise ein Schülerpaar. Stützende Detailfragen werden gestellt: *Vous serez nombreux à faire le tour à vélo? Où est-ce que vous irez? D'où partirez-vous? Quel itinéraire avez-vous choisi? Est-ce un petit tour ou une randonnée de plusieurs jours? Quelles étapes avez-vous prévu? Combien de kilomètres comptez-vous faire par jour? Comment passerez-vous le reste de la journée après une étape? Où passerez-vous les nuits?* Bei mangelnder Inferenz im Hinblick auf die neuen Verbformen des Futur simple wird durch zusätzliche Paraphrasierung der Frage Hilfestellung gegeben: *Où est-ce que tu iras? Où est-ce que tu voudrais aller?* Die zuhörenden S. notieren während des Interviews in zwei Gruppen arbeitsteilig die Äußerungen des L. und der interviewten S. Lehrer- und Schüleräußerungen werden im zweispaltigen Tafelanschrieb einander gegenübergestellt. Die Diagnose des Sprachverhaltens der S. im Vergleich zum Sprachverhalten des L. deckt das sprachliche Defizit der S. auf: Sie sind nicht imstande, die vom L. benutzten neuen Verbformen zu benutzen. An der Beobachtung des noch fremden sprachlichen Instrumentariums entzündet sich das Erkenntnisinteresse der S. Fragen werden gestellt: Warum werden die neuen Verbformen benutzt? Soll damit eine bestimmte Zeitstufe ausgedrückt werden? Wenn damit die Zukunft ausgedrückt werden soll, könnten sie dann nicht durch die bekannten Formen des Futur composé ersetzt werden? Oder sind sie unentbehrlich? Drücken sie etwas anderes aus? Der L. richtet das Erkenntnisinteresse der S. auf den folgenden Hörtext,[8] mit dessen Hilfe die Fragen beantwortet werden können.

Phase 2 Gelenkte Entdeckung und produktive Erprobung des Futur simple als Ausdruck verbindlich geplanten Geschehens

Entsprechend dem Thema des Hörtextes bietet sich zur Wissensaktivierung und -erweiterung der S. ein Gespräch über Radcross im Unterschied zur Radwanderung an, das Informationen des Textes vorwegnimmt: *Où est-ce qu'on court? Dans la forêt, sur des petits chemins, en terrain naturel. Quelle peut être la distance d'un parcours pour des jeunes de 12 ans? Dix kilomètres? Combien d'heures est-ce qu'on compte pour un vélo-cross? Six heures? N'est-ce pas trop dur pour les jeunes? Non, il y a un vélo par équipe, chacun ne tourne que 30 minutes. Après une demi-heure on se relaie, c'est-à-dire le premier coureur descend du vélo et un autre coureur de la même équipe monte sur le vélo. Qui aide les coureurs qui tombent en panne? C'est un service de dépannage, il se tient prêt à réparer la panne, à dépanner le coureur.*

Eine Liste der im Gespräch benutzten Kollokationen begleitet das Gespräch als visuelle Merkstütze. Diese Liste dient auch dazu, nach dem Gespräch noch verbleibende Verstehensprobleme abzuklären.

Die S. werden kurz mit dem 12jährigen Jean-Baptiste bekanntgemacht, der im folgenden Text sein Projekt, Radcross im Forêt de Fontainebleau, vorstellt, um sich die finanzielle Unterstützung von France-Inter zu sichern. Der mit schneller Sprechgeschwindigkeit gesprochene Ausschnitt des Interviews hat folgenden Wortlaut:

J. B. – On espère que France-Inter nous y aidera.
J. – Et vous voudriez organiser les six heures?
J. B. – Six heures, oui.
C. – Jean-Baptiste, six heures, ce n'est pas un trop grand effort pour des jeunes de 9 à 14 ans?
J. B. – Eh non, parce qu'en fait, les jeunes se relaieront sur un vélo par équipe, et ils tourneront environ trente minutes chacun, et le reste de l'équipe se tiendra prêt à les dépanner.

Die S. hören wiederholt den Text. Dabei erfüllen sie in arbeitsteiliger Partnerarbeit folgende Arbeitsaufträge:

1. Ecoutez et complétez. Si vous avez complété, comparez vos résultats avec ceux du voisin.
   J. B. – On espère que France-Inter nous y _____.
   J. – Et vous voudriez organiser les six heures?
   J. B. – Six heures, oui.
   C. – Jean-Baptiste, six heures, ce n'est pas un trop grand effort pour des jeunes de 9 à 14 ans?
   J. B. – Eh non, parce qu' _____ _____
   les jeunes se _____ sur un vélo par équipe,
   et ils _____ environ 30 minutes chacun,
   et les reste de l'équipe se _____ prêt à les dépanner.

2. Ecoutez et corrigez. Si vous avez corrigé, comparez vos résultats à ceux du voisin.
   J. B. – On espère que France-Inter va nous y aider.
   J. – Et vous voudriez organiser les six heures?
   J. B. – Six heures, oui.

C. – Jean-Baptiste, six heures, ce n'est pas un trop grand effort pour des jeunes de 9 à 14 ans?

J. B. – Eh non, parce qu'en fait, les jeunes vont se relayer sur un vélo par équipe, et ils vont tourner environ 30 minutes chacun, et le reste de l'équipe va se tenir prêt à les dépanner.

Mit Ausnahme der Lücke zu *„en fait"* entsprechen die Lücken der Aufgabe 1 den fehlerhaften Textstellen der Aufgabe 2. Sie betreffen die neuen Verbformen des *Futur simple.* Der Vergleich der Ergebnisse der Partnergruppe führt zur Identifizierung der Verbformen, die angeschrieben werden. Das Paradigma des *Futur simple* wird unter Einbeziehung frequenter unregelmäßiger Verben *(se serai, j'aurai, je saurai, je pourrai, je voudrai* etc.) vom L. bereitgestellt. Die anschließende Reflexionsphase zum Gebrauch des *Futur simple* schließt an die Fragen der Phase 1 an. Die S. sollen sich der Frage zuwenden, warum hier statt des *Futur composé* zum Ausdruck der Zukunft ein anderes Tempus, nämlich das *Futur simple,* verwandt wird. Sie werden, falls notwendig, auf den Redezusammenhang (Widerspruch im Hinblick auf eine zuvor geäußerte Vermutung) hingewiesen. Lösung: J. B. widerspricht mit Entschiedenheit *(„en fait")* und betont, daß er genaue Vorstellungen von der geplanten Veranstaltung hat, die die Vermutung der möglichen Überforderung der jugendlichen Crossfahrer widerlegen. Dem gelenkten Entdecken des neuen sprachlichen Instrumentariums schließt sich memorierendes Abrufen des Formenbestandes vom Infinitiv her, von einer Form des *Présent* her in Partnerarbeit an.

Die produktive Erprobung des neuen Instrumentariums beginnt mit einer der Situation des Hörtextes entlehnten Simulations-Übung: Alle S. simulieren die Rolle von Radcross-Fans, die ein Radcross organisieren wollen und ihr Projekt vorstellen. Vierer-Gruppen entwickeln Organisationspläne, wobei eine Landkarte benutzt wird. Folgende schriftlich vorliegende Fragen geben Formulierungshilfe:

1. A quel parcours pensez-vous?
2. Quelle distance parcourront les coureurs?
3. Est-ce qu'on traversera un village, une forêt?
4. Est-ce que vous pensez à un parcours difficile?
5. Combien d'équipes pourront participer au cross?
6. Est-ce que vous comptez inviter des équipes françaises?
7. Combien d'heures prévoyez-vous?
8. Après combien de minutes les coureurs se relaieront-ils?
9. Où installerez-vous le service de dépannage?
10. Est-ce que vous avez pensé à remettre des prix aux gagnants?

Die Pläne werden im Plenum vorgestellt, einmal in der bisher üblichen Form des stark lenkenden Lehrer-Schüler-Interviews, dann, insbesondere bei S. mit einer gewissen Sprechfertigkeit, in der Form eines Exposés. Das schließt allerdings nicht aus, daß der L. in Anpassung an das jeweilige

Sprachverhalten des S. sein Verhalten ändert, d. h. beim Interview die starke Lenkung zurücknimmt und exposé-artigen Passagen Raum gibt oder beim Schüler-Exposé mit stützenden Fragen eingreift, wenn Verzögerungen auftreten. Es ist selbstverständlich, daß Mitschüler, die zusätzliche und genauere Informationen wünschen, die Möglichkeit haben nachzufragen. Ansonsten sind die zuhörenden S. arbeitsteilig mit zwei Arbeitsaufträgen beschäftigt: a. Notizen und schriftliche Wiedergabe der gehörten Informationen, b. Sammeln aller gehörten Formen des Futur simple mit evt. Korrektur, wobei der Anschrieb bei verdeckter Tafel anschließend als Kontrollliste im Plenum dienen kann.

Begleitet wird diese gelenkte Produktionssequenz von der folgenden Kollokationsliste, die dem Fragekatalog beigegeben wird. Sie ist veränderbar im Hinblick auf *ad hoc* auftretende, individuelle Ausdrucksschwierigkeiten.

> utiliser un parcours spécial
> traverser une forêt
> parcourir une distance de . . .
> tourner 30 minutes
> se relayer
> suivre une rivière
> monter sur une longue distance
> choisir les médailles
> participer à d'autres vélo-cross
> remettre des prix

Es ist unumgänglich, in Anbetracht der mangelnden Geläufigkeit im Gebrauch des *Futur simple* bei relativ spontanem Sprachverhalten Drillphasen in die gelenkte Produktionssequenz einzustreuen. Diese Drillphasen werden von den S. als kurzfristige Unterbrechung der gelenkten Produktion erlebt, sie erfahren im Rahmen einer Unterrichtsstunde sprachbezogenes Sprechen und Schreiben als Stütze mitteilungsbezogenen Sprechens und Schreibens. Folgende Sprachmuster werden wechselweise im Plenum und in Partnerarbeit mit etwa 5 Items durchgespielt: *a. Avez-vous déjà choisi votre parcours? – Notre parcours? Non, mais on le choisira bientôt. b. On m'a dit que vous voulez former dix équipes. – Oui, nous formerons dix équipes.* Der L. achtet darauf, daß diese Drillphasen kein zeitliches Übergewicht erlangen und dadurch die Phasen gelenkter Produktion zurückdrängen. Diese Gefahr besteht vor allem, wenn der L. meint, auf lernlangsamere Gruppen Rücksicht nehmen zu müssen. Geläufigkeitsdefizite lassen sich problemlos durch wiederholtes Einblenden kurzer Drillphasen ausgleichen, nicht aber durch die zeitliche Zerdehnung einer Drillphase, die dann eher demotivierend wirkt, als daß sie einen weiteren Lernzuwachs bringt.

Phase 3 Lösung der kommunikativen Aufgabe: Vorstellung des Plans einer Wanderung mit dem Rad

Die in Phase 1 angegangene Aufgabe wird wieder aufgegriffen und in Einzelarbeit schriftlich gelöst. Auf dieser Lernstufe kann die Vorstellung des Projekts mit einer Diskussion zur Realisierbarkeit des Projekts in einer *Table ronde* mit Öffnung zum Plenum verbunden werden. Eine sinnvolle Straffung bei der Projektvorstellung besteht darin, daß man ein Projekt mit allen Details vorstellt, während von den anderen Projekten lediglich das vergleichsweise Neue erwähnt wird. Damit wird Zeit für die Stellungnahme der Mitschüler gewonnen. Auch hier bedarf es der Lenkung des L. durch Einhelfen bei fehlerhafter und mißverständlicher Ausdrucksweise, bei Ausdrucksverzögerungen oder erkennbaren Ausdrucksdefiziten. Zudem lenkt er als Leiter der *Table ronde* die Aufmerksamkeit auf ungenügend bedachte und nicht angesprochene Fragen. Thematische Varianten wie Fußwanderung oder Wanderung mit dem Motorrad werden sinnvollerweise in das Gespräch einbezogen, wobei persönliche Einstellungen zu den verschiedenen Wanderformen zur Sprache kommen können.

Phase 4 Erprobung der Variationsmöglichkeiten: Vorstellung des Plans, die französische Partnerschule zu besuchen

Die S. haben Gelegenheit, ihre Vorstellungen zu ihrem zweiten Lieblingsplan (Besuch der franz. Partnerschule) zu entwickeln. Motivationsverstärkend wirkt die Aussicht auf die baldige Verwirklichung dieses Plans unter der Leitung des L. Eine zweite *Table ronde* ähnlich wie in Phase 3 dient der Zusammenstellung und Diskussion der Schülerwünsche im Hinblick auf die Gestaltung des eintägigen Besuchs. Der L. ist bestrebt, sich beim Austragen von Kontroversen zurückzuhalten und nur bei Mißverständnissen, die durch Ausdrucksfehler entstehen, korrigierend zu intervenieren. Vorbereitet wird die *Table ronde* durch ein schriftliches Exposé und die Abklärung von individuellen Ausdrucksschwierigkeiten. Eine Schülergruppe führt Protokoll und hält die Programmvorschläge fest, die verwirklicht werden können und allgemeine Zustimmung finden.

In Verbindung mit dem Besuch der französischen Partnerschule ergibt sich die Chance, eine weitere kommunikative Aufgabe anzugehen: Die S. berichten über ihre Erfahrungen beim Besuch der Schule, wobei sich die Notwendigkeit ergibt, das *Imparfait* im Wechsel mit dem bekannten *Passé composé* zu verwenden. Eine andere Möglichkeit wäre eine kritische Nachbetrachtung zum Besuch, wobei das *Conditionnel* von hohem Gebrauchswert wäre.

3.3. Beobachtungen zum Lerner- und Lehrerverhalten

Was das Lernerverhalten anbetrifft, ist die Motivation im allgemeinen konstant über die ganze Unterrichtseinheit. Sie schwächt sich ab bei längeren Frontalunterrichtsphasen. Das gilt gleichermaßen für Aufbau und Erläuterung von Kollokationslisten wie für sprachbezogenes Üben im Plenum. Ein Moment der Frustration in Phase 2: die zweite Gruppe kommt mit der Korrektur des fehlerhaften Kontrasttextes kaum zurecht, wobei die erstmalige Anwendung dieser Arbeitstechnik eine Rolle zu spielen scheint. Ein wichtiger Motivationsfaktor scheint die Möglichkeit zu sein, sich häufiger als bisher im Rahmen kurzer Übungssequenzen mitteilungsbezogen zu äußern. Sehr motivierend ist die *Table ronde* zum Besuch der Partnerschule. Bleibt die Interaktion im allgemeinen auf die Beziehung Lehrer – Schüler beschränkt, so kommt es in der *Table ronde* öfters zur Interaktion in der Beziehung Schüler – Schüler. Gleichermaßen hilfreich für das Gelingen des kommunikativen Lernerverhaltens ist die dem L. vom bisherigen Unterricht bekannte Unbefangenheit bei freier Meinungsäußerung, das sanktionsfreie, einhelfende Korrekturverhalten des L. und sein Bemühen, seine Interventionen auf ein Minimum zu beschränken. Als Leistungssteigerung im Vergleich zum bisherigen Unterricht sei eine zügigere Integration des neuen sprachlichen Instrumentariums im Schriftlichen wie im Mündlichen erwähnt. Bei spontanem Sprachverhalten, z. B. in Interviews, zeigen sich allerdings nur leichte Verschiebungen in der Zuordnung zu folgenden drei Gruppen:

1. S., die für den Zeitraum der Unterrichtseinheit das neue Instrumentarium ausklammern und sich auf den Gebrauch vertrauten Instrumentariums beschränken. Es sind in der Regel sehr ängstliche S.

2. S., die es wagen, das Neue zu benutzen, und dabei häufig Interferenzfehler machen als Preis für mangelnde Integration.

3. S., die nach einer relativ kurzen Erprobungsphase relativ fehlerfrei das neue Instrumentarium abrufen.

Über das Lehrerverhalten bleibt zu sagen, daß das reflexartige Festhalten an direktiven Verhaltensgewohnheiten dem Bemühen, sich zurückzuhalten, im Wege steht. Am auffälligsten zeigen sich häufige Interventionen mit kleinschrittigem Lenkungsversuchen dort, wo es darum geht, die S. relativ frei das neue sprachliche Instrumentarium entdecken zu lassen. Es wäre zu fragen, ob angesichts der kleinen Texteinheit die Anwendung der Techniken des Lückentextes bzw. des fehlerhaften Kontrasttextes nicht doch eine unnötige Einengung des Entdeckungsspielraums darstellt. Es wäre auszuprobieren, ob die S. nicht selbst in Gruppenarbeit größere Textteile nach wiederholtem Hören transkribieren können und sich dann selbsttätig mit den Dunkelzonen der neuen Verbformen auseinandersetzen.

Folgendes Transkript eines Ausschnitts aus der die Unterrichtseinheit beschließenden *Table ronde* – es handelt sich um etwa ein Drittel des vollständigen Textes – kann einen Eindruck vom Verhalten der Gesprächsteilnehmer vermitteln.[9] Deutlich erkennbar ist das Gelingen einer bruchlosen Kommunikation in der Zielsprache; nicht ein einziges Mal – und das ist symptomatisch für den ganzen Text – mußte zur Bereinigung von Verständigungsschwierigkeiten auf die Muttersprache zurückgegriffen werden; ferner das hohe Maß an sprachlicher Interaktion, die S. nehmen Stellung zu Aussagen des L. und der Mitschüler; auch die Integration des neuen sprachlichen Instrumentariums, Fehler unterlaufen selten; schließlich das zwanglose, liberale Verhalten des L., er spricht im Vertrauen auf die Inferenzfähigkeit der S. ein didaktisch kaum gefiltertes, relativ authentisches Französisch, Fehlern der S. begegnet er in der Art des *native speakers,* der im Nachhinein die ideale Formulierung vorstellt und die Kommunikation weiterführt, ohne auf der Korrektur aller Fehler zu beharren.

L – Mes chers amis, vous connaissez notre projet. Après les vacances de Pâques on ira à Metz – Montigny, euh, dans l'ensemble scolaire Jean XXIII, et on y passera toute une journée. On partira, disons, vers huit heures du matin et on rentrera vers six heures du soir. Alors, vous aurez tout votre temps pour, euh, faire votre programme. Alors, qu'est-ce que vous ferez pendant ce séjour à Metz? Oui, euh, peut-être Grégoire.

G – Oui, nous jouerons au foot avec les, nos camarades français, nous formerons des équipes france-allemands (sic) qui jouent, et nous, euh, nous jouons peut-être une pièce de théâtre, les Français en allemand et les Allemands en français, et nous pouvons aussi, euh, faire, euh, des parties de ping-pong. Je ne sais pas que (sic) les Français veulent jouer.

L – Tu ne sais pas ce qu'ils veulent jouer, c'est vrai. Seulement en ce qui concerne ta pièce de théâtre, alors, il faut . . . (unverständlich) à préparer, parce que ça ne se, se joue pas après une préparation de, d'une heure par exemple. Mais c'est une très bonne idée, n'est-ce pas, seulement faites attention, il y a toute une journée normale, une journée normale, c'est-à-dire il y aura des cours. On sera à l'école, et il y a des cours. Bon, alors, c'est peut-être Marc qui va nous dire ses idées à lui.

M – Oui je crois qu'on suivra les cours, parce que je trouve que c'est intéresse (sic), que c'est très intéressant. On peut apprendre comment les Français apprend (sic) les, euh, l'allemand ou le français et les maths. Et je trouve que c'est très intéressant.

L – Oui, très bien, alors, suivre les cours, voilà, ça prendra beaucoup d'heures déjà. Très bien. Alors qu'est-ce que tu penses, toi?

Ma – Je trouve que c'est trop monotone, un jour, peut-être trois jours.

L – Hm, on pourra y penser, d'accord. Mais on a prévu une journée. Alors, cherchons à nous limiter à . . . (unverständlich) ce qu'on fera pendant cette journée. Tu as des idées pour cette journée?

Ma – Oui, mais les enfants a, a les (sic), ont les cours français (sic), et il n'y a pas de temps.

L – Pour faire quoi?

Ma – Je veux pêcher, un coup de pêché (sic).

L – Ah, un coup de, ah oui, un coup de pêche, tu veux aller à la pêche avec tes camarades. Oui, ce serait quelque chose d'intéressant. Oui, il faudrait avoir alors plusieurs jours. Là, tu as raison, tout à fait raison.

M – Mais je crois qu'il ne faut pas jouer toujours au foot, et jouer au ping-pong. Je trouve qu'un, euh, qu'un (sic) soirée théâtre (sic), c'est très bien. Mais pas toujours jouer au foot.

L – Une soirée théâtrale, c'est ce que tu veux dire.

M – Oui.

L – C'est ce qu'il faudrait préparer, bien sûr. Voilà, bon, alors, Ansgar, les idées d'Ansgar.

A – J'ai une autre question. Le mercredi, en France, c'est libre, euh, midi (sic).

L – Ah bon, c'est l'mercredi ou le jeudi. Oui, je ne suis pas sûr.

A – Alors, c'est mieux, nous partirons un mercredi, parce que le midi est libre, l'après-midi, et le matin nous suivrons les cours.

L – Ça, c'est une bonne idée, oui.
Alors, vous êtes d'accord? Euh? On partira donc un mercredi, si le mercredi après-midi est libre, euh? D'accord? Oui, très bien, oui alors.

M – On peut partir aussi le mardi, parce que le mercredi matin c'est aussi libré. (sic)

L – Ah bon, très bien alors, bon. Alors, seulement je voudrais avoir vos idées à vous. C'est peut-être Stéphane.

S – Et on mangera chez les parents de notre correspondant peut-être, je n'ai pas envie de manger dans le réfectoire, mais . . .

L – Mais pourquoi est-ce que tu ne voudrais pas manger dans le réfectoire, alors?

S – Le steak n'est pas très, euh, très bon, et . . .

L – Mais Stéphane, tu as une fois, tu as mangé un steak qui ne t'a pas plu, alors, tu ne peux pas généraliser, tu ne pourras pas dire: il n'y a jamais de steak qui soit bon. Peut-être il y en aura, on ne sait jamais, on peut toujours essayer.

G – J'ai un correspondant qui n'habite pas à Metz. Je ne peux pas manger chez les parents de mon correspondant, tu vas penser, tu penseras pas (sic) aux, les (sic) la classe, tu penses à toi peut-être.

L – Oui, seulement, c'est pas, je suis sûr qu'il n'est pas égoïste, là, je suis sûr, euh . . .

4. Überlegungen zur Verstärkung der Lernerorientierung im lehrwerkgebundenen Französischunterricht der Sekundarstufe I

Es dürfte zutreffen, daß Unterricht, der sich an den Interessen und Bedürf-nissen der Lerner orientiert, sich durch ein hohes Maß an Motivations- und Lernkontinuität auszeichnet gegenüber einem Unterricht, der sich un-geachtet der Lernerbedürfnisse Lehrzwängen unterwirft, wie dem Zwang der mit einem Lehrwerk vorgegebenen Lehrprogression und der in die Progression eingepaßten Lehrmaterialien. Im Hinblick auf den in der Regel lehrwerkgebundenen Unterricht der Sekundarstufe I würde die sich aus diesem Sachverhalt ergebende Konsequenz auf die Lösung des Unterrichts von jeglicher Lehrwerkbindung hindeuten. Lehrwerkfreier Unterricht auf der Sekundarstufe I als ideale Vorstellung dürfte allerdings von nicht wenigen Unterrichtspraktikern in den Bereich der Utopie verwiesen werden. Welche Lehrer wären bereit und fähig, immer wieder von neuem mit Rücksicht auf aktuelle und wechselnde Lernerbedürfnisse Lernmaterialien bereitzustellen? Hier sei auf eine Möglichkeit verwiesen, einen lernerorientierten Unterricht durchzuführen, ohne auf den Vorzug ausgearbeiteter Lehrmaterialien verzichten zu müssen. Die folgenden Hinweise gelten für Französisch als 1. Fremdsprache, sind aber übertragbar auf jede Art von Fremdsprachenunterricht auf der Sekundarstufe I.

Die Bindung an die Lehrwerkprogression beschränkt sich auf die beiden ersten Lernjahre des Anfangsunterrichts. In diesem Zeitraum bereits ist Lehrwerkbindung nicht mit Lehrwerkgängelung gleichzusetzen. Vorliegende Texte einschließlich der im Lehrerhandbuch verfügbaren zusätzlichen Texte werden im Hinblick auf ihre Eignung als *Supports* bzw. Zieltexte gesichtet. Falls notwendig, werden anwendungsorientierte Übungspisten schärfer herauspräpariert. Im Rahmen der gegebenen Themen und Aufgaben werden die S. zu eigenen Vorschlägen angeregt. Soweit es zur Berücksichtigung dieser persönlichen Vorschläge notwendig ist, wird neues sprachliches Instrumentarium im Vorgriff auf die Lehrprogression bereitgestellt. So können bei dominierender Lehrwerksteuerung bereits lernergesteuerte Elemente und Phasen in den Unterricht eingebracht werden. Das mit der Lehrprogression anvisierte Wissens- und Fertigkeitsniveau bleibt das für die Lernkontrolle verbindliche Fundamentum, während das durch Lernervorschläge initiierte Additum dem Lerndruck von Klassenarbeiten entzogen bleibt.

Nach dem zweijährigen Anfangsunterricht übernehmen die S. selbst die Sichtung der vorliegenden Lehrmaterialien. Sie stellen die sie interessierenden Themen, Situationen, Bilder, Texte, Aufgaben des Lehrwerks zusammen und ergänzen diese Auswahlliste gegebenenfalls durch eigene Vorschläge. Ein über die Themen des Lehrwerks hinausgehender Themenkatalog kann dabei behilflich sein. Damit ist dem L. eine langfristige Orientierungshilfe gegeben zum Aufbau einer ganzen Reihe von lernerzentrierten Unterrichtseinheiten mit kommunikativer Aufgabenstellung und von kurzer Zeitdauer (5 bis 6 Unterrichtsstunden). Die Folge der Unterrichtseinheiten orientiert sich lediglich insofern an der Lehrprogression, als dort beachtete Grundsätze der Lernerleichterung ebenfalls beachtet werden. Bei der Restrukturierung der von den S. ausgewählten Lernmaterialien wird der Arbeitsaufwand je nach Art des Lehrwerks sehr unterschiedlich sein. Lehrwerke mit pragmalinguistischer Dimension dürften am einfachsten zu restrukturieren sein. Hier liegen in der Regel kurze authentische Texte als *Supports* vor, ebenso kommunikative Aufgaben mit geeigneten Übungsvorläufen. Die meiste Arbeit dürfte die Berücksichtigung von interessanten Themen sein, die durch vorliegende Lehrwerkmaterialien nicht abgedeckt sind. Hier müßte der L. entweder auf das kommerzielle Angebot von Bausteinen zurückgreifen oder selbst die Materialien zusammenstellen und im Hinblick auf die Lernvoraussetzungen der Zielgruppe zuschneiden.

Anmerkungen

1 Titel des auf dem FMF-Kongreß in Münster gehaltenen Vortrags: Entdeckendes Lernen im Französischunterricht der Sekundarstufe I.
2 Die in Betracht kommende Schule ist die Willi-Graf-Schule in Saarbücken, das Lehrwerk heißt „Alors, François . . .“
3 Zu Motivationsproblemen im Französischunterricht der Sekundarstufe I, vgl. Düwell 1978.
4 Dalgalian et al. 1981 / Knibbeler 1983.
5 Zum Gebrauch des *Futur simple* im Gegenwartsfranzösisch vgl. Franckel, 1984: 65 f. sowie Moura et al. 1985: 56 f.
6 Die bei zerdehnter Übungszeit für die Unterrichtseinheit benötigte Zeit betrug 8 Unterrichtsstunden.
7 Dazu gehören Aufenthalte im Ferienhaus der Eltern in Lothringen, Besuche von gleichaltrigen französischen Brieffreunden und die Teilnahme an Schulfeiern der grenznahen Partnerschule, des *Ensemble scolaire Jean XXIII* in Metz – Montigny.
8 Ein Interview-Mitschnitt aus der Sendereihe „Les Mordus“ von France-Inter vom 15. März 1979. In dieser Sendereihe hatten Jugendliche von 9 bis 15 Jahren Gelegenheit, ihre Lieblingsprojekte vorzustellen und sich die finanzielle Unterstützung von *Radio France* zu sichern.
9 Das Transkript ist auf der Grundlage einer Videoaufnahme entstanden. Eine detaillierte Analyse der Kommunikationsabläufe mit Einbeziehung der Körpersprache ist einer späteren Auswertung vorbehalten.

Bibliographie

Dalgalian, G. et al.: *Pour un nouvel enseignement des langues et une nouvelle formation des professeurs.* Paris: Clé International 1981.
Dietrich, I.: *Kommunikation und Mitbestimmung im Fremdsprachenunterricht.* Königstein/Ts.: Scriptor 2/1979: 214–231.
Düwell, H.: *Fremdsprachenunterricht im Schülerurteil.* Tübingen: G. Narr 1978.
Franckel, J.: „Futur ‚simple‘ et futur ‚proche‘.“ *Le français dans le monde* 182 (1984): 65–70.
Knibbeler, W.: „Pour un apprentissage exploratoire-créatif du français.“ *Le français dans le monde* 175 (1983): 56–60.
Moura, J. et al.: „Direction avenir.“ *Le français dans le monde* 197 (1985): 56–62.
Richterich, R.: *Communication orale et apprentissage des langues.* Paris: Hachette 1975.
Schmitt, H./Schneider, E. et al.: *Alors, François* . . . Unterrichtswerk für Französisch als 1. Fremdsprache. Teile 1–3. Frankfurt/M., Berlin, München: Diesterweg 1979 f.
Solmecke, G.: *Motivation im Fremdsprachenunterricht.* Paderborn: Schöningh 1976.
Solmecke, G. et. al.: *Affektive Komponenten der Lernerpersönlichkeit und Fremdsprachenerwerb.* Tübingen: G. Narr 1981.

Wolfgang Biederstädt

Vom gelenkten Rollenspiel zum selbstentwickelten Schülertheater

– Beispiele für darstellendes Spiel im Englischunterricht der Sek. I –

1. Zur Kreativität im Englischunterricht

In den Anfangsklassen der Sekundarstufe I werden die Schüler immer wieder motiviert, im Klassenzimmer überschaubare Rollen zu spielen, die meistens in Alltagssituationen eingebunden sind. Schon seltener ist es der Fall, daß bestimmte Sprechabsichten gezielt in Rollenspielen geübt werden. Auf höheren Lernstufen gerät das Rollenspiel dann allzu oft in Vergessenheit. Das selbstgefertigte oder nach literarischen Vorlagen inszenierte Schülertheater als mögliche Erweiterungsform des Rollenspiels wird in der Regel als kaum mehr durchführbar erachtet. Die hierfür genannten Gründe sind vielfältig, wohl am häufigsten heißt es, die Schüler wollten nicht mehr spielen, da sie zu gehemmt seien, wenn es darum ginge, etwas szenisch darzustellen. Dennoch sind Rollenspiel und Schülertheater Arbeitsformen, die das Lernen einer Fremdsprache im affektiven Bereich nicht nur besonders begünstigen, sondern die Schüler zu teilweise erstaunlichen Leistungen sowohl in sprachlicher als auch kreativer Hinsicht befähigen.

Angesichts dieser Erfahrungen ist es bedauerlich, daß der Kreativität als übergreifendem Unterrichtsprinzip meist nur sehr geringe Bedeutung beigemessen wird, zeigt doch die Praxis, daß sich Schüler sehr wohl angesprochen fühlen, wenn sie ihre eigenen Erfahrungen in den Fremdsprachenunterricht einbringen können. Saftien hat in einem Bericht zur DIDACTA 1985 (Saftien 1985: 41) zu Recht provozierend gefragt, wie der Englischunterricht im Computerzeitalter lebendig bleiben kann. Für ihn muß der Englischlehrer sich entscheiden, ob er nur sprachliche Fertigkeiten trainieren möchte oder ob er „Raum schaffen (will) für die Entfaltung sozialer, kreativer, ästhetischer und musischer Fähigkeiten" (Saftien 1985: 2). Den Gefahren einer Verarmung des sozialen und ästhetischen Lebens im weitesten Sinne durch die neuen elektronischen Medien möchte er entgegenwirken durch den kreativen Umgang mit Sprache. Dazu gehören für ihn Unterrichtsformen wie „Rollenspiel und Rollensimulationen, in denen der Schüler sich ganzheitlich, d. h. auch mimisch und gestisch mitteilt" (Saftien 1985: 42). Das hervorstechendste Argument bei Saftien bezieht sich auf das Verhältnis von Sprachbetrachtung und Kreativität. „Die Zeit, die dafür eingesetzt wird, ist nicht weniger wertvoll als die Stunden, in denen Grammatik behandelt wird. Lehrer, Schüler und Eltern müssen sich von dem Vorurteil befreien, ersteres sei ein unverbindlicher Zeitvertreib, letzteres ein ernsthaftes Geschäft." (Saftien 1985: 42).

Gertrude Moskowitz sieht die häufig beklagte Lernunlust der Schüler ebenfalls in einem deutlichen Defizit an affektiven Lernzielen im Fremdsprachenunterricht. „Generally, schools have not encouraged combining affective experiences with the learning of subject matter. This is no doubt one reason why many youngsters don't find the classroom a place where things that are important to their lives happen. . . .Those who drop out because of lack of interest do not do so because we haven't given them enough facts. It's just that the facts have no meaning for them." (Moskowitz 1978: 14 ff). Die eigene Unterrichtserfahrung hat die Vorzüge und die Praktikabilität eines kreativitätsorientierten Unterrichtskonzeptes gezeigt. Auch ältere Schüler sind sehr ansprechbar, wenn es darum geht, kreative Arbeitsformen in der Schule kennenzulernen und auszuprobieren. Sie gehen an das Schülertheater mit großem Eifer heran, weil sie erfahren, daß sie in diesem Bereich ihre persönlichen Probleme, aber auch ihre Phantasie zum Ausdruck bringen können.

2. Das Rollenspiel

2.1. Das textgebundene Rollenspiel

„Von den sozialen Rollenspielen unterscheiden sich die fremdsprachlichen Rollenspiele vor allem durch ihre Ziele: Es geht vornehmlich um Sprachübung und -anwendung und nur manchmal in Ansätzen um soziale Lernziele." (Klippel 1980: 41). Im Anfangsunterricht stehen die textgebundenen Formen im Vordergrund. Hierbei geht es darum, daß die Schüler einfache Dialoge aus dem Lehrwerk nachspielen, um auf spielerische Weise möglichst effektiv bestimmte Redeverläufe und die damit verbundenen Verhaltensmuster zu internalisieren.

Ein häufig anzutreffendes Beispiel für ein textgebundenes Rollenspiel ist sicherlich „At the doctor's" (z. B. Learning English – Red Line 2, 1985: 34):

Read the dialogue and then act a scene at the doctor's.

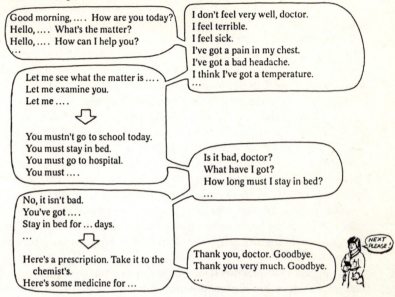

2.2. Das textunabhängige Rollenspiel

Eine Ausweitung des textgebundenen Ansatzes sind die textunabhängigen Formen, die in stärkerem Maße kreatives Arbeiten ermöglichen. In diesem Zusammenhang soll auf die Möglichkeit hingewiesen werden, aus Liedern, die einen klaren Handlungsverlauf oder deutliche Anreize zur Diskussion aufweisen, Rollenspiele erarbeiten zu lassen. Aus der Vielzahl der Lieder, die sich für diese Form des Rollenspiels eignen, seien hier nur einige wenige herausgegriffen:

She's leaving home (The Beatles); Father and son (Cat Stevens); A boy named Sue (Johnny Cash); Girls just want to have fun (Cindy Lauper); Eleanor Rigby (The Beatles); The Ballad of Lucy Jordan (Marianne Faithfull); Escape (Rupert Holmes).

In Gruppenarbeit, einer Arbeitsform, die sich hier als die am besten geeignete herausgestellt hat, denken sich die Schüler unterschiedliche Dialoge aus, die später zu einem Rollenspiel zusammengefügt werden.

69

2.3. Das Beispiel „Girls just want to have fun"

Im Rahmen einer Unterrichtseinheit zum Generationskonflikt wurde von den Schülerinnen und Schülern einer neunten Realschulklasse die Behandlung des Popsongs „Girls just want to have fun" (Cindy Lauper, She's so unusual, Epic Records/CBS) vorgeschlagen. In diesem Lied werden in drei Strophen Konflikte zwischen der Tochter und ihrer Mutter und ihrem Vater sowie zwischen ihr und ihrem Freund angerissen. Das Mädchen betont jeweils seine Eigenständigkeit und Unabhängigkeit und wehrt sich massiv gegen Versuche der Inbesitznahme durch andere.

Die Thematik entspricht dem Entwicklungsalter der Schüler in hohem Maße, so daß eine engagierte Auseinandersetzung mit dem Thema zu erwarten war. Die Klasse wurde in drei Gruppen aufgeteilt, von denen jede eine Strophe des Liedes nach eigener Wahl bearbeitete. Das Ziel bestand darin, vom Kerngedanken der jeweiligen Strophe (im ausgewählten Beispiel lautet er „My mother says when you gonna live your life right" auszugehen und einen Dialog unter den Beteiligten zu erfinden, der widerspiegeln sollte, wie die Szene zu interpretieren sei und wie sie sich aufgrund der Eigenerfahrung der Schüler in Wirklichkeit ereignen oder abgespielt haben könnte.

Der folgende Gesprächsverlauf wurde von vier Mädchen entwickelt. Es handelt sich dabei um die weitgehend selbständig erarbeitete Erstversion der Schülerinnen.

Saturday afternoon. Betty comes home after lunch. Her parents are sitting in the living-room. They are very angry about Betty because she didn't come to lunch.

Betty:	Hello Mum and Dad!
Father:	Where have you been, my dear?
Mother:	In the meantime your meal is cold and I'm not going to cook a new one for you.
Betty:	I'm not hungry, Mum. I've already eaten a pizza.
Father:	Can't you remember our telephone number?
Betty:	Of course, I know that but ...
Mother:	But? What are you going to say?
Father:	Now it's enough! Shut up, Betty.
Betty:	If I can't say anything I'll go away. Bye-bye, Mum.
Mother:	Come back! Where are you going?
Betty:	I think I don't say anything!
Father:	Don't be so cheeky, my girl. Go up to your room at once. You must stay in your room in the afternoons for a few days.

Betty goes up to her room and turns on the radio as loud as possible. She opens the door a little and shouts:
I hate you, Mum and Dad!

Dies ist die vom Lehrer korrigierte Fassung:

Saturday afternoon. Betty comes home after lunch. Her parents are sitting in the living-room. They are very angry with Betty because she didn't come to lunch.

Betty:	Hello, Mum and Dad!
Father:	Where have you been?
Mother:	Your meal is cold and I'm not going to warm it up for you.
Betty:	I'm not hungry, Mum. I've already had a pizza.
Father:	We have got a telephone, you know.
Betty:	Of course, I know that but . . . .
Mother:	But what?
Father:	That's enough now! Shut up, Betty.
Betty:	If you don't want to listen . . . (runs out)
Mother:	Come back! Where are you going?
Betty:	Just now you didn't want to listen to me.
Father:	Don't be so cheeky, my girl. You stay in your room. You must stay there all afternoon and in the afternoons for the rest of the week.

Betty goes up to her room and turns on the radio as loud as possible. She opens the door a little and shouts: I hate you both!

Der Vorteil solcher textunabhängigen Rollenspiele liegt nicht nur in der Möglichkeit kreativer Sprachproduktion, sondern ebenso darin, daß Schüler problemhafte Lebenssituationen erkennen, sie durchspielen können und auf diese Weise ähnliche Konflikte künftig vielleicht besser bewältigen können.

Solche Aufgaben anschließend szenisch darzustellen, bereitet auch Schülern der Abschlußklassen der Sekundarstufe I enormen Spaß und fördert ihre Leistungsbereitschaft dem Fach Englisch gegenüber beträchtlich.

Solch ein Rollenspiel kann darüber hinaus in eine aktive Medienerziehung eingebettet werden, indem die Schüler ihre Spielergebnisse mit der Videokamera aufzeichnen. Hier bietet sich ein sinnvoller Anknüpfungspunkt für die Analyse und kritische Bewertung der bei Jugendlichen sehr beliebten Videoclips.

3. Das Schülertheater

3.1. Ziele

Beim selbstgefertigten Schülertheater stehen folgende Zielsetzungen im Vordergrund:
1. Die Phantasie der Schüler und die Sensibilität gegenüber ihrer Umwelt werden angeregt.
2. Das Lernen wird realistischer, da die reale Welt in den Unterricht einbezogen wird.
3. Die Sprechfertigkeit, vor allem Aussprache und Intonation, wird gefördert.

4. Die Bereitschaft und Fähigkeit zur Kooperation wird weiterentwickelt.
5. Durch erzielte Ergebnisse wird das Selbstwertgefühl der Schüler erhöht.

Es sprechen eine Reihe von Gründen für die Erarbeitung eines Theaterstückes im Englischunterricht. Aus der Sicht der Pädagogik und Psychologie ist es die Tatsache, daß das Spiel in der Rolle den Menschen in seiner Gesamtheit fordert und fördert. Persönliche Schwierigkeiten in der Phase der Selbstfindung der Jugendlichen können im Theater aufgearbeitet werden. Als sinnvolle Unterstützung kommt das breite Spektrum von Ausdrucksmöglichkeiten im Bereich von Mimik, Gestik, Sprache und Körperbewegung hinzu, so daß der Jugendliche sicherer für sich selbst und im Umgang mit anderen wird, und zwar auch außerhalb des Spiels. Durch die Arbeit an einem Stück lernt der Schüler kooperative Arbeitsformen kennen und sie anzuwenden. Vor allem aber motiviert das Theaterspiel und macht Freude!

Aus der Sicht des Fremdsprachenunterrichts gibt ein selbstgefertigtes Theaterstück Gelegenheit zur Sprachproduktion. Die Sprechfertigkeit und insbesondere die Sprechfreude werden durch Hören und Sprechen, durch Auswendiglernen sowie durch die Schulung der Intonation und Aussprache wesentlich gefördert.

3.2. Voraussetzungen für ein Theaterstück

Der Lehrer muß als Spielleiter keine Schauspielerfahrung mitbringen! Er sollte allerdings bereit sein, seine Rolle anders als im herkömmlichen Unterricht zu definieren. Er befindet sich in der Rolle des Beraters, des Helfenden, der notwendige organisatorische Voraussetzungen dafür schafft, daß die Schüler ihre eigenen Ideen zu einem Theaterstück gestalten können. Damit überhaupt Experimentier- und Spielfreude aufkommen können, gilt es, eine möglichst zwangfreie Lernatmosphäre zu schaffen. Wenn der Lehrer ein selbstgefertigtes Stück zum Ziel hat, muß er bereit sein, seine Arbeit ins Ungewisse hinein zu organisieren. Er ist in diesem Fall auf die Ideen seiner Schüler angewiesen und sollte flexibel genug sein, auch unkonventionelle Schülermeinungen im Rahmen des pädagogisch Vertretbaren zu akzeptieren. Die Erfahrung hat immer wieder bestätigt, daß das Potential an Kreativität bei den Schülern schier unerschöpflich scheint. Der Lehrer muß ebenfalls bereit sein, zunächst ein „produktives Chaos" zu akzeptieren, da das eigentliche Ergebnis der Arbeit, ein mehr oder weniger gelungenes Theaterstück, zu Beginn noch nicht vorhanden ist. Wenn auf literarische Texte zurückgegriffen wird, müssen sie in der Sekundarstufe I in aller Regel entsprechend adaptiert werden, so daß auch in solchen Fällen das eigentliche Spiel nicht am Anfang der Arbeit stehen kann.

Bei der Schülertheaterarbeit ist es besonders wichtig, den Schülern von vornherein zu verdeutlichen, daß nicht das Ergebnis das Entscheidende der Arbeit ist, sondern der Prozeß, der dorthin führt. Der Lehrer sollte den Schülern gleich zu Anfang sagen, daß eine möglicherweise geplante Aufführung zunächst noch nicht von großem Belang ist.

3.3. Die Arbeit auf der Bühne

Am Anfang der Bühnenarbeit steht das *„warming-up"*. Als *warming-up* eignen sich verschiedene Spiele, die der Gruppe ein Gefühl der Zusammengehörigkeit vermitteln. Die Schüler müssen ein Gefühl für das Agieren auf der Bühne erfahren, sie müssen den Raum kennenlernen, das Spiel ohne Worte muß geübt werden. Aus den vielfältigen Möglichkeiten sei ein solches Spiel als Beispiel angeführt. „Groups of about eight people stand in a circle, with one of them in the middle. He or she should stand with arms folded and eyes closed. The circle closes in to about 30 cm away from this person, and everyone in it raises their hands to shoulder height with palms facing outwards. The person in the middle then falls in any direction. He or she must not be allowed to fall . . ." (Maley/Duff 1982: 48)

Nach Abschluß des Manuskriptes fängt die eigentliche Bühnenarbeit an. Erst jetzt wird für die Spieler allmählich erkennbar, daß Sprache beim Theater mehr ist als nur aneinandergereihte Worte und Sätze. Mimik und Gestik als weitere Ausdrucksmöglichkeiten müssen sich mit dem Wort verbinden. Das Spiel ohne Worte verlangt eine nicht zu unterschätzende Portion an Übung. Hier kommt es vor allem auf das Ausprobieren, die Phantasie der Schüler sowie auf die gewonnene Erfahrung an. Technik und Bühnengestaltung tragen schließlich zum Gesamteindruck bei.

3.4. Das Beispiel „Help me, I'm pregnant!"

Das Stück „Help me, I'm pregnant!" ist von Schülerinnen und Schülern einer Pflichtarbeitsgemeinschaft im 10. Schuljahr der Realschule entwickelt worden. Die Handlungsidee stammt von den Schülern. Der eigentlichen Dialogisierung ging eine teilweise sehr engagiert geführte Diskussion um die Frage der Abtreibung voran. Nachdem die Gruppe sich auf die grundsätzliche Spielidee geeinigt hatte, wurden einzelne Szenen erarbeitet, und zwar in aller Regel in einem arbeitsgleichen Gruppenverfahren. Durch die vergleichende Diskussion wurde eine von allen akzeptierte Fassung für das Stück erarbeitet.

Gerade die sprachliche Erarbeitung erfordert vom Fremdsprachenlehrer großen Einsatz. Er muß von Fall zu Fall entscheiden, bis zu welchem Grad er den Schülern bei Formulierungen hilft. Er kann Sprachmaterial in Form von Inventaren zur Verfügung stellen, außerdem kann er mit den Schülern Texte bearbeiten, die geeignete Redemittel beinhalten. Für die Schüler kommt es in besonderem Maße darauf an, daß sie über geeignete Arbeitstechniken wie den Gebrauch eines zweisprachigen Wörterbuches verfügen. Der Lernerfolg hängt weitgehend von der Kenntnis von Redemitteln für Sprechabsichten in Alltagssituationen ab.

Damit der Leser sich einen Eindruck vom Inhalt des von den Schülern geschriebenen Stückes verschaffen kann, sei die Rahmenhandlung kurz skizziert:

Während einer Party lernt Joan einen netten Jungen kennen, Dave. Sie freunden sich schnell an und beschließen, gemeinsam ihren Urlaub zu verbringen. Doch Joans Eltern, die eine Freundschaft ihrer Tochter mit einem Jungen für verfrüht ansehen, wenden sich mit aller Macht gegen Joans Urlaubspläne. Nachdem Dave seine Freundin dennoch überredet hat, fahren sie ohne das Wissen ihrer Eltern nach Schottland.

Nach vierzehn Tagen kehren sie wieder zurück. Da die Eltern des Jungen sich in der Zwischenzeit an Joans Eltern gewandt haben, kommt es zu einem klärenden Gespräch. Joans Freundschaft mit Dave wird geduldet.

Da tauchen unerwartet neue Probleme für das Mädchen auf. Eine Ärztin eröffnet ihr, daß sie schwanger ist.

Doch Dave will nun nichts mehr von ihr wissen. Er fühlt sich zu jung zur Heirat. Außerdem meint er, daß es das beste sei, wenn Joan einer Abtreibung zustimmen würde. Die Eltern sehen die Lösung des Problems ebenfalls in einer Abtreibung, so daß Joan, die sich entschieden gegen solche Pläne zur Wehr setzt, plötzlich allein ist. Auch eine Zusammenkunft aller Beteiligten bringt keine Klärung. Joan, völlig verzweifelt, wendet sich von ihren Eltern und ihrem Freund ab und verläßt ihr Zuhause.

Sie findet Unterschlupf bei einer Freundin, die in einer Wohngemeinschaft lebt. Dort kann sie ihr Kind ungestört zur Welt bringen.

Aus Platzgründen kann hier lediglich die Schlußszene des Stückes zitiert werden. Sie ist aber gleichzeitig exemplarisch für die intensive Auseinandersetzung der Schüler mit der von ihnen gewählten Thematik und zeigt gleichzeitig das ernsthafte Bemühen um eine sinnvolle Lösung des Konflikts.

Mary Hello Joan, I'm back again.
Joan Hello!
Mary Oh, it's always the same. I forgot to bring your medicine. By the way, Joan, here's a letter for you.
Joan For me? Who is it from?
Mary Er . . . Dave Williams. Is that your friend Dave?
Joan Let me see. – Yes, that's Dave's handwriting. I wonder what he wants. "My dearest Joan. Can you still remember me? It's me, Dave." – Ha, does he think I will forget about such a guy? "Wasn't it a great time when we stayed in Scotland?" – Yeah, that's when all the mess began. "I hope you feel alright and the baby as well." – How dare you to say such a rubbish, Dave! "Joan, I

would like to see you again." – Ha, that's just like Dave. When I needed him he didn't want me. Abortion – that was all he had in mind. "We are too young, darling, much too young to have a baby and be a family." – And now, now he wants to come back to me. I wonder if he is still too young to be a father!

Mary Well, what's in the letter?
Joan He wants to see me again after all this has happened.
Mary And what's your idea about it?
Joan Mary, look, this is my answer!
(Sie zerreißt den Brief.)

Dadurch, daß die Idee des Stückes nur fiktiv ist und auf diese Weise alle Möglichkeiten der Konfliktbewältigung ohne unmittelbare Konsequenzen durchgespielt werden können, wird die Funktion des Schülertheaters, auf künftige Lebenssituationen vorzubereiten, besonders deutlich.

4. Fazit

Die bisherige Erfahrung bei der Arbeit mit Schülertheatergruppen hat eindeutig gezeigt, daß solche Stücke besonders gut von Schülern gespielt wurden, wenn sie sie selbst geschrieben hatten. Der Vorteil liegt nicht nur darin, daß sie sich in einem solchen Spiel selbst wiederfinden. Häufig bedeutet es auch eine Überforderung, ein literarisches Stück angemessen zu interpretieren und dabei fremde, vorgegebene Rollen und Charaktere zu deuten und im Sinne der Gesamtaussage des Stückes darzustellen. „Interpreting a text is much more difficult than improvising a scene because one has to understand the thought process of both the writer and the character one is interpreting before one can find a satisfactory interpretation of the words one is given. There is also a tendency, when working from a text, to concentrate too much on the words themselves and to forget about other ways of conveying meaning such as tone of voice, gesture and facial expression." (Holden 1981: 59). Die Erarbeitung eines Theaterstückes ist eine der seltenen Gelegenheiten, bei denen die Schüler Sprache produzieren und eigene Ideen in die Fremdsprache umsetzen. Es hat sich im Laufe der Zeit gezeigt, daß die Schüler, die sich an einer Theater-AG beteiligen, einzelne sprachliche Versatzstücke in den normalen Englischunterricht einbringen, ein Zeichen dafür, daß Theaterspielen zur Leistungssteigerung im Fachunterricht beiträgt. Durch die Notwendigkeit, auf der Bühne klar, laut und richtig artikulieren zu müssen, schult die Einstudierung eines Theaterstückes die Aussprache in hohem Maße. Vor allem die Intonation wird schrittweise verbessert. Im Laufe der Arbeit an einem Stück entwickelt sich aus dem anfänglichen Chaos zielgerichtetes Arbeiten, insbesondere kurz vor geplanten Aufführungen. Theaterspielen ist besonders aus erzieherischen Gründen sehr zu empfehlen, da die Schüler ein Gefühl der Zusammengehörigkeit entwickeln. Sie bemerken nach einiger Zeit, daß es beim Spiel auf Zusammenarbeit ankommt, eine Erfahrung, die viele Schüler hier zum ersten Mal intensiv erleben. Schüler, die im normalen Unterricht eine untergeordnete Rolle spielen, entwickeln in solch einem Bereich plötzlich Fähig- und Fertigkeiten, die bisher im Verborgenen steckten. Eine Aufwertung ihrer Persönlichkeit ist ein wertvolles Ergebnis. Die Form des selbstentwickelten Schülertheaters sollte gepflegt werden, und zwar sollten die Schüler im normalen Unterricht an kleine Szenen gewöhnt werden, wie sie beim Rollenspiel zum Tragen kommen. Schülertheater sollte von den Schülern möglichst selbst geschrieben werden, da nachgespielte Stücke nur selten dem Ausdruckswillen und -vermögen der Schüler gerecht werden. Schülertheater sollte gerade für die Sekundarstufe I fest in den Richtlinien verankert werden, damit Theatergruppen nicht nur geduldete Einrichtungen sind, die in der Schule ein Schattendasein führen.

Bibliographie

Coll, A./Fernandez, L.: „Drama in the classroom." *Practical English Teaching,* Vol. 6, No. 3, (1986): 19 ff.

Giffei, H. (Hrsg.): *Theater machen.* Ein Handbuch für die Amateur- und Schulbühne. Ravensburg: Otto Maier Verlag 1982.

Groth, M.: *Theater und Video.* Köln: Bund Verlag 1985.

Heitz, S.: „Zigger-Zagger. Die Behandlung und Aufführung eines Dramas im Englischunterricht in einer 10. Gymnasialklasse." (185 ff) Bredella, L./Legutke, M. (Hrsg.): *Schüleraktivierende Methoden im Fremdsprachenunterricht Englisch.* Bochum: Kamp Verlag 1985.

Holden, S.: *Drama in Language Teaching.* Harlow: Longman 1981.

Klippel, F.: *Lernspiele im Englischunterricht.* Paderborn: Schöningh 1980.

Krause, S.: *Darstellendes Spiel.* Paderborn: Schöningh 1976.

Livingston, C.: *Role Play in Language Learning.* Harlow: Longman 1983.

Löffler, R.: *Spiele im Englischunterricht.* München: U & S Pädagogik 1979.

Maley, A./Duff, A.: *Drama Techniques in Language Learning.* Cambridge: Cambridge University Press 1982 (New Edition).

Moskowitz, G.: *Caring and sharing in the foreign language class.* Rowley, Massachusetts: Newbury House 1978.

Müller-Zannoth, I.: „Short plays als Anregung zum Rollenspiel." *Der fremdsprachliche Unterricht 77* (1986): 23 ff.

Pears, M.: „Discipline – a drama can help." *Practical English Teaching,* Vol. 6, No. 1 (1985): 11.

Saftien, V.: „Wie bleibt der Englischunterricht lebendig im Computerzeitalter?" *Englisch 2* (1985): 41 ff.

Sion, Ch. (Hrsg.): *Recipes for tired teachers.* Amsterdam: Addison-Wesley 1985; besonders Unit V: Role Playing: 56 ff.

Smith, St.: *The Theater Arts and the Teaching of Second Languages.* Amsterdam: Addison-Wesley 1984.

Liesel Hermes

„Fun-reading" im Englischunterricht
der Sekundarstufe I

– Über Sinn und Notwendigkeit eines langfristigen Lektüreeinsatzes –

1. Situation des Englischunterrichts

In den letzten Jahren ist wiederholt vom Einsatz von Texten und Lektüren die Rede gewesen, vor allem, seit Hör- und Leseverstehen verstärkt in den Richtlinien Berücksichtigung finden. So hat M. Bludau bereits 1977 auf die „Rolle der Lektüre in der Sekundarstufe I" hingewiesen (Bludau 1977). Ich selbst habe mich in Aufsätzen (Hermes 1978a, 1978b, 1984) mit demselben Thema befaßt, und I. Ross hat 1980 ein Leseprogramm für die „englische Lektüre im 3. bis 6. Lernjahr" vorgestellt (Ross 1980). In Fortführung dieser Ansätze möchte ich die These aufstellen, daß gerade Real- und Hauptschüler/innen einen Anspruch auf die Förderung ihrer rezeptiven Lesefertigkeit haben. Den Ausgangspunkt soll dabei eine kurze Erörterung der speziellen Situation des Englischunterrichts an der Hauptschule bilden, weil dort die Existenz des Englischunterrichts immer noch nicht gefestigt, teilweise sogar gefährdet ist.

In den meisten Bundesländern haben Hauptschüler/innen fünf Jahre Englischunterricht, in Nordrhein-Westfalen und Berlin sowie auf freiwilliger Basis in Rheinland-Pfalz sechs Jahre. Der Unterricht erstreckt sich in den Klassen 5 und 6 in den meisten Bundesländern über fünf, in Bayern und Niedersachsen über vier Wochenstunden. Ab Klasse 7 wird er überall deutlich reduziert und im allgemeinen nur noch mit drei Wochenstunden fortgeführt, mit Ausnahme von Bremen, Nordrhein-Westfalen und Berlin, wo vier, und in Schleswig-Holstein, wo nur zwei Wochenstunden erteilt werden. Ab Ende von Klasse 7, teilweise ab Klasse 8 sind – unterschiedlich begründete – Abwahlmöglichkeiten vorgesehen. So gehört Englisch in Bayern und Bremen in den sogenannten Wahlpflichtfachbereich und kann abgewählt werden. In Bayern gilt das neuerdings nur für „Schüler mit besonderen Leistungsschwierigkeiten" (Nachrichten 1986: 56). „Entpflichtung" oder „Befreiung" ist in Baden-Württemberg, Hamburg, Hessen, Niedersachsen und Schleswig-Holstein möglich. (Englisch 1983: 58).

Diese allgemein zu beobachtenden Aufweichungstendenzen bergen die Gefahr in sich, daß das Fach in der Hauptschule, anders als in der Realschule, wo seine Existenz unumstritten ist, mittelfristig in eine Randposition gedrängt wird. Allerdings ist – zumindest in Baden-Württemberg –

eine deutliche Aufwertung der Hauptschule zu beobachten, die in einer schriftlichen und mündlichen Abschlußprüfung sowie in dem sogenannten Modell 9 + 3 zu sehen ist: Damit sind der qualifizierte Hauptschulabschluß sowie eine abgeschlossene Berufsausbildung gemeint, die gemeinsam – unter Voraussetzung eines bestimmten Notendurchschnitts – dem mittleren Bildungsabschluß gleichkommen.

Dennoch ist es, überblickt man die Situation in den Bundesländern insgesamt, inkonsequent, von einer Stärkung der Hauptschule zu sprechen, wenn man gleichzeitig eine der Grundbedingungen für ihre Existenz als weiterführende Schule, nämlich den Englischunterricht für alle, verschlechtert. Desgleichen kann man nicht den Wert des Englischunterrichts für alle Schüler/innen betonen und gleichzeitig die Abwahlmöglichkeiten erleichtern, wodurch unterschiedliche Gruppen von Schülern geschaffen werden. (Vgl. Doyé 1985: 47).

Eine Möglichkeit, Schülern/innen frühzeitig den Sinn des Englischunterrichts einsichtig zu machen, sehe ich darin, ihnen in den ersten beiden Jahren intensiven Lernens Vertrauen in ihre Englischleistungen zu geben, ihnen Anlaß zu bieten, ihre Kenntnisse selbständig anzuwenden, und sie durch Vermittlung von Lerntechniken darauf vorzubereiten, spätestens ab Klasse 7 tatsächlich selbständig zu arbeiten. Dies läßt sich im Bereich des Leseverstehens relativ früh erreichen. So schrieb Rudolf Bauer bereits 1976: „Das Lehren rezeptiver Fertigkeiten zeitigt unter bestimmten Umständen offenbar mehr Erfolg als das Beharren auf der Einübung produktiven Könnens." (Bauer 1976: 50).

Abgesehen von dem Erfolgsargument muß bedacht werden, daß es sich bei der Lesefertigkeit um eine Arbeitstechnik handelt, der über das schulische Lernen hinaus wesentliche Bedeutung zukommt, da die Schüler in die Lage versetzt werden, ihre Kenntnisse später selbständig anzuwenden und zu erweitern. Wenn man des weiteren bedenkt, daß gerade Real- und Hauptschulklassen in ihren Leistungen oft sehr heterogen sind, daß unterschiedliche Lerntypen zu berücksichtigen sind und daß die schwächeren Schüler/innen über rezeptive und reproduktive Fähigkeiten hinaus nur mit Mühe zu selbständigen produktiven Leistungen gelangen, dann erscheint die Anbahnung des selbständigen Leseverstehens als dringende Notwendigkeit.

2. Begründung des Lektüreeinsatzes

Gegen den Einsatz von Lektüren sind verschiedene Argumente zu hören:
1) Die neueren Lehrwerke sind so umfangreich, daß sie kaum innerhalb der vorgeschriebenen Zeit bewältigt werden könnnen; also bleibt keine Zeit für Lektüren.

2) Die Lehrbuchinhalte, die Progression von Wortschatz und Grammatik führen zu einem Lernfortschritt, der sich anhand von Vokabelverzeichnissen und Strukturenlisten nachweisen läßt. Dieser Nachweis der Progression fehlt bei Lektüren.

3) Die Lehrerhandbücher enthalten so viele praktische Anregungen und Ideen für die Arbeit mit dem Lehrbuch, daß man sich nicht auf das methodisch unsicherere Pflaster der Arbeit mit Lektüren begeben möchte.

4) Die Eltern sind daran interessiert, den Fortschritt ihrer Kinder zu verfolgen, und halten Lektürearbeit möglicherweise für nicht seriös genug.

5) Notwendige Leistungskontrollen lassen sich mit Lektüretexten nicht so einfach durchführen, wenn die Lektüre Spaß machen und nicht für Wortschatz- und Grammatikarbeit „mißbraucht" werden soll.

Diese Argumente sind sicherlich ernstzunehmen, jedoch gegen einen Lektüreeinsatz nicht stichhaltig. Denn es lassen sich auch gute Gründe für den Einsatz von Lektüren anführen:

1) Die ständige Progression des Lehrwerkes läßt die Schüler/innen immer nur erfahren, was sie alles nicht können, nicht aber, was sie tatsächlich können. Mit anderen Worten: Innerhalb der Lehrbucharbeit ist die freie Anwendung des Leseverstehens – von einigen Ausnahmen abgesehen – nicht oder kaum vorgesehen.

2) Das Lehrbuch erfordert in der Regel eine intensive Texterarbeitung und verhindert einen ganzheitlichen Textzugang. Das aber steht im Gegensatz zur späteren selbständigen Sprachanwendung.

3) Lehrbuchtexte werden jahrelang unterschiedslos laut gelesen, obwohl lautes Lesen im Alltag kaum vorkommt (vgl. Arendt 1982). Lektüren dagegen ermöglichen die kontinuierliche Schulung des stillen Lesens.

4) Lektüren lassen die Schüler/innen überdies erfahren, daß sie auch unabhängig von der Lehrerin* Englisch verstehen können.

5) Eine gewisse Selbständigkeit vermag die Fixierung auf das Lehrwerk als alleiniger fremdsprachlicher Quelle zu relativieren.

6) Der Lektüreeinsatz wird als willkommene Abwechslung und Auflockerung empfunden.

Angesichts der Tatsache, daß die zeitlichen Möglichkeiten in den ersten beiden Lernjahren die größte Flexibilität erlauben, sollte also der Lektüreeinsatz möglichst früh beginnen. Denn ab Klasse 7 ergibt sich aufgrund der geringeren Stundenzahl ein wachsender Leistungsdruck, der sich in einigen Bundesländern ab Klasse 8/9 durch die Vorbereitung auf die Abschlußprüfung in Haupt- und Realschule noch verstärkt.

---

* Da ich selbst einige Versuche durchgeführt und ansonsten nur mit Lehrerinnen gearbeitet habe, verwende ich durchgehend die weibliche Bezeichnung.

Da stilles Lesen an Lehrbuchtexten kaum geschult werden kann, sollten also lehrbuchunabhängige Materialien eingesetzt werden. Mit ihrer Hilfe können alle Schüler schrittweise zum stillen Lesen und zur Ausbildung einer rezeptiven Lesefertigkeit angeleitet werden. Diese kann nur durch kontinuierliches Training erworben werden. Dabei ist es von Bedeutung, daß, gedächtnispsychologisch argumentiert, „die Fähigkeit wiederzuerkennen wesentliche Voraussetzung für das Verstehen ist" (Rohrer 1978: 42). Hinzu kommt, „daß uns das Wiedererkennen sehr leicht – und das Abrufen vergleichsweise schwerfällt. (. . .) Informationen, die längere Zeit unbenutzt geblieben sind, die längere Zeit nicht ‚geübt' wurden, gehen vom aktiven ins inaktive Langzeitgedächtnis über, wo sie zwar noch wiedererkannt werden, das heißt nicht verlorengehen, jedoch nicht abgerufen werden können." (Rohrer 1978: 49)

Damit bestehen gerade auch für lernlangsame Schüler/innen Chancen, sich im Englischunterricht zu verwirklichen. Hervorstechende Merkmale solcher Schüler sind für den Hauptschulbereich zuletzt von Helfrich 1983 detailliert beschrieben worden. In diesem Zusammenhang seien folgende erwähnt:

– Die Schüler können gut verstehen. Sie verstehen viel mehr, als wir normalerweise annehmen.
– Sie müssen Erfolgserlebnisse haben. Sie brauchen Selbstvertrauen, d. h. Vertrauen in die eigene Leistung. (Helfrich 1983: 21 f.)
– Nach Mißerfolgserlebnissen brauchen sie „die Erfahrung, daß sie in einem begrenzten und ihren tatsächlichen Fähigkeiten und Bedürfnissen angepaßten Bereich Erfolg haben können." (Helfrich 1983: 125)

Dieser Erfolg läßt sich mit Hilfe von selbständig gelesenen Lektüren erreichen. Sie können damit u. a. dazu beitragen, daß die Lernfreude im Anfangsunterricht länger erhalten bleibt, daß der viel beklagte Motivationsabfall, die wachsende Lernunlust möglicherweise später einsetzt, eben weil Lektüren Erfolgserlebnisse vermitteln können. Hinzu kommt, daß sich Lektüren gut als Differenzierungsmittel einsetzen lassen. Dazu haben nordrhein-westfälische Gesamtschulen Forschungen angestellt. Ein ermutigendes Ergebnis findet sich im *Comprehensive Newsletter, Heft 4* (1985), wo es in der Zusammenfassung heißt: „Wichtige Ziele wie selbständiges Erarbeiten eines Textes und Wecken von Lesefreude bei den lernstärkeren Schülern wurden erreicht." (S. 25).

Differenzieren läßt sich in bezug auf das Unterrichts- bzw. Lesetempo, auf den Schwierigkeitsgrad der Texte sowie die möglichen Arten der Textauswertung oder der Textaufgaben. Das bedeutet zum einen, daß in sehr heterogenen Klassen Lektüren dazu eingesetzt werden können, um lernschnelleren Schülern eine Möglichkeit der selbständigen Beschäftigung zu geben, wenn lernlangsamere Schüler noch mit einer Stillbeschäftigung befaßt sind oder von der Lehrerin in einer kleineren Gruppe zu Wiederholungsaufgaben herangezogen werden. Auf diese Weise können lernschnellere Schüler individuell gefördert werden. Es bedeutet zum anderen, daß, langfristig gesehen, lernschwächere Schüler bei entsprechender Textauswahl im Bereich des rezeptiven Leseverstehens zu Erfolgen gelangen können, wenn produktive Leistungen an die Grenzen ihrer fremdsprachlichen Fähigkeiten rühren.

Ein Risiko des stillen Lesens, das sich bei verschiedenen Versuchen ergab, darf jedoch nicht übersehen werden: Da die Schüler in der Fremdsprache in der Regel subartikulieren, d. h. still mitsprechen, können Aussprachprobleme auftauchen. Wenn die Schüler nämlich Hypothesen über die Aussprache eines Wortes bilden, das sie nur still gelesen haben, prägen sie es sich eventuell falsch ein. Auf folgende risikomindernde Methoden sei daher in aller Kürze verwiesen:

1) Die Schüler lesen zu Beginn sprachlich so einfache Lektüren, daß ihnen der Wortschatz weitgehend bekannt ist.

2) Sie erhalten lektürebegleitende Kassetten, die bei etlichen Verlagen erhältlich sind oder leicht selbst besprochen werden können, damit sie den Text gleichzeitig über Augen und Ohren aufnehmen können.

3) Sie notieren unbekannte Wörter, deren Aussprache sie gern lernen möchten, und fragen die Lehrerin um Hilfe.

4) Sie lernen rezeptiv die wichtigsten Aussprachesymbole und können sich dann selbständig im Wörterbuch informieren.

Im übrigen sollte das Risiko der falschen Aussprache kein fundamentaler Hinderungsgrund sein, die Schüler zum selbständigen Leseverstehen zu führen.

3. Materialien – eine Übersicht

Aus der Fülle vorhandener Lektüren und Serien möchte ich einige exemplarisch herausgreifen, die für einen frühen Einsatz geeignet sind (vgl. Hermes 1984).

Für einen ersten Einsatz in der fünften Klasse (Ende des 1. bzw. Anfang des 2. Schulhalbjahres) kommen einfache, reich bebilderte Texte in Frage. Als Einstieg bietet sich die Serie *Activity Books, Let's Start Reading* von OUP an. In dieser aus fünf Titeln bestehenden Serie wird ausschließlich im *present continuous* erzählt. Unbekannte Vokabeln werden mit Hilfe großformatiger Illustrationen in einer Art *picture dictionary* erläutert. Am Schluß finden sich Wortschatzübungen in spielerischer Form und mit Rätselcharakter.

Ähnliches gilt für die Serie *Start with English – Readers* von OUP, die aus insgesamt sechs Stufen besteht, deren erste drei bereits früh in Klasse fünf eingesetzt werden können. Ein *picture dictionary* am Schluß erläutert Substantive, Adjektive und Verben. Kleinschrittige Fragen zu jeder Seite tragen ein übriges dazu bei. Die Geschichten werden mit großer Redundanz erzählt. Die großen farbigen Illustrationen dienen ebenso der Auflockerung wie dem Textverständnis.

Aus der sechs Titel umfassenden Serie *Stepping into English* im Schwann Verlag, Düsseldorf, kommen für die fünfte Klasse die Titel *The Lion and the Mouse, The City Mouse and the Country Mouse* in Frage. Es handelt sich dabei um moderne Versionen der alten Äsop-Fabeln. Jede Seite umfaßt nur 4–6 Zeilen Text. Beherrschend sind die großformatigen farbigen Illustrationen. Ein kurzes zweisprachiges Vokabular am Schluß umfaßt alle Wörter, die über den Wortschatz des 1. Lernjahres hinausgehen. Einige Übungen helfen dabei, den Textinhalt zu rekapitulieren, andere sind auf den Wortschatz bezogen.

Die *PMV Activity Readers* von Petersen-Macmillan, Hamburg, umfassen fünf Titel, die alle für das erste Lernjahr geeignet sind. Sie enthalten großformatige Illustrationen, die das Textverständnis steuern. Die Texte bestehen aus erzählten und dialogisierten Teilen. Übungen am Schluß haben motivierenden Charakter, und zweisprachige Vokabelverzeichnisse garantieren volles Verständnis. Hinzu kommt, daß die fünf Titel auf zwei Kassetten in Hörspielfassungen aufgenommen sind.

Für das 2. Schulhalbjahr der Realschule bzw. die Klasse sechs der Hauptschule kommt aus der Serie *Start with English – Readers* die Stufe 3 hinzu, aus der Reihe *Stepping into English* die restlichen vier Titel.

Eine sehr motivierende, bislang vier Titel umfassende Reihe sind *Adventures of Billy and Lilly* von Langenscheidt-Longman. Dabei handelt es sich um *comics* im DIN-A-4-Format mit Abenteuergeschichten und spielerischen Übungen am Schluß.

Auch mit der sechs Stufen umfassenden Serie von Langenscheidt-Longman, nämlich den *Longman Structural Readers* kann wegen des hohen Bildanteils in Klasse sechs (im Gymnasium 5/2) begonnen werden.

Aus vier Stufen bestehen die *Oxford Graded Readers*. Jede Stufe enthält Texte für *junior level* und *senior level*. Einige wenige Vokabeln werden mit Hilfe von Illustrationen und kurzen Beispielsätzen erläutert. Die einfachste Stufe basiert auf ca. 500 Grundwörtern und ist in Klasse sechs einsetzbar.

Die hier genannten Lektüreserien haben folgende Kennzeichen:
1) Sie setzen auf einer sprachlich so einfachen Ebene an, daß das Lesen von Anfang an zu einem Erfolgserlebnis für die Schüler wird.
2) Die farbige Bebilderung wirkt nicht nur vordergründig motivierend, sondern trägt in hohem Maße zum Textverständnis bei, so daß die Illustrationen tatsächlich textentlastend wirken.

82

3) Die Handlung ist immer geradlinig und einfach, dabei spannend. Häufig wird redundant erzählt, der Handlungsfortschritt vollzieht sich kleinschrittig.
4) Vokabelhilfen erscheinen in einigen Serien als zweisprachige Liste, in anderen als *picture dictionary*, oder sie fehlen ganz.
5) Wenn Übungen vorhanden sind, beziehen sie sich in der Regel auf den Textinhalt und auf den Wortschatz. Sie haben häufig spielerischen oder Rätselcharakter.
6) Einige Titel werden zusätzlich als Hörkassetten angeboten, die zum Vorspielen in der Klasse wie zum individuellen Hören zu Hause gleichermaßen geeignet sind.
7) Das Preisgefüge erstreckt sich von DM 3,50 bis 5,40.

4. Ziele

Geht man nun von der Voraussetzung aus, daß der frühe Einsatz von Lektüren sinnvoll ist und daß er kontinuierlich fortgeführt wird, lassen sich folgende Ziele anstreben:
1) Die Schüler/innen erfahren von einem frühen Zeitpunkt an, daß sie ihre Englischkenntnisse selbständig anwenden können.
2) Wachsende Selbständigkeit kann zu nachhaltigen Erfolgserlebnissen führen, die gerade für Schüler/innen mit geringem Selbstwertgefühl von besonderer Bedeutung sind.
3) Erfolgserlebnisse wirken sich im allgemeinen motivationsfördernd aus, d. h. die Schüler/innen können mittelfristig für den Englischunterricht motiviert werden.
4) Mit wachsender Leseleistung machen sie die Erfahrung, daß sie ohne Hilfe arbeiten können.
5) Diese Erfahrungen können in wachsender Toleranz gegenüber unbekannten Vokabeln resultieren. Im Unterschied zum Lehrbuch erfahren sie beim Lesen von Lektüren, daß das Textverständnis nicht behindert wird, wenn sie die eine oder andere Vokabel nicht erschließen können.
6) Mit zunehmender Leseerfahrung wächst die Fähigkeit, unbekannte Vokabeln tatsächlich zu erschließen, und zwar hauptsächlich aus den Illustrationen, daneben auch aus dem Erzählzusammenhang.
7) Schwächere Schüler machen die Erfahrung, daß ihre rezeptiven Fähigkeiten zunehmen, selbst wenn die produktiven deutlich dahinter zurückbleiben. D. h., auch sie können gewisse Stärken im Fremdsprachenunterricht entwickeln.
8) Leistungsstärkere Schüler können bei einem langfristigen Programm ihre rezeptiven Fähigkeiten zunehmend durch längere und komplexe Texte ausbauen und erweitern.

5. Versuche

Seit dem Herbst 1983 wurden an einer Hauptschule mehrere – zunächst unkoordinierte – Versuche unternommen, die dem Ziel dienten herauszufinden, ob Hauptschüler/innen auf das Angebot zusätzlicher Englischlektüren eingehen und ob sie in der Lage sind, ohne Hilfe fremdsprachliche Texte rezeptiv zu bewältigen. Die Versuche fanden in fünften, sechsten und siebten Klassen statt. Eine kurze Schilderung kann m. E. unabhängig vom Schultypus zur Nachahmung anregen.

Organisatorisch war ihnen folgendes gemeinsam: Das Lesen erfolgte freiwillig zu Hause. Die Ausleihe fand jeweils in der zweiten Hälfte der sechsten Stunde statt, und zwar mit einer Leihkarte, auf der Schüler ihr Urteil über den Text abgaben. Kontrollen wurden bewußt vermieden, um nicht den Eindruck entstehen zu lassen, es handele sich um zusätzlichen Lernstoff, der entsprechend abgefragt würde. Stattdessen fanden individuelle Gespräche statt, in denen sich die Lehrerin nach dem Urteil der Schüler erkundigte. Sie konnte feststellen, daß die Lektüren auf Interesse, teilweise auf rege Nachfrage stießen.

5.1.

Der erste Versuch wurde im Herbst 1983 in einer sechsten Klasse ohne jede Vorbereitung unternommen. Die Schüler erhielten Texte der *Longman Structural Readers, Grade 1* zur Auswahl, die sie in häuslicher Lektüre lesen sollten: Sie erwiesen sich jedoch anfänglich als sprachlich zu anspruchsvoll. Die Schüler waren allerdings darauf aufmerksam gemacht worden, daß sie schwierige Texte ungelesen zurückgeben konnten. Hier hatten wir ihre Motivation unterschätzt, denn sie entwickelten einen erstaunlichen Ehrgeiz, die teilweise schwierigen Texte zu bewältigen. Dabei wurden zumeist ältere Geschwister und Eltern einbezogen. Daraus ergab sich das Problem, daß die Schüler nach Wörtern fragten und Aussprachschwierigkeiten manifest wurden, die sonst keine bedeutsame Rolle gespielt hätten. Dieses Problem wurde für eine Übergangszeit dadurch gelöst, daß die meisten Texte auf Kassetten gesprochen wurden, so daß die Schüler im Mitleseverfahren zweikanalig vorgehen konnten. Damit wurde erreicht, daß sie sich zunehmend selbständig fühlten und nach ca. vier Monaten fremde Hilfe nicht mehr in Anspruch zu nehmen brauchten.

Zwei Umfragen, die im Abstand von ca. vier Monaten durchgeführt wurden, ergaben, kurz zusammengefaßt, folgendes:
1) Die Schüler akzeptierten die Lektüren und gaben nach vier Monaten freiwilligen Lesens an, daß sie sich sicherer und selbständiger im stillen Lesen fühlten als zu Beginn.

2) Mit den Kassetten machte das Lesen einer Reihe von Schülern mehr Freude. Alle hatten ihr eigenes Verfahren entwickelt, mit Text und Kassette fertig zu werden, wobei für einige der Lesetext, für andere der Hörtext wichtiger erschien.

3) Es wurde ausdrücklich betont, daß man nicht alle Wörter erschließen könnte, daß der Textzusammenhang aber immer verstanden würde.

Auf Wunsch der Schüler/innen wurde der Versuch mit anderen Texten in der siebten Klasse fortgeführt, allerdings nur über einige Monate, um Ermüdungserscheinungen vorzubeugen.

5.2.

In einer fünften Hauptschulklasse wurden im Frühjahr 1985 nach ca. neun Monaten Englisch versuchsweise einige Lektüren der Serie *Start with English – Readers (Grade 1–2)* eingesetzt, die großen Anklang fanden. In Einzelgesprächen erkundigte sich die Fachlehrerin nach der Reaktion auf die Texte, fragte nach Inhalten und sprachlichen Schwierigkeiten. Dabei stellte sich heraus, daß die Schüler sich an den sehr kindlichen Textinhalten nicht störten und daß sie das Bildvokabular am Schluß der Bändchen als ausreichend für das Textverständnis erachteten.

5.3.

In einer sechsten Klasse wurde in der zweiten Schuljahreshälfte 1984/85 eine erste Lektüre gemeinsam im Unterricht gelesen, wobei das Hauptziel in der zunehmend selbständigen Texterschließung bestand. Die Schüler wurden entsprechend angeleitet, unbekannte Vokabeln aus den Illustrationen und dem Textzusammenhang zu erschließen und eine gewisse Toleranz hinsichtlich des Verständnisgrades zu entwickeln, d. h. den Gesamtzusammenhang als erfaßt anzusehen, auch wenn sie nicht jedes einzelne Wort verstanden hatten. Diese gemeinsame Lektüreerfahrung soll sie zum freien Lesen führen, das in der siebten Klasse eingesetzt wird.

5.4

In einer siebten Klasse wurden im Schuljahr 1984/85 ohne Vorbereitung Lektüren eingesetzt, die zuvor in der sechsten Klasse mit Schwierigkeiten bewältigt worden waren. Es zeigte sich, daß die *Longman Structural Readers (Grade 1–2)* dem sprachlichen Vermögen der Schüler weitestgehend entsprachen. Während der Versuchsdauer wurden mehr als 100 Texte ausgeliehen, so daß jeder Schüler im Schnitt ca. sechs Texte las. Aus den Leihkarten ergab sich, daß die genannte Serie für Schüler der siebten Hauptschulklasse sowohl sprachlich angemessen ist als auch inhaltlich in hohem Maße positiv beurteilt wurde.

Dennoch muß vor zu großen Erwartungen gewarnt werden, was mögliche Auswirkungen auf den eigentlichen Unterricht anbelangt. Auch wenn Schüler/innen englische Texte lesen, kann man von ihnen kaum erwarten, daß sich ihr Lesevokabular auf den produktiven Wortschatz auswirkt, allenfalls kann sich allmählich herausstellen, daß ihr *Wiedererkennungsvokabular* wächst, was von einer Lehrerin bestätigt wurde. Wesentlich scheint, daß gerade Schüler/innen mit geringem Selbstvertrauen im Fremdsprachenunterricht eine Bestätigung erfahren, daß sie ihre Kenntnisse anwenden und selbständig etwas leisten können.

6. Zum Problem der Kontrolle des rezeptiven Leseverstehens

Anläßlich von Vorträgen und Veranstaltungen im Rahmen der Lehrerfortbildung zu diesem Themenkomplex bin ich immer wieder nach Möglichkeiten gefragt worden, wie man den rezeptiven Wortschatz beim freiwilligen häuslichen Lesen überprüfen könne. Dazu ist einmal zu sagen, daß eine Kontrolle überhaupt fragwürdig ist, wenn man ein Leseprogramm unter der Prämisse der Freiwilligkeit initiiert. Denn „fun-reading" verdient den Namen nur, wenn die Schüler/innen tatsächlich aus Freude lesen, nicht aber um einer guten Note beim Vokabeltest willen. Es ist daher kaum möglich, einen gesicherten Lernzuwachs festzustellen, geschweige denn zu messen. Dagegen lassen sich Lernfreude, Bereitschaft zur Mitarbeit sowie zur Ausleihe von weiteren Texten beobachten. Überdies können individuelle Gespräche nicht nur einen engeren Kontakt zwischen Lehrerin und Schülern herstellen, sie können gleichfalls über das Ausmaß des Textverständnisses Aufschluß geben.

Um aber doch ein meßbares Ergebnis über das mögliche Anwachsen des rezeptiven Wortschatzes vorweisen zu können, plane ich zur Zeit folgenden Versuch in einer fünften Hauptschulklasse: Die Schüler leihen aus der Serie *Start with English – Readers* Texte aus, wobei sie gebeten werden, zum Leseverständnis das Bildvokabular zu Hilfe zu nehmen. Diese Vokabeln werden kopiert, Bilder und Bildunterschriften auseinandergeschnitten und in zwei Gruppen eingeteilt: die eine enthält das Vokabular, das gleichzeitig auch Bestandteil des Lehrwerkes *English H neu, Band 1* (Cornelsen-Velhagen & Klasing) ist, die andere enthält das neue Vokabular. Wenn die Schüler ihren Text zurückgeben, erhalten sie die Illustrationen und zugehörigen Bildunterschriften des ihnen unbekannten Vokabulars mit der Bitte, still die entsprechenden Zuordnungen vorzunehmen. D. h., sie müssen die neuen Wörter nicht aussprechen, es wird lediglich überprüft, ob sie sich optisch an die Bilder und zugehörigen Wörter erinnern.

Auf diese Weise hoffe ich herauszufinden, ob beim Lesen einfacher kurzer Texte tatsächlich auch unbekannte Vokabeln behalten werden.

Die Ergebnisse sollen in zweifacher Form fixiert werden: auf einer zur jeweiligen Lektüre gehörigen Karteikarte werden die unterschiedlichen Ergebnisse bei den einzelnen Schülern vermerkt. Auf einer den Schülern zugehörigen Karteikarte wird deren Leistung bei den unterschiedlichen Texten notiert. Da die Texte nach Länge und Schwierigkeitsgrad nicht identisch sind, können statistisch gesicherte Ergebnisse nicht erwartet werden. Zumindest aber ist zu erwarten, daß sich über die Versuchsdauer von sechs Wochen Entwicklungen und Tendenzen aufzeigen lassen. Am Ende des Versuchs ist eine weitere Kontrolle geplant, bei der die Schüler nach willkürlicher Verteilung nochmals ein Vokabel-Set bearbeiten, wodurch ich festzustellen hoffe, ob einige der zuvor gewußten Vokabeln auch nach längerer Zeit noch wiedererkannt werden.

7. Vorschlag zur Konzeption eines Leseprogramms

Die geschilderten Versuche stellten erste, noch weitgehend von Zufälligkeiten abhängige Erkundungen dar, inwieweit Hauptschüler/innen in der Fremdsprache lesebereit und lesefähig sind. Doch läßt sich die Richtung für ein praktikables längerfristiges Leseprogramm erkennen:

1) In der fünften Klasse erfolgt eine erste ungelenkte Begegnung mit einfachsten englischen Texten, die außerhalb des Unterrichts *just for fun* gelesen werden und dem Zweck dienen, den Schülern möglichst früh das Gefühl der Selbständigkeit und des Selbstvertrauens zu geben.

2) In der sechsten Klasse werden die Schüler in den Umgang mit dem zweisprachigen Wörterbuch eingeführt, und zwar in einfache Techniken englisch-deutschen Nachschlagens. Diese Fertigkeit wird anschließend an einer Lektüre erprobt, die gemeinsam im Unterricht erarbeitet wird. Der Text muß so beschaffen sein, daß er den Schülern den Wert der Vokabelerschließung deutlich macht, ehe sie zum Wörterbuch greifen. D. h., die Lehrerin vermittelt Arbeitstechniken, die gleichfalls wachsender Selbständigkeit zugute kommen. Die erworbenen Kenntnisse können an einer weiteren Klassenlektüre erprobt werden, wobei zweckmäßigerweise die Schüler nun an verschiedenen Texten arbeiten und die Lehrerin Hilfestellung gibt.

3) Spätestens zu Beginn der siebten Klasse sollten die Schüler/innen in der Lage sein, selbständig außerhalb des Unterrichts – mit oder ohne Wörterbuchhilfe – englische Lektüren zu lesen und darüber auf deutsch oder englisch weniger oder mehr elaboriert (je nach Schultypus) Auskunft zu geben. Angesichts der allgemein reduzierten Wochenstundenzahl – ganz zu schweigen von Rand-, Doppel- und Samstagsstunden,

die die Effektivität des Unterrichts weiter herabsetzen – ist es nämlich dringend notwendig, den Schülern früh Mittel und Wege aufzuzeigen, wie sie sich ohne unmittelbaren Leistungsdruck und vielleicht sogar mit etwas Spaß mit der Fremdsprache befassen können.

Freude am Lesen sowie wachsendes Selbstwertgefühl bei der zunehmenden Fähigkeit der selbständigen Informationsentnahme, die im Hinblick auf die nachschulische Anwendung des Englischen von besonderer Bedeutung ist, sollten dabei im Vordergrund stehen.

Bibliographie

Arendt, M.: „Plädoyer gegen das laute Lesen: *Flogging a dead horse*'?" *Englisch 17* (1982): 41–44.

Bauer, R.: „,Rezeptive Kommunikationsfähigkeit' – ein aufzuwertendes Lernziel?" *Englisch 11* (1976): 48–52.

Bludau, M.: „Die Rolle der Lektüre auf der Sekundarstufe I – Englisch." *Neusprachliche Mitteilungen 30* (1978): 129–136.

Comprehensive Newsletter für Fremdsprachenlehrer an Gesamtschulen. Heft 4. Soest: Landesinstitut für Schule und Weiterbildung 1985.

Doyé, P.: „Arbeitsgruppe 1: Aufgaben und Ziele des Englischunterrichts an Hauptschulen." *Perspektiven für den Englischunterricht an Hauptschulen.* Soest: Landesinstitut für Schule und Weiterbildung 1985: 41–48.

Englisch für Hauptschüler. Tagung vom 19.–20. April 1983 in Bad Boll. Evangelische Akademie Bad Boll. Protokolldienst 32/83.

Helfrich, H./H. Herrgen/T. Müller: *Fördermodell Englisch in der Hauptschule.* Mainz: v. Hase & Koehler Verlag 1983.

Hermes, L.: „Zur Frage des extensiven Lesens im Englischunterricht der Sekundarstufe I." *Englisch 13* (1978): 1–7 (1978a)

Hermes, L.: „Extensives Lesen und Lektüren im Englischunterricht der Sekundarstufe I." *Englisch 13* (1978): 93–99. (1978b)

Hermes, L.: „*fun-reading:* Möglichkeiten und Anregungen." *Praxis des neusprachlichen Unterrichts 31* (1984): 115–123.

„Nachrichten: Aus den FMF-Landesverbänden." *Neusprachliche Mitteilungen 39* (1986): 56–58.

Rohrer, J.: *Die Rolle des Gedächtnisses beim Sprachenlernen.* Bochum: Kamp 1978.

Ross, I.: „Englische Lektüre im 3. bis 6. Lernjahr." *Praxis des neusprachlichen Unterrichts 27* (1980): 16–22.

Reinhard Pohl

Collagen im Französischunterricht der Sekundarstufe I

Im Mittelpunkt meiner Ausführungen über die Herstellung und Verwendung von Collagen in der Sekundarstufe I stehen Schülerarbeiten vom Beginn des dritten Lehrjahrs Französisch. Als diese Collagen vor Jahren angefertigt wurden, war mir der sehr weite pädagogische, sprachdidaktische wie kunstgeschichtliche Bezugsrahmen dieser Produkte und dieses Produzierens in nur oberflächlichem Maße deutlich. Je intensiver ich allerdings diese Aspekte verfolgte, desto reichhaltiger und didaktisch fruchtbarer erschienen plötzlich die wenigen Schülercollagen, weil in ihnen Gesetzmäßigkeiten thematisiert wurden, die sich von diesen Ergebnissen aus weiter verfolgen ließen. Um den Kern eines Unterrichtsexperiments herum gruppieren sich mithin weiterführende Erläuterungen, die hier als Ausweitung im Sinne zusätzlicher Arbeitsmöglichkeiten angeboten werden. Daß dabei zunächst so Widersprüchliches wie non-verbale Kreativität und Fremdsprachenunterricht, Surrealismus und Pubertät, Werbung und Porträts oder Analyse und Amusement vereint betrachtet werden sollen, spiegelt einen wesentlichen Grundzug der Collagetechnik wider, die Fragen nach ihrem semantischen Zusammenhang aufwirft, der sich seinerseits mit dem Schritt vom visuellen Eindruck hin zur Versprachlichung leider verkompliziert.

1. Voraussetzungen

1.1. Zur Definition der Collage

Die Collage bezeichnet zunächst das künstlerische Verfahren, Elemente verschiedenartigen Materials in ein Bild hinein- oder zu einem Bild zusammenzukleben. Innerhalb der Geschichte dieser modernen Technik seit dem Kubismus ab 1910 und Dada nach dem ersten Weltkrieg ist es vor allem Max Ernst als Surrealist, der die Collage neu begründet, indem er das Zusammenkleben bzw. -fügen auf das einfache Grundprinzip der „image surréaliste" definitorisch festlegt[1]. Diese Vereinfachung macht die Collage didaktisch verfügbarer, zumal sie thematisch offener ist als die Dada-Collage in ihren komplexen politischen und aktuellen Bezügen mit zunehmendem integriertem Wortanteil. Diesem Neuansatz geht jedoch der wichtige dadaistische Versuch voraus, Collagen, besonders Wort-Collagen, nach dem Gesetz des Zufalls zu erzeugen[2].

Max Ernst war im Jahre 1919 auf illustrierte Kataloge mit naturwissen-
schaftlichen Demonstrationsobjekten gestoßen, die ihn gerade wegen ihrer
Vereinigung heterogener Elemente so stark faszinierten, daß sie sich ihm
optisch überlagerten und dabei so rasch wie erinnerte Bilder aufeinander
folgten[3]. Diese halluzinatorische Wirkung der Widersprüche läßt ihn die
Katalogseiten verändern, indem er die von ihnen hervorgerufenen Visio-
nen malerisch oder zeichnerisch in sie hineinfügt und somit jene „banales
pages de publicité" dramatisiert als Ausdruck seiner geheimsten Wünsche[4].
Max Ernst überformt sein Initialerlebnis rückwirkend aus der später
fixierten surrealistischen Theorie: das unvermittelte Zusammentreffen
zweier entfernter Realitäten, die anscheinend nichts gemein haben, in
einem nicht passenden Zusammenhang („sur un plan non-convenant") bildet die Grundlage sowohl der „image" wie des „collage", wobei letzterer
nur die visuelle Verwirklichung meist vieler „images" ist. Zur Verdeutlichung dient die bekannte „beauté"-Formel Lautréamonts von der Begegnung eines Regenschirms und einer Nähmaschine auf einem Seziertisch.
Aus der Neukombination alter Wirklichkeitsausschnitte mit großer Detail-
treue, d. h. der Katalogseiten, entsteht spielerisch ein eigenes *Imaginaire*,
das die gleichen poetischen Effekte hervorruft wie die verbale „image":
eine in der spontanen Rezeption umso heftiger aufblitzende „lumière", je
zufälliger und absurder die Konfrontation der beiden Realitäten ist[5]. Max
Ernst spricht von dem Wunder einer „transfiguration totale des êtres et
des objets". Auf die Frage „Quelle est la plus noble conquête du collage?"
antwortet er: „C'est l'irrationnel. C'est l'irruption magistrale de l'irrationnel dans tous les domaines . . ." (Ernst 1970: 253 u. 264).
Festzuhalten ist, daß der Ursprung der surrealistischen Collage im Bereich der Werbung, der „publicité", liegt, daß ihre Grundstruktur eine binäre ist und daß das Verfertigen von Collagen eines unreflektierten Me-
chanismus bzw. Automatismus bedarf, wobei man sich nicht nur an das
Zusammenkleben, sondern an jede technische Manipulation zu halten hat,
sofern sie eine binäre Setzung ist. Bei Max Ernst herrschen graphische
Collagen vor, die thematisch den „recherches surréalistes" verpflichtet
sind, etwa dem Erotismus, der Revolution, dem Antiklerikalismus usw.,
aber vor allem dem Angriff auf die Ratio. Am bekanntesten ist sein Colla-
gen-Roman „La Femme 100 Têtes" (1929), wo die Enthauptung der
Frau („sans tête" = „sans raison") diese zugleich multipliziert („100 têtes")[6]. Bei Magritte, den Max Ernst als besonderen Vertreter dieses ästhetischen Prinzips hervorhebt, sind die Bilder gemalte Collagen. Die schwierige Abgrenzung zwischen Collage und Montage läßt sich am ehesten anhand der verwendeten Materialien vornehmen[7]. Die Montage arbeitet do-
minant mit Photos und Photoausschnitten zur Erzielung einer geschlossenen bildhaften Komposition (so z. B. Heartfield, ähnlich Maßstäbe

90

setzend wie Ernst). Hier ist die Realitätstreue der einzelnen Elemente noch authentischer, ihre Zusammensetzung oft schockartig und ihr Gesamtgehalt nur durch eine gedankliche Kombination zu erfassen. Das gilt natürlich auch für die Rezeption surrealistischer Collagen trotz des Verdikts rationaler Erklärung. Während die Montage eines Heartfield dabei auf eine politische Realität anspielt oder einwirken will, geschieht dies bei der surrealistischen Collage wie bei den Collage-Romanen Bretons und Aragons in bezug auf eine psychische umfassende und zu ergründende Über-Wirklichkeit[8].

1.2. Die Altersstufe der Schüler

Der Surrealismus scheint aufgrund seiner Komplexität, seiner Themen und seiner Anforderungen bei der analytischen Auseinandersetzung mit ihm schulisch in die Sekundarstufe II verwiesen und hat dort in der Tat seinen festen Platz im – Kunstunterricht. Als vorwiegend sprachgebundenes ureigenes Phänomen des Französischen hingegen spielt er in der Sprachdidaktik nur eine untergeordnete Rolle. Ein Oberstufenheft „Die Surrealisten" existiert nicht und damit auch kein Zugang zu einer Vielfalt kleinerer Gattungen wie „jeux verbaux", „proverbes", „scénarios", von der fachübergreifenden Chance, die visuellen Aspekte zu integrieren, ganz zu schweigen. Einzelne Autoren wie Aragon und Eluard werden als Vertreter der Résistance geführt und stehen im Schatten des großen Divulgators Jacques Prévert, der bereits in der zweiten Hälfte der Sekundarstufe I gelesen wird[9]. Inzwischen gut edierte und schulisch interessante Surrealisten wie Jacques Baron oder Benjamin Péret harren mit vielen anderen noch ihrer Entdeckung[10]. Einzig Robert Desnos' „La fourmi de dix-huit mètres" bewegt sich durch den Anfangsunterricht ungeachtet der strukturellen Schwierigkeiten der „Chantefables"[11].

Die Collage als Technik der ungelenkten bildlichen Zusammenfügung heterogener Ausschnitte ist als non-verbale Tätigkeit in dem Maße früher im Französischunterricht einsetzbar, wie man das Problem ihrer zielsprachlichen Auswertung methodisch löst.

Es sind aber vorweg einige entwicklungspsychologische Argumente, die für den frühen Einsatz surrealistischer Denk- und Handlungsweisen sprechen, und nicht zuletzt die erstaunliche Faszination, die von Bildern Magrittes auf 14–16jährige Schüler ausgeht.

In der Zeit der Pubertät ist eine Zunahme formal-abstrakter intellektueller Fähigkeiten zu beobachten[12]. Unter Ausweitung des Wortschatzes und der Begriffsbildung vor allem im nominalen Bereich wird das Denken geordneter, hierarchisierter. Von didaktischem Interesse ist ein sich neu entwickelndes Verständnis für symbolische Vorgänge. Die Fähigkeit,

Hypothesen zu entwerfen, sowie das Kritikvermögen bilden sich stärker aus. Die Schule unterstützt massiv diese kognitive Entwicklung und trainiert Denkoperationen ausführlicher als die Bewältigung emotionaler Konflikte. Dieser vertikalen Orientierung an der Erwachsenenwelt und ihren Normen steht auf seiten der Schüler eine große Unsicherheit gegenüber, eine Desorientierung angesichts von Widersprüchen und Unverstandenem, die das Selbstwertgefühl der heranwachsenden Persönlichkeit hin und her schwanken läßt. Die Extreme sind Aggressivität und Regression, wenn z. B. in Tagträumen vermittels der Phantasie Schwierigkeiten ausgewichen wird. Das Irrationale, Ängste usw. gehören nicht zur Norm. Eine Collage in der Definition von Max Ernst entspricht diesem ambivalenten Zustand, aktiviert eine altersbezogene Weltsicht, stützt sich auf Irrationales. Denn wie erleben diese Schüler die bei uns strukturierte Wirklichkeit? Sie nehmen sie viel stärker als wir in Ausschnitten wahr. Ein Bereich schneidet oft ohne Erklärung in den anderen hinein, überlagert ihn oder verzerrt Zusammenhänge. Die Wahrnehmungen stehen in einer zeitlich gedrängten, oft synchronen Abfolge, so daß sie spotartig festgehalten werden. Das assoziative oder analoge Denken, was Kinder bei Ratespielen so wendig und unschlagbar macht, wo die verschlüsselte Definition und der gesuchte Gegenstand aufeinander zubewegt werden müssen, dies spontane Verbinden verliert gegenüber dem Primat des logischen Verknüpfens an Wert und geht verloren[13].

Der Surrealismus setzt eine diskursive Koordination voraus, um Gegensätze zu überwinden. Er will Hierarchien auflösen und so die jedem eigenen kreativen Möglichkeiten freisetzen. Sehen und Sprechen, Denken und Träumen, Wort und Bild usw. verschmelzen und vereinen sich. Die Zentralperspektive in der Kunst wie im Leben, die von einem Standpunkt her Lebensräume ausrichtet, wird durchtrennt, wie das Auge zu Beginn von Dalis und Buñels „Le chien andalou" es signalisiert, zugunsten der assoziativen Folge von „images"[14]. Die Phantasie tritt in ihre Rechte ein. Dies bedeutet schulisch nun nicht eine Erziehung zum Chaos, da die Manifestationen dieser primären gestalterischen Kräfte in ihrer Kritik und Diskussion an Normen gemessen werden. Die Collage wertet die Schülerpersönlichkeit gerade in der Zeit des Umbruchs auf, weil sie ihr erlaubt, sich ganz einzubringen.

1.3. Werbung und Kreativität

Die „affiches publicitaires" – rein verbal, nur visuell oder visuell mit geringem Wortanteil –, Anzeigen und „slogans publicitaires" gehören zu den persuasiven Textsorten, d. h., sie sollen den Konsumenten ihrer Zielgruppe zu einer Kaufhandlung anregen, indem sie ihn von etwas überzeugen oder zu etwas überreden, was er vorher nicht anstrebte. Fremdsprachige Texte dieser Art können nur begrenzt persuasiv wirken, zielen sie ja auch nicht auf den ausländischen Schüler[15]. Andererseits führt die wenigste Werbung zum unmittelbaren Kauf. Man genießt das von ihr suggerierte Lebensgefühl, das mit den Produkten verbunden werden soll. Der optische Vollzug konditioniert. Werbung ist der Ort scheinbar zu erreichender Wunscherfüllung, der Träume und der Freiheit, für den Schüler überdies die Utopie der Erwachsenenfreiheiten. Die Auseinandersetzung mit Werbung muß deshalb immer die persuasiven Mittel, die Mythen oder Stereotype in bezug auf das angepriesene Produkt aufdecken. Werbetexte sind meist kurz und prägnant, in der Regel deskriptiv, was eine poetische Markierung nicht ausschließt[16]. Die meisten kritischen Analysen von Werbung schließen in der Aufgabe ab, die erarbeiteten Erkenntnisse bei der Herstellung eines eigenen Beispiels anzuwenden. Erstaunlich vielfältig sind hierbei die methodischen Ansätze. Während in Modellen der Sekundarstufe II sich Rezeption und Produktion dialektisch ergänzen sollen, um sie am Ende miteinander zu vergleichen, oder verfremdete Montagen verschiedener Werbungen analytisch aufzurastern sind – eine Inversion auf kreativer Basis –, geht es in der Sekundarstufe I eher bescheiden darum, nach Strukturmodellen fortzufahren[17]. Dies geschieht z. B., indem halbierte Anzeigen vervollständigt werden oder dadurch, daß Heiratsanzeigen und Slogans durch Auflagen (Humorisierung, Substitution, Ausweitung ins Imaginäre) eine neue Richtung erhalten und dergestalt die herkömmliche Aussageform sogar sabotieren[18]. Umgekehrt bieten sich wortreiche prosaische „formules publicitaires" zur Verdichtung auf Slogans an[19]. Weiterhin sollen bei der freien Formulierung verbaler „affiches" die typischen Imperative eingesetzt werden. Unter den Lehrwerken hat „Méthode orange 3" einen reich illustrierten Dossier „La langue de la publicité", der die Verfertigung einer Werbecollage vorschreibt[20].

Unabhängig vom Dossier Werbung dienen Werbeanzeigen anderen kommunikativen Zielen des Fremdsprachenunterrichts. Bei der Erschließung eines Chansons in der Aufnahmephase durch das bloße Hören hat man anhand einiger „mots clés" thematische Collagen herstellen lassen, um die Textbegegnung emotional vorzubereiten[21]. Sehr sinnvoll erscheint für den Austausch die Anfertigung von Selbstporträts als Collage oder Montage zu sein[22]. Und letztlich halten Werbetexte für die Übung kreativen Schreibens her unter der Denkform des „Bisoziierens", d. h. eines ähnlichen Annäherns zweier Realitäten wie in der Beschreibung durch Max Ernst[23].

1.4. Methodik der Collage-Herstellung

Man gebe den Schülern einen Stapel alter französischer Zeitschriften (etwa „Elle", „Le Nouvel Observateur", „Paris-Match" u. a. m.) sowie wegen des verbalen Aspekts auch Tageszeitungen, die sich am besten durch markante Zeilentypen hervortun (also eher „Le Figaro", „Libération" als „Le Monde"). Unter einem Oberthema empfiehlt sich eine erste Durchsicht mit grober Auswahl. Dabei haben sich die Arbeitsformen Gruppen- und Partnerarbeit trotz der Gefahr der Verwendung der Muttersprache gut bewährt. Neben dem Lehrer ist ein zweisprachiges Wörterbuch hilfreich. Man kann zusätzlich dieses erste Sammeln durch Tafelanschrieb („Je donne: . . ."/„Je cherche: . . .") koordinieren[24]. Der zweite Schritt ist die Collage, d. h. das Zusammenkleben in einer Feinauswahl. Sodann werden die Collagen aufgehängt und betrachtet. Ein Gespräch über die Collage beginnt mit der Beschreibung dessen, was man sieht. Dies ist durchaus keine selbstverständliche Tätigkeit, denn man hat sich auf die Optik einzustellen und Entdeckungen zu machen. Vor jeder Verbalisierung kommen die ersten Lacher über kühne Zusammenhänge, für den Lehrer Anlaß, die Eindrücke vervollständigen und nach der Konstruktion der Collage fragen zu lassen. Die Hersteller können Erläuterungen geben. Sehr oft bemerken sie jetzt im Abstand nicht ohne Stolz, welche Effekte ihnen gelungen sind.

Das obige Grundschema der Collagen-Herstellung wie -Präsentation bedarf der Abwandlung. Ein Selbstporträt, das in der Gruppe erstellt worden ist, bietet keine oder nur partielle Identifikationsmöglichkeiten. Der surrealistische Ansatz, die Collage spontan zusammenzufügen, geht Einbußen ein, wenn man in dieser Phase durch erste und zweite Auswahl evtl. mit Tafelrubriken, die klassifizieren und die logische Fortsetzung einer Idee suchen, die Unmittelbarkeit zeitlich zu sehr dehnt.

Bei den nachfolgenden Collagen erhielten die Schüler lediglich die Anweisung, zusammen mit ihrem Nachbarn Bilder zum Thema Essen herauszuschneiden und zusammenzukleben. Die sprachliche Grundlage war die „unité 10" von „Salut B1" („A la ferme", „Au restaurant", „A table", „Le menu"). Hinsichtlich der Verwendung von Wörtern oder Sätzen galt, daß nur das eingesetzt werden durfte, was man verstand oder mit Hilfe des Wörterbuches erschlossen hatte. Bei meinen Kontrollgängen wurde vor allem der Hinweis gegeben, die Collage-Elemente nicht zu unübersichtlich oder gedrängt anzuordnen.

2. Die Schüler-Collagen

1. „La maison du café"

Der betrachtende Schüler beginnt, sich diskursiv in die Collage hineinzufinden. Von einer Stelle des Bildes ausgehend werden die Objekte benannt: „du café", „de la bière" etc. und sodann präzisiert nach Formen, Farben, Biersorten, ehe man sich der Beschriftung zuwendet. Diese wiederum ist titelartig von der Achse Kaffee-Bier aus zu lesen, die hier im Anfangsstadium (Kaffeebohne) und als Endprodukt das Bild halbieren[25]. Der Bezug zum Menschen ist direkt und gebrochen da: links der menschliche klatschende Bierliebhaber, rechts das vermenschlichte Bierglas, zufrieden lächelnd in schwarz und weiß. Die Beschriftung verstößt ein wenig gegen die Anweisung. Statt zusammenhängender Ausschnitte wurden Buchstaben oder Silben kombiniert. Die Schrift ist sekundär und dient der inhaltlichen Abrundung, wie überhaupt die Freundlichkeit dieser Werbung Harmonien begünstigt. Die runde Form der Bohnen wiederholt sich analog in den Augen und in der Erdkugel: das Produkt ferner Länder erfährt seine Universalisierung einschließlich der anderen wirtschaftlichen Hemisphäre (Tschernenko als Gewährsmann hohen Ranges). Daß die „Société générale" den Hintergrund bildet, vereint Konsumenten und Geldgeber.

Nicht alle genannten Aspekte können die Schüler zielsprachig herausarbeiten. Die Auswertung der Collage hat nicht das Gewicht ihrer Anfertigung. Das „Sprechen über" ist ein Beschreiben oder anders gesagt, ein verbalisierendes Sehen in einer bestimmten Perspektive. Die anschließende Magritte-Sequenz mit fremden Bildern setzt da ein Gegengewicht nach den Erfahrungen mit den eigenen Produkten. Andererseits sollte man zu Beginn gerade bei so deutlichen binären Strukturen oder den Analogien nicht zu schnell abbrechen, weil sie Instrumente der Beschreibung der anderen Collagen bleiben sollen. Die Gesamtaussage ließe sich ohne Schwierigkeiten als positive ableiten ebenso wie die eigene Stellungnahme, vielleicht ausgehend von dem Muster „je préfère la 22" oder auch nicht – man denke an das Alter –, „parce que . . .".

2. „Le Malbuveur"

Lediglich die Zigaretten sind durch Champagnerfläschchen ersetzt worden: eine Collage von fast klassischer Einfachheit mit großer Wirkung. Die Gesten passen nicht mehr, der Trinker-Raucher in seiner versteinerten Ernsthaftigkeit merkt den Spaß nicht, der mit ihm getrieben wird,

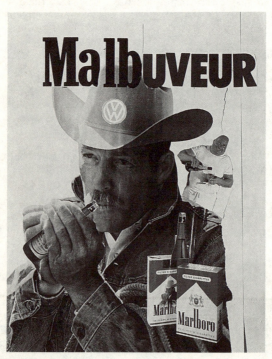

wohl aber der lebensfrohe Wirt im Hintergrund. Das Original rechts in n: eine Collage von fast klassischer Einfachheit mit groß Das einzige Wort ist wiederum im Original und in der spielerischen zweiteiligen Zusammensetzung vorhanden. Die Nähe der Genüsse Trinken und Rauchen motiviert diese Verbindung, die aber deshalb absurd wird, weil der Sektponny nicht zum Cowboy gehört. Die Analogie der Formen Zigarette und Fläschchen – Babys trinken so – zieht die Werbung ins Lächerliche. Der Titel wertet, denn er enthält eine Warnung. Mit der Zerlegung dieses „Malbuveur" in seine Einzelteile Adverb und Nomen und dessen Herleitung setzte die Beschreibung ein[26].

3. „La vie – un chef-d'œuvre"

Der Hauptgegenstand ist wiederum der Konsument, diesmal eine Frau, in positiver Grundeinstellung. Durch die Hinzufügungen zur ursprünglichen Joghurt-Reklame (Bier und Äpfel als Ohrhänger) kehrt sich die Utopie von Schlankheit und Frohsinn um, es ist ein Zuviel an Genuß. Die Wirkung oder der Zustand nach immerhin erst hundert Jahren ist von fern nicht sichtbar: das Bild einer grasenden „vache".

4. „Pain d'abord"

Diese Collage variiert das Problem des Trinkens in kontrastiver Weise. Daumiers Trinkerrunde scheint von der miserablen Figur rechts ebenso abgelehnt zu werden mit dem Schlagwort des Titels wie die Schlemmertafel unter ihm. Die Aufgabe, die Aussagen den Personen zuzuordnen, ergibt mehrere Möglichkeiten, so daß die Autoren darüber befragt werden können, was sie beabsichtigten.

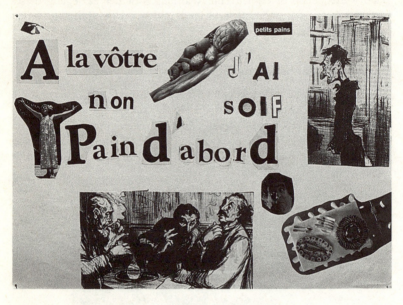

5. „Comment Mitterrand peut réussir"

Hier sucht man nach einem Zusammenhang in der Beschriftung. Ist sie überhaupt von oben nach unten hintereinander zu lesen? Oder gibt der Papagei nur ein Geplapper von sich, das so unverständlich ist wie die asiatischen Schriftzeichen am rechten Rand? Es könnten alles Ratschläge an den in Schwierigkeiten geratenen Mitterrand sein. Dazu gehörten im Sinne einer Kräftigung das Essen (thematisch reduziert, dennoch in Mundhöhe angeordnet) und der stärkende Schluck aus der Parfümflasche. Doch „élégance" so? Die 35 % weisen auf einen entsprechenden Wähleranteil hin.

Ein Zug der Schüler-Collagen schlechthin tritt auf, bekannte Persönlichkeiten in ungewöhnlichen, ja kompromittierenden Situationen vorzuführen, als ob die absoluten Größen erst durch Verzerrungen menschlich würden oder als ob erwachsene Autoritäten nur in Verlegenheit zu bringen wären. Dies sind allerdings auch Mittel der politischen Karikatur, die die Schüler in den Materialien überblättern.

6. „Le nouveau duo"

Um die träumende Frau herum gruppiert sich ein Trio Mensch-Tier, Tier-Mensch und Mensch im Tier. Offenbar inspirierten sich die Schüler während ihrer Arbeit gegenseitig: wenn du Mitterrand essen läßt, übersteigere ich dies. Unter dem „faux ami" „délicatesse" wird er zur Beute des zufriedenen Krokodils. Das binäre Prinzip ist sogar wörtlich dem Text zu entnehmen: „le nouveau duo". Respektlos sind Papst und Katze einander angenähert. Dieser Topos der Kopfvertauschung ist so alt wie die Collage selber und hat vielleicht seinen Ursprung in der Auswechselbarkeit der antiken Kaiserköpfe bei Porträtstatuen. Die binäre Verbindung setzt sich fort in bezug auf die Frau im Mittelpunkt („o tendres passions" – Passion kann auch religiös verstanden werden), ein Tabu möglicherweise, wenn nicht der Wein ergriffen werden soll. Alle Handlungen sind von den Schü-

lern leicht zu beschreiben („Qu'est-ce qu'il fait?"). Die Frau schmiegt sich
an die Bordeaux-Flasche an mit der typischen Kopfhaltung der idealisier-
ten Verbraucherin[27]. Die Geste, die an Sucht erinnert, stößt hier eher ab,
als daß sie wirbt. Mit Vergleichen („il parle comme..."/„elle est comme...") wären die assoziativen Beziehungen zwischen Tier und Mensch
zu verdeutlichen (Frau/Katze; Politiker/Krokodilstränen). Diese schaffen
die Atmosphäre einer Fabel, die man didaktisch hieraus entwickeln
könnte[28]. Die fast gradlinige Übertragung der Definition der surrealistischen „image" deckt sich auch mit Themen der Surrealisten: „érotisme",
„rêve/désir", „sacrilège".

Hat der Lehrer hier eingegriffen? Ja, aber nur in der Weise, daß der linke Bildteil mit Titel belobigt wurde, woraufhin die Schüler das Struktur-
prinzip wiederholten.

7. „Restez actif"

Die Verfertiger dieser Arbeit konnten sich nicht mit dem Oberthema an-
freunden. Sie wollten etwas Technisches zusammenstellen. Interessant
scheint mir bei ihrem abweichenden Ergebnis die Dynamik in der Vertikalen – eine Tendenz vieler Dada-Collagen[29]. Die Auftürmung steigert sich
hyperbolisch zu einem Sprung ins All mit einer Art Gegenläufigkeit, denn

der Astronaut steht Kopf und trifft sich mit dem Springer in der Bildmitte auf dem Wolkenkratzer. Nur auf einer entsprechenden terminologischen Grundlage – in etwa nach Hergé, „Tintin, objectif lune" – könnte die Übersteigerung von Aktivität und „violence" herausgearbeitet werden.

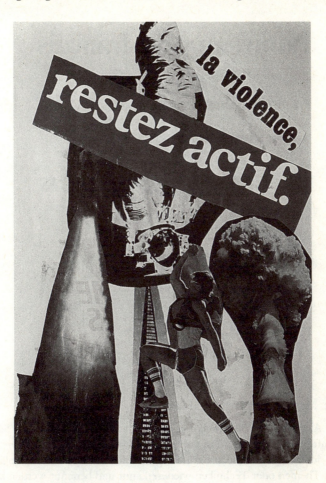

8. „Nouveau rêve français"

Hier handelt es sich um eine reine Wort-Collage frei nach Tristan Tzaras Rezept, frei deshalb, weil aus mehreren Texten Ausschnitte gemacht wurden. Der Lehrer allein ist hier als virtuoser Interpret dieser Reiseträumerei gefordert. Schüler der Sekundarstufe I sollten einen einzigen geschlossenen und semantisch geklärten Text nach diesem Zufallsprinzip neu arrangieren. Eine andere Variante kehrt das Verfahren als Vorgabe um, zu den aneinandergereihten Werbeslogans sind die Gegenstände zu erraten, für die geworben wird (9. „Les murs font la fête").

René Magrittes gemalte Collagen

Nach Abschluß der Beschreibungsversuche sollten die Schüler der Sekundarstufe I mit einigen Bildern von Magritte konfrontiert werden. Die Auswahl richtete sich nach den Berührungspunkten mit den Schüler-Collagen, damit Themen oder Techniken wiedererkannt und benannt werden konnten. Die Bemerkungen zu den Bildern beginnen also mit Schüleräußerungen, deren Ablauf ich kürze.

9. „L'art de vivre" (1967)[30]

Was sieht man? Die Schüler zählen mittlerweile nicht mehr schlagwortartig auf unter Angabe kompositorischer Einzelheiten:

- La montagne est derrière l'homme.
- Il a une tête de ballon.
- Le monsieur et les vêtements sont séparés de la tête.
- C'est une centrale nucléaire (ohne Begründung, dennoch ist die Bedrohung durch die Übergröße des Ballons angeschnitten).
- C'est son esprit qui est haut comme la montagne.
- Mais c'est un homme normal.

Der Titel des Bildes ist den Schülern unbekannt geblieben. Magrittes Titel haben eine poetische, selten jedoch eine erklärende Bedeutung[31]. Dieser Standardmensch – typisch für viele Bilder Magrittes, der sich ihm auch selber annähert – ist bar jeder Individualisierung. Trotzdem fällt er auf. Eine derart aufgeblasene Leere ist wieder bemerkenswert. In diesem Widerspruch mag die „art de vivre" stecken[32].

10. „La carte postale" (1960)

Unter den Beispielen ähnlicher Kopfsurrogate hat man auszuwählen. So gibt es als Parallele zum Ballon den Apfel. Unter Verzicht auf diese Zwischenstufe liegt jetzt eine Perspektive vor, in der Betrachter und Riesenapfel gleichzeitig wahrgenommen werden sollen[33].

Die Feststellungen der Schüler wiederholen sich, bevor sich jemand an den Zusammenhang von Apfel und Mensch wagt:
- L'esprit est seulement une pomme.
- Il n'est pas („reif"?) mûr, l'esprit.
- Il veut manger une pomme (Lachen). Son appétit est énorme.
- (Lehrer) Pourquoi est-ce que cette pomme ne tombe pas?
- C'est la pomme de la vie!
- (Lehrer) Quel titre donneriez-vous à cette image?
- L'idée.

 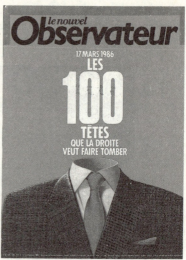

11. „Le sorcier" (1951)[34]

- Qu'est-ce que c'est en français „indisch"?
- Il n'est pas normal.
- Avec quatre bras on mange plus vite.

Die Tätigkeiten werden ausführlich beschrieben, und die Frage erhebt sich, ob es bei den vielen Armen nicht einen Unfall am Munde gebe. Neuer kontroverser Ansatz:
- Il y a un autre homme derrière lui[35].
- Il porte les mêmes vêtements que les autres hommes.
- Non, c'est un vêtement spécial pour quatre bras.
- Il est comme un dieu indien avec tant de bras.
- (Lehrer) Vous voulez avoir quatre bras?

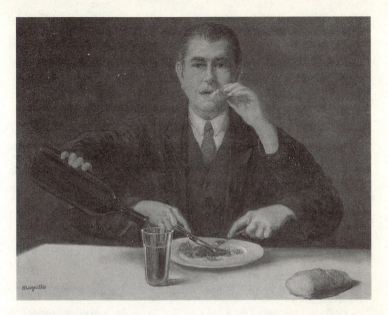

– Non, il faut être très intelligent.

– Pas du tout, les fourmis ont beaucoup de bras et elles ne sont pas très intelligentes . . .

Die Schüler treffen den Kern nicht ganz, denn es bleibt ja eine gemalte Realität. Magritte verdeutlicht die übernatürlichen Möglichkeiten (= Zauberei) des Malens. Es ist unerheblich, ob der imaginative Ursprung dieses Zauberer-Selbstporträts auf die Überlagerung von Fotos zurückzuführen ist und den Bewegungsablauf in einzelnen Stadien festhält. Das Monster ist wie die Ballon- oder Apfelköpfe eine bewußte Übersteigerung, hier auf dem Wunsch basierend, viele Essenstätigkeiten auf einmal auszuführen und natürlich viel zu essen.

Der Kreis ist geschlossen. Die Veränderung von realen Bildern durch Hinzufügen oder Wegnehmen zerbricht das gewohnte Sehen, verwandelt in ungeahnter Weise die gewohnte Anschauung in einem Bereich, der einem so vertraut schien. Diese Verwandlung geht durch den Kopf und betrifft ihn selber.

Anmerkungen

1 Vgl. Wescher 1980: 19; 17 ff.; zu Dada: 135 ff. und Max Ernst: 189 ff.
2 Vgl. ebd.: 149 f. – Zu Tzara vgl. auch Hans T. Siepe: „Poetische Rezepte – Rezepte für Poetisches". *Die Neueren Sprachen* 80: 4 (1981): 281 ff.
3 Vgl. Max Ernst 1970: 258.

4 Vgl. ebd.: 253 f. sowie zur „écriture automatique" Chénieux-Gendron 1984: 67 ff. und 84 ff.

5 Vgl. André Breton: *Manifestes du surréalisme*. Paris: idées/Gallimard 1972: 50 ff. und zum Problem des Clichés Wetzel 1982: 99 ff.

6 Vgl. Max Ernst 1970: 133–171.

7 Vgl.Hiepe 1969, o. S. und Hage 1981: 8 ff.

8 Vgl. zur Roman-Collage Albertsmeyer 1982: 57 f.

9 Vgl. z. B. B. Coenen-Mennemeier: „Kleine literarische Texte für den Französischunterricht in der Sekundarstufe I". *Die Neueren Sprachen* 79: 6 (1980): 549–568 und H. Rück: „Poetische Texte im Unterricht der Sekundarstufe I". *Neusprachliche Mitteilungen* 34 (1980): 105–113 sowie zur Methodendiskussion um Préverts „Page d'écriture" R. Pohl: „Suite de la ‚Page d'écriture'". *Praxis des neusprachlichen Unterrichts* 80: 3 (1980): 314 f., der als Quelle eine Collage von Max Ernst hinzuzufügen ist, vgl. M. Ernst 1970: 45 („Au sans pareil" 1922).

10 Vgl. die etwas unbeachtet gebliebenen Anthologien von J.-L. Bédouin: *La poésie surréaliste*. Paris: Seghers 1977 und bes. M. Décaudin: *Anthologie de la poésie française du XXᵉ siècle. De Paul Claudel à René Char*. Paris: Poésie/Gallimard 1983.

11 Vgl. H. Rück: „Une fourmi de dix-huit mètres", *Praxis des neusprachlichen Unterrichts* 20: 1 (1973): 62–69; andere Kindergedichte von Desnos finden sich jetzt in R. Desnos: *Destinée arbitraire*. Paris: Poésie/Gallimard 1975: bes. 134 ff.

12 Vgl. zum folgenden Heidemann 1979: 27 ff. u. 48 ff.

13 Vgl. zur Analogie allg. R. Bréchon: *Le Surréalisme*. Paris: Colin 1971: 56 ff. und Demory 1978: 160 ff. sowie 175 ff.

14 Vgl. zur Zentralperspektive Pazzini 1984: 61 ff. – Zur kunstpädagogischen Seite de Collage vgl. jetzt bes. *Kunst + Unterricht*, Heft 100: „Prinzip Collage" zu Kurt Schwitters 100. Geburtstag Merz 1986: Bibliographie 48 f.

15 Vgl. zum folgenden C. Thiering 1975: 154 f.

16 Vgl. z. B. N. Becker/J. Riesz: *Pub, pop et poésie*. Dortmund: Lensing 1978: 5–7.

17 Vgl. Thiering 1975: 158f. sowie zur Sekundarstufe II auch Kramer 1982; Hilgert 1985 und C. Girod: „Libé: la ‚une" mode d'emploi. Travailler avec des titres". *Le Français dans le monde* 194 (1985): 67–74.

18 Vgl. Deregnaucourt 1980: 48 f.; J. Courtillon/S. Raillard: *Archipel I*. Paris: Didier 1983: 151.

19 Vgl. Sammlung Lensing 3 (Dortmund), I 63: 3 u. 5.

20 Vgl. Reboullet u. a.: *Méthode orange 3*. München: Langenscheidt 1982: 64–67 u. 168 ff. – Sehr erwähnenswert sind die Arbeiten zu Werbung und Kreativität von C. Krainz: „Kreativität im Französischunterricht", *Zielsprache Französisch* 2 (1981): 49–69 und dieselbe: „Le comparatif", ebd. 4 (1985): 198 f.

21 Vgl. Rocherieux 1984.

22 Vgl. Héloury 1985.

23 Vgl. Genzlinger 1985: 369.

24 Vgl. Héloury 1985: 45.

25 Vgl. zur Struktur der Schlagzeile Girod, a. a. O.: 70 f.

26 Vgl. zur Wortverdrehung PEF: *Dictionnaire des mots tordus*. Paris: Folio cadet/Gallimard 1983 sowie zur Collage von „proverbes", einem bes. bei Desnos beliebtem Wortspielverfahren, A. Santomauro: „Jouons avec des proverbes". *Le Français dans le monde* 197 (1985): 80 f.

27 Vgl. Kramer 1982, 19.

28 Vgl. Baltrusaitis 1984, Kap. I: Tierphysiognomie (in Analogie zum menschlichen Gesicht).

29 Vgl. allg. auch Wescher 1980, Abb. 42; 68; sowie z. B. die Collagen zu Claude Roy: „Ce

que cet enfant va chercher". J. Charpentreau: *La ville en poésie*. Paris Folio junior/Gallimard 1979: 16 f. u. gegenüber dem Vorwort.

30 Vgl. Hammacher 1975: 158 f. – Dieses Motiv, zus. mit der Anspielung auf Max Ernst collagiert, ergibt den Titel des „Nouvel Observateur" vom 17. 1. 86: „Les 100 têtes que la droite veut faire tomber", s. Bild Nr. 10.

31 Vgl. Hammacher 1975: 22 f. und vor allem Rétrospective Magritte 1978: 66 ff.

32 Vgl. allg. zum Paradoxon und anderen Figuren des Widerspruchs Schiebler 1982.

33 Vgl. Hammacher 1975: 38.

34 Vgl. Rétrospective Magritte 1978: 68 ff. (Bild: 151).

35 Vgl. zu diesem Motiv Magrittes „Les jours gigantesques" (1928) bei Hammacher 1975: 94 f.

Bibliographie

Albertsmeyer, F.-J.: „Collage und Montage im surrealistischen Roman". *Literaturwissenschaft und Linguistik* XII, 46 (1982): 46–63.

Baltrusaitis, J.: *Imaginäre Realitäten. Fiktion und Illusion als produktive Kraft.* Köln: DuMont 1984.

Benoit Agora, Ph./Truchot Ipsos, D.: *Affiches de Pub 1983/1985.* Paris: Chêne 1986.

Bertocchini, P./Costanzo, E.: „A quelle tribu appartiens-tu?". *Le Français dans le monde* 188 (1984): 76–80.

Calbris, G.: „Structures des titres et enseignes". *Le Français dans le monde* 166 (1982): 26–36; 53–54.

Chénieux-Gendron, J.: *Le Surréalisme.* Paris: PUF 1984.

De Cortanze, G.: *Le Surréalisme.* Paris: MA-Editions 1985.

Demory, B.: *La créativité en pratique et en action.* Paris: Chotard 1978.

Deregnaucourt, J.: „Approche ludique de l'écrit". *Le Français dans le monde* 151 (1980): 45–50.

Ernst, Max: *Ecritures.* Paris: Gallimard 1970.

Genzlinger, W.: „Kreatives Schreiben im Englischunterricht der Klassen 5 bis 7". *Praxis des neusprachlichen Unterrichts* 32 (1985): 365–369.

Hage, Volker: *Literarische Collagen. Texte, Quellen, Theorie.* Stuttgart: Reclam 1981.

Hammacher, A. M.: *René Magritte.* Köln: DuMont 1975.

Heidemann, R. *Erziehung in der Zeit der Pubertät.* Heidelberg: Quelle & Meyer 1979.

Héloury, M.: „Auto-portrait". *Praxis des neusprachlichen Unterrichts* 32 (1985): 45–46.

Hiepe, R.: *Die Fotomontage. Geschichte und Wesen einer Kunstform.* Ingolstadt 1969.

Hilgert, J.-M.: „Les mots de l'image". *Le Français dans le monde* 196 (1985): 74–77.

Kramer, P.: „La Lavandière de Barneville – une vedette (VEDETTE) devient mythe". *Französisch heute* 13 (1982): 18–23.

Pazzini, K. J.: „Die unerhörte Botschaft des Surrealismus". *Kunst + Unterricht* 86 (1984): 59–63.

Rétrospective Magritte. Bruxelles: Palais des Beaux-Arts 1978, darin bes.: D. Sylvester: „Portraits de Magritte": 47–76.

Rocherieux, G.: „Chanson – Collages". *Le Français dans le monde* 184 (1984): 50–52.

Robbe-Grillet, A.: *René Magritte: Die schöne Gefangene. Ein Roman mit 77 Bildern von René Magritte.* DTV-Kunst 1984.

Santomauro, A.: „Jouons avec des Proverbes". *Le Français dans le monde* 197 (1985): 80–81.

Schiebler, R.: „Das Oppositionsprinzip bei Magritte". *Zeitschrift für Ästhetik und Allgemeine Kunstwissenschaft* XXVII (1982): 74–83.

Thiering, C. „Kommunikationsschulung mit englischen Werbetexten". *Praxis des neusprachlichen Unterrichts* 22 (1975): 154–161.

Wescher, H.: *Die Geschichte der Collage. Vom Kubismus bis zur Gegenwart.* Köln: DuMont 1980.

Wetzel, H. H.: „Das Leben poetisieren oder ‚Poesie leben'? Zur Bedeutung des metaphorischen Prozesses im Surrealismus". P. Brockmeier/H. H. Wetzel (Hrsg.): *Französische Literatur in Einzeldarstellungen,* Bd. 3: Von Proust bis Robbe-Grillet. Stuttgart: Metzler 1982: 71–131.

Michael Dreke

Arbeit mit authentischen Texten
(im Spanischunterricht)

1. Einige grundsätzliche didaktische und methodische Überlegungen

1.1. Didaktische Entscheidung: Lesen als zentrales Unterrichtsthema?

Lesen als zentrales Unterrichtsthema in der Zeit der neuen Kommunikationstechnologien? In einer Zeit, in der immer mehr Jugendliche sich vor dem Videorecorder amüsieren, immer weniger Jugendliche in ihrer Freizeit ein Buch zur Hand nehmen? Ist Lesen noch eine Fertigkeit, die in unserer Zeit überhaupt noch Relevanz hat bzw. haben wird? Heißt es da nicht, sich gegen den Trend stellen, wenn man Lesen zum zentralen Unterrichtsthema erhebt? Ist es da nicht das Bewahrenwollen einer überkommenen Kulturtechnik?

Einmal davon abgesehen, daß dies durchaus eine didaktische Begründung dafür sein könnte, Lesen als zentrales Unterrichtsthema auszuwählen, ist es um die Relevanz des Lesens nicht so schlecht bestellt, wie häufig behauptet wird: Mit dem Einzug neuer Medien hat sich zwar ein Teil des Geschriebenen am Arbeitsplatz vom bedruckten Papier auf den Teleschirm verlagert, aber diese Videotexte müssen auch gelesen werden; Computerauszüge müssen nach wie vor mit der herkömmlichen Kulturtechnik des Lesens bewältigt werden; die Computerisierung des Bibliothekenwesens ermöglicht einen besseren und schnelleren Zugang zu Literatur jeglicher Art und sorgt so für ihre weitere Verbreitung; im übrigen ist trotz des Einzugs neuer Medien durchaus nicht abzusehen, daß herkömmliche Medien wie Bücher, Zeitungen, Zeitschriften unter eine gewisse Relevanzgrenze absinken, geschweige denn, ganz verschwinden werden.

Auch im Vergleich mit den anderen drei Grundfertigkeiten der Sprachbeherrschung Hören, Sprechen, Schreiben hat das Lesen einen hohen Stellenwert: Eine 1972 in Schweden angestellte Untersuchung über die Häufigkeit der Verwendung dieser vier Fertigkeiten ergab, daß das Verhältnis von Hörverstehen zu Leseverstehen zu Sprechen zu Schreiben sich in Zahlen wie 8:7:4:2 ausdrücken läßt (Evans/Pastor 1972, zit. nach Neuner/ Krüger/Grewer (Hrsg.) 1981:18).

1.2. Die Bedeutung authentischer Texte für einen kommunikativen Fremdsprachenunterricht

Lesen ist eine Kommunikationsfertigkeit und wird im allgemeinen als eine rein rezeptive Fertigkeit verstanden. Dies trifft jedoch nicht ganz zu. Zwar ist unumstritten, daß der Leser vom Autor via Text Informationen erhält, es wird jedoch häufig übersehen, daß der Leser an den Text auch Fragen stellt, die ihm dieser dann beantwortet. Bereits der Titel eines Zeitungsartikels wirft im Leser Fragen nach Einzelheiten, Hintergrund, Erklärungen auf, die ein gut verfaßter Artikel gewöhnlich beantwortet. Der Autor selbst sieht die Fragen an seinen Text voraus, etwa nachdem er den ersten Absatz verfaßt hat, und gestaltet den folgenden Teil des Textes als Beantwortung der vorausgesehenen Leserfragen. Ein Autor bezieht seine Leser immer ins Schreiben mit ein, auch wenn er keine sofortige Rückmeldung bekommt. Bei dieser Interaktion zwischen Autor und Leser ist es die Rolle des Lesers, Fragen zu stellen, und die Rolle des Autors, diese Fragen zu beantworten. Autor und Leser befinden sich in einem schweigenden Dialog (White 1981). Lesen ist also eine Form der Kommunikation, die in beide Richtungen verläuft.

Ein kommunikativer Femdsprachenunterricht hat, wenn er sich mit der Fertigkeit des Lesens befaßt, darauf zu achten, daß dieses authentische Element des schweigenden Dialogs zwischen Autor und Leser den Unterricht bestimmt. Das heißt aber, es kann nur mit Texten gearbeitet werden, die die Voraussetzung für den schweigenden Dialog liefern, mit Texten, die eine Intention haben, die authentisch sind. Solche Intentionen können sein: Informieren, belehren, unterhalten, kritisieren, überzeugen, überreden oder agieren (Belke 1973: 320, zit. nach Bartenstein 1976: 11).

Was ist also ein authentischer Text?

„– Ein authentischer Text hat immer eine Intention, er will etwas mitteilen (und dieses Mitteilen darf sich nicht in der Vermittlung situativ verpackter Grammatik erschöpfen).

– Ein authentischer Text hat entsprechend seiner Mitteilungsabsicht einen Adressaten in der Realität.

– Ein authentischer Text hat eine bestimmte Form (Bericht in der Zeitung/im Rundfunk/im Fernsehen)". (Neuner/Krüger/Grewer 1981: 25).

Nach Widdowson sind drei Sorten authentischer Texte für einen kommunikativen Leseunterricht geeignet:

– *extracts*, Auszüge aus authentischen Texten;

– *simplified versions*, vereinfachte authentische Texte;

– *simple accounts*, authentische Texte, die aus einführenden Textbüchern z. B. in Biologie in der Zielsprache entnommen sind (vgl. Schwerdtfeger 1981: 173 ff).

Bei der hier vorgestellten Unterrichtseinheit geht es um die Arbeit mit *extracts*, mit Auszügen aus authentischen Texten.

1.3. Lernziel: Lesestrategien

Was soll mit der Arbeit an authentischen Texten im Unterricht bezweckt werden? Eine kommunikativ-pragmatisch orientierte Methodik des Fremdsprachenunterrichts will an authentischen Texten Strategien globalen und selektiven Verstehens entwickeln (Neuner/Krüger/Grewer 1981: 14). Etliche Autoren sind sich mittlerweile einig darin, daß es nicht darauf ankommen darf, einen Text wortwörtlich und in allen seinen Einzelinformationen zu verstehen, sondern daß es vielmehr darauf ankommt, den Schüler von diesem Lesestil abzubringen. „Viele Schüler müssen erst einmal lernen, das (ängstliche) Wort-für-Wort-Lesen und das ‚Kleben am Text' zu überwinden." (Düwell 1978.) Konventionelle Lehrbuchtexte, die nicht authentisch, sondern konstruiert sind, erlauben kein funktionales Lesen. „Alle Elemente des Textes sind von gleicher Wichtigkeit für den Lernenden. Der Lernende will jede Struktur, jedes Wort wissen, weil er sonst den Zusammenhang nicht versteht. Diese Strategien, die hier vermittelt werden, oft über mehrere Semester, nützen dem Lerner nichts für spätere Verfahren des verstehenden Lesens." (Schwerdtfeger 1981)

Werden authentische Texte im Unterricht eingesetzt – und dies meist erst im Fortgeschrittenenunterricht –, dann wird vom Lehrer normalerweise so vorgegangen, daß *alle* unbekannten sprachlichen Elemente vorweg erklärt werden. Dieses Verfahren der Vorentlastung führt beim Schüler dazu, die vorweg geklärten Details für besonders wichtig für das Textverständnis zu halten. „Das Verfahren bewirkt, daß der Lernende, wenn er tatsächlich einmal mit einem unbekannten Text konfrontiert wird, über das erstbeste Detail ‚stolpert', sich an den Details ‚festbeißt', die Übersicht – und oft auch den Mut – verliert." (Neuner/Krüger/Grewer 1981: 50.) Was in einer solchen Situation psychologisch mit dem Schüler passiert, hat Frank Smith folgendermaßen umschrieben: Das menschliche Gehirn kann nur mit einer begrenzten Menge visueller Informationen umgehen. Wieviel auf einen Blick an visueller Information verstanden wird, hängt davon ab, über wieviel nicht-visuelle Information der Leser verfügt (z. B. sachliches Vorwissen, Kenntnis des textuellen Zusammenhangs, Erwartungshaltung, Aufgabenstellung etc.). Je mehr nicht-visuelle Information dem Gehirn zur Verfügung steht, so Smith, desto größer das Textstück, das der Leser auf einen Blick erfassen und verstehen kann. Steht dem Gehirn jedoch praktisch keine nicht-visuelle Information zur Verfügung, so bleibt der Blick auf eine winzig kleine Textfläche begrenzt. Der Leser hat den Eindruck, als blicke er durch eine enge Papierröhre auf den

Text. Dieses Phänomen nennt Smith *tunnel vision*. „Tunnel vision ist hier, wie man bemerken wird, weder ein physikalisches Nichtfunktionieren der Augen, noch ist sie eine Konsequenz irgendeiner Schwäche im visuellen System. *Tunnel vision* ist kein permanenter Zustand; sie tritt ein, wenn das Gehirn mit visueller Information überladen ist. *Tunnel vision* ist ein Zustand, in dem Leseanfänger sich häufig befinden dürften" (Smith 1978: 31).

Im kommunikativ-pragmatischen Fremdsprachenunterricht kommt es darauf an, die Schüler von der *tunnel vision* zu befreien und hinzuführen zur Fähigkeit globaler Sinnerfassung sowie zur Fähigkeit, ganz bestimmte Informationen zu erfassen, also selektiv zu verstehen.

1.4. Differenzierung des Lesens in unterschiedliche Lesestile

Hat man sich erst einmal dafür entschieden, das Vermitteln von Strategien globalen und selektiven Verstehens zum Lernziel zu erklären, so verlangt das kommunikative Herangehen vom Lehrer, daß dem Schüler zuallererst ein Grund zum Lesen gegeben wird. Die konventionellen Ansätze des Leseunterrichts haben die Tatsache in den Hintergrund gedrängt, daß wir je nach Leseintention ganz unterschiedliche Lesefertigkeiten beherrschen und anwenden müssen. Der Ansatz der *explication de texte* legt das Schwergewicht auf die restlose Klärung aller Details, der Ansatz des *speed reading* legt das Schwergewicht darauf, die Lesegeschwindigkeit zu erhöhen. Beide Ansätze verfolgen ihre Ziele mehr oder weniger um ihrer selbst willen (White 1978) und ignorieren, daß Lesen funktional ist.

Mit welchen Absichten lesen wir Texte? A. K. Pugh hat im Laufe eines 1974 an der Universität von Leeds durchgeführten Kurses *„Techniques for Effective Reading"* fünf Hauptlesestile identifiziert, die einander sicherlich auch überlappen können:
- *scanning,*
- *search reading,*
- *skimming,*
- *receptive reading,*
- *responsive reading.*

Beim *scanning* geht es darum, daß der Leser ein oder mehrere ihm bekannte Symbole in einem Text sucht. Lese ich zum Beispiel einen Reiseprospekt über verschiedene touristische Orte an Spaniens Küsten, bin aber hauptsächlich daran interessiert, in meinem Urlaub Tennis zu spielen, so lese ich den Prospekt mit dem Ziel, Wörter wie „Tennis", „Sportmöglichkeiten", etc. zu finden. Beim *scanning* muß der Leser nicht Zeile für Zeile lesen, er weiß aber, wann er das Gesuchte gefunden hat. Es handelt sich also um „wiedererkennendes Lesen".

Search reading läßt sich am besten als „suchendes Lesen" übersetzen. Habe ich im Prospekt mein Stichwort „Tennis" gefunden, dann setzt das *search reading* nach konkreten Informationen ein: Wie viele Tennisplätze? Gebühren? Entfernung vom Hotel? etc. Es kann aber auch sein, daß ich beim *scanning* nur einen Zwischentitel „Sportmöglichkeiten" gefunden habe. Dann beginnt hier das *search reading,* und zwar nach Pugh möglicherweise nach Wörtern oder Formulierungen innerhalb eines ähnlichen semantischen Feldes. Eventuell steht im Text: „Für alle, die gern mit Schläger und Netz spielen . . .". Obwohl *scanning* und *search reading* sehr dicht beieinander liegen, muß der Leser beim *search reading* dem Text im allgemeinen häufiger und jeweils für längere Dauer seine volle Aufmerksamkeit widmen als beim *scanning.*

Skimming bedeutet nach der Definition von Pugh „überfliegendes Lesen". *Skimming* wird zum Beispiel angewendet, um einen groben Eindruck vom Text zu bekommen, mit dem Ziel, eine Entscheidung zu treffen, mit welcher Absicht man beim nächsten Lesen an diesen Text herangehen wird. *Skimming* bedeutet ebenfalls, einen Text mit dem Ziel zu überfliegen, einen oberflächlichen Eindruck von seinen Hauptthemen zu erhalten, oder aber, um seine Struktur zu erkennen. Eine weitere Funktion von *skimming* ist, einen bereits gelesenen und verstandenen Text zum Zweck der Konsolidierung nochmals zu überfliegen. Auf jeden Fall ist *skimming* komplexer als *scanning* und *search reading,* denn es verlangt vom Leser, einige der vom Autor vermittelten Informationen zu organisieren und zu erinnern, und nicht nur, sie aufzufinden.

Receptive reading, also „rezeptives Lesen", wird angewendet, wenn man ganz genau zu entdecken wünscht, was der Autor versucht zu vermitteln. Hierzu muß der Leser der Sequenz des Autors und damit den Zeilen des Druckers folgen. Der Leser ist daraufhin in der Lage, die Essenz des Gelesenen zu organisieren und zu erinnern.

Beim *responsive reading* kann der Leser, so Pugh, dem Text über längere Perioden wenig Beachtung schenken, denn es geht darum, das vom Autor Vermittelte zum reflektiven oder kreativen Denken zu benutzen. Es handelt sich hier also um „interpretierendes Lesen", einen Lesestil, der dem Nachdenken über das Gelesene viel Raum gibt (Pugh 1978: 53–55).

Der erwähnte Kurs *Techniques for Effective Reading* wurde mit Adressaten durchgeführt, die Texte in ihrer Muttersprache lesen. Die fünf von Pugh identifizierten Lesestile müssen deshalb meiner Meinung nach um einen weiteren ergänzt werden, der den ganz besonderen Lesebedürfnissen von Fremdsprachenlernern Rechnung trägt. Um in der Terminologie zu bleiben, könnte man diesen Lesestil als *responsive receptive reading* bezeichnen: „Interpretierendes rezeptives Lesen" ist ein Lesestil, auf den ganz speziell Fremdsprachenlerner oft angewiesen sind. Bei diesem Lesestil geht es darum, trotz fehlender Vokabel- und Grammatikkenntnisse einen Text in seinen Hauptaussagen zu verstehen. Dabei kann sich der Schüler nur auf die ihm bekannten Elemente im Text stützen. Hierbei geht er zunächst rezeptiv lesend vor: er folgt den Zeilen des Druckers, erkennt und versteht aber nur die ihm bekannten Elemente. Für die noch fehlende Sinnerfassung bedient er sich des interpretierenden Lesens: Nicht-visuelle Informationen – Kenntnis des Themas, Vorwissen über das Thema, Kenntnis des textuellen Zusammenhangs sowie die daraus resultierende Erwartungshaltung – ermöglichen es dem Leser, die nicht verstandenen Textteile sinngemäß zu erschließen. Daß dies möglich ist, muß der Schüler jedoch erst lernen, denn das *responsive receptive reading* widerspricht grundsätzlich den Erfahrungen, die Schüler gewöhnlich mit fremdsprachlichen Lesetexten gemacht haben, nämlich daß zur Sinnerfassung das Verstehen jedes Wortes notwendig sei.

Die hier skizzierte Differenzierung des Lesens in sechs Lesestile sollte im Fremdsprachenunterricht generell beachtet werden. Ausgangspunkt für diese Differenzierung war der Gedanke, daß wir mit unterschiedlichen Absichten lesen. Wenn der Schüler in den verschiedenen Lesestrategien geschult werden soll, dann müssen ihm auch unterschiedliche Absichten zum Lesen mit auf den Weg gegeben werden. Aufgabe des Lehrers ist es nicht, die Schüler mit den hier gebrauchten Begriffen vertraut zu machen, sondern die verschiedenen Texte bzw. Textabschnitte unterschiedlich zu didaktisieren, also unterschiedliche, den jeweiligen Lesestrategien entsprechende Aufgaben zum Lesen zu stellen.

2. Die praktische Arbeit mit dem Text

2.1. Die Entscheidung für den Text

Der von mir ausgewählte Text stammt aus der spanischen Monatszeitschrift „Ciudadano". Die Zeitschrift kann als kritische Verbraucherzeitschrift bezeichnet werden. Häufig werden Haushaltsartikel, kosmetische Artikel, Reiseangebote etc. getestet oder in Artikeln kritisch unter die Lupe genommen. Adressat ist also der kritische Konsument. Der von mir ausgewählte Artikel trägt den Titel „Drogan a los niños para mendigar".

Ich habe diesen Text ausgewählt, weil er bei den Schülern persönliche Betroffenheit auslöst, er landeskundliche Informationen vermittelt und dabei von den *manifestations,* d. h. Erscheinungen des Alltagslebens, konkret vorstellbaren Einzelfällen, ausgeht und erst dann sich mit den *réalités,* d. h. komplexen Phänomenen in ihrer gesamtgesellschaftlichen Verankerung, beschäftigt (Christ 1975) und schließlich weil er sinnvoll strukturiert ist und sich deshalb besonders zum Vermitteln von Lesestrategien eignet.

Erprobt wurde diese Unterrichtseinheit mit dem 1. Semester eines Leistungskurses an einem Hamburger Gymnasium. Nach 1 ¼ Jahren Spanischunterricht bei fünf Wochenstunden stellte dieser Artikel den ersten vollauthentischen Text dar, mit dem die Schüler in Berührung kamen.

2.2. Die Arbeit mit dem Textabschnitt 1

Den Einstieg in die Unterrichtseinheit bildet die Arbeit mit dem relativ kurzen ersten Teil des Artikels.

Textabschnitt 1

Elena Hernández, como cada mañana, había dejado a Juan, su hijo de tres años, al cuidado de una muchacha antes de dirigirse al trabajo. Era viernes y había solicitado salir una hora antes para acudir a la consulta del médico. Tenía que atravesar el centro de la ciudad y justo durante las horas de mayor atasco.

Parecía, además, que todos los semáforos se habían puesto de acuerdo, ¡otro en rojo! ¡qué lata! Trataba de distraerse observando a los transeúntes. Un niño de aspecto demacrado y con ropas sucias se acercó al coche con la intención de limpiarle los cristales. «Vaya – susurró –, ya hacía tiempo que no veía a estos latosos limpiaparabrisas». Indicó al chaval que no quería que le limpiase nada. Apretó el acelerador y siguió bajando por la Cuesta de Moyano, en Madrid. Otro frenazo, nuevamente un semáforo en rojo. Esta vez le llamó la atención una mendiga sentada en el suelo con un niño a su lado. «¡Increíble – pensaba – ese muchacho es la viva imagen de mi Juan!» «Son casi idénticos». Dejó que el automóvil se deslizara unos metros. Quería observar de cerca a aquel chiquillo. «Pero, ¡si es Juan! ¡JUAN!».

Descendió del coche, cogió al niño en brazo y cambió el rumbo. Iba hacia su casa. No entendía nada, ¿qué hacía allí el niño? ¿por qué no estaba con la muchacha? ¿por qué?

1) a) Todos los días Elena deja a su hija al cuidado de un muchacho.
   b) Todos los viernes por la mañana Elena va al médico con su hijo.
   c) Hay una muchacha que cuida todos los días del hijo de Elena.

2) a) Esta mañana ha salido muy tarde de casa.
   b) Esta tarde ha salido una hora antes del trabajo para ir al médico.
   c) Esta tarde ha salido una hora antes del médico.

3) a) En la Cuesta de Moyano vio a un niño muy parecido a su hijo.
   b) Vio a su hijo junto a una mendiga en el suelo.
   c) Su hijo quería limpiarle los cristales.

Zur Vorentlastung ist es notwendig, einiges Vokabular einzugeben. Dabei genügt es, sich auf das Vokabular zu beschränken, das zum Erfassen der Hauptinformationen nötig ist:

dejar al cuidado de alguien; dirigirse a; solicitar; acudir a; atravesar; el atasco; el semáforo; demacrado; el cristal; el chaval; el mendigo/la mendiga.

Die Schüler bekommen nun den Text und erhalten den Auftrag, den Text einzig und allein mit dem Ziel zu lesen, von den drei Aufgaben die jeweils richtige Alternative anzukreuzen. Die neun in diesen Multiple-

114

Choice-Aufgaben enthaltenen Sätze liefern den Schülern ganz erhebliche Vorinformationen über den Text, leiten sie während der Lektüre durch den Text. Die Lösung der Aufgaben erfordert von den Schülern zunächst einmal *scanning*: Die Begriffe, die die Schüler im Text auffinden müssen, um dann über sie nähere Informationen zu entnehmen, sind für

- Aufgabe 1): *hijo/hija; Elena;*
- Aufgabe 2): *salir;*
- Aufgabe 3): *niño/hijo; mendiga*

Darauf wird man die Schüler gar nicht hinweisen müssen, dies ergibt sich aus der Aufgabenstellung. Sind sie mit dem *scanning* fertig, d. h. haben sie die Begriffe jeweils im Text gefunden, setzt das *search reading* ein: Die Schüler lesen an den gefundenen Stellen genau nach, um zu überprüfen, welche Alternative jeweils zutrifft.

Anschließend werden die Lösungen besprochen, die Schüler haben die entsprechenden Belegstellen im Text für ihre Entscheidung mit anzugeben. Nach der Klärung der richtigen Antwort sind die Schüler in der Lage, das Gelesene mündlich mit eigenen Worten wiederzugeben. Dies ist, auf die Lösungen der Aufgaben gestützt, relativ einfach.

Die hier beschriebene Didaktisierung des Textes ermöglicht es den Schülern, über die Episode des Jungen, der die Windschutzscheibe wischen will, relativ schnell hinwegzulesen, sich nicht festzubeißen an diesem Textteil, der für das Erfassen der Hauptinformationen keinerlei Relevanz hat. Ohne diese Didaktisierung wären die Schüler sicherlich der Meinung, daß in diesem Textteil etwas sehr Wichtiges stehen könnte.

Der Artikel eignet sich ausgezeichnet, an dieser Stelle unterbrochen zu werden: Etwas Unerklärliches ist geschehen, Spannung ist erzeugt worden, der Autor befragt den Leser nach dem möglichen Grund für das Geschehene. Der Leser wird aufgefordert, sich Gedanken zu machen, zu antworten; hier wird der schweigende Dialog zwischen Autor und Leser deutlich spürbar.

2.3. Die Arbeit mit dem Textabschnitt 2

Textabschnitt 2

La respuesta estaba dentro de su propia casa. La joven que había contratado para cuidar. al pequeño durante la mañana llevaba desde hacía ya varios meses «alquilando» al niño. A cambio de 1.000 ptas. diarias, un señor se lo llevaba y cada día lo dejaba a un mendigo diferente.

No es un cuento fantástico, ni una invención. Es una historia auténtica ocurrida en Madrid el pasado enero. Es la tragedia diaria de la explotación infantil para la mendicidad. El gran negocio de la mendicidad. Hoy las estadísticas señalan que el 90 % de los indigentes son profesionales, que sólo un 10 % piden por verdadera necesidad. Se ha comprobado que da más dinero mendigar con un niño al lado que hacerlo solo. Siempre resulta más lucrativo llegar a sensibilizar a los transeúntes con un niño en los brazos o tumbado en el suelo.

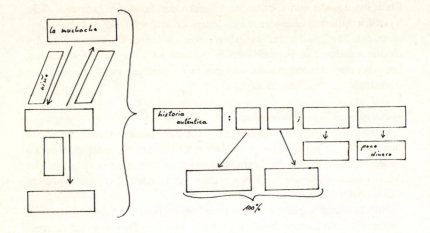

Wiederum ist es nötig, zur Vorentlastung der Arbeit mit dem Text einige Vokabeln vorweg zu klären:

alquilar; ocurrir; la explotación; la mendicidad; mendigar; el indigente; el transeúnte.

Die Schüler erhalten nun den Text. Zunächst muß ihnen erläutert werden, daß das Flußdiagramm die Struktur des Textes widerspiegelt und daß einige Informationen aus dem Text dort bereits eingetragen sind. Die Schüler erhalten nun den Auftrag, den Text zu lesen, um anschließend das Flußdiagramm mit den fehlenden Informationen auszufüllen.

Es hängt nun von den jeweiligen Vorerfahrungen der Schüler beim Umgang mit Texten ab, ob sie sich zuerst des *skimming* oder des *scanning* bedienen. *Skimming* anzuwenden würde bedeuten, daß der Schüler sich zunächst einmal einen Überblick über die Struktur des Textes verschafft, d. h., daß er zum Beispiel feststellt, wo im Text die große geschweifte Klammer verläuft. Nach der *Scanning*-Methode vorzugehen würde bedeuten, daß er versucht, im Text die Begriffe wiederzufinden, die bereits im Flußdiagramm stehen. Er wird jedoch schnell feststellen, daß dies nur mit *niño* nd *historia auténtica* funktioniert. Um semantisch entsprechende Ausdrücke für die restlichen Elemente aufzufinden, wird er sich bereits des *search reading* bedienen müssen. Der Rest der Aufgabe, genau nachzulesen, was über die vorgegebenen Begriffe im Text ausgesagt wird und dies entsprechend ins Flußdiagramm einzutragen, erfordert dann ausschließliches *search reading*.

Anschließend werden die Ergebnisse besprochen, die Eintragungen vereinheitlicht und die Schüler aufgefordert, mit verdecktem Text, nur auf die Eintragungen des Flußdiagramms gestützt, das Gelesene im Zusam-

die Eintragungen des Flußdiagramms gestützt, das Gelesene im Zusammenhang mündlich wiederzugeben. Die auf ein Skelett reduzierten Hauptinformationen des Textes müssen nun rückversprachlicht werden.

An der Arbeit mit dem Text wird die Progression sichtbar. Allerdings liegt die Progression nicht im Text selbst; dieser zweite Textteil ist eigentlich sprachlich nicht schwieriger als der erste Textteil, die Progression wird vielmehr durch die Didaktisierung hergestellt: Die Anforderungen an die Schüler sind diesmal höher als bei der Arbeit mit dem ersten Textteil. So erkennen sie die vorgegebenen Begriffe im Text nicht mehr so leicht und schnell wieder. *Search reading*, ein intensiverer Lesestil als *scanning*, muß verstärkt angewandt werden. Auch die Anforderungen bei der Textwiedergabe sind höher geworden. Dienten beim ersten Text noch drei vollständige, richtig angekreuzte Sätze als Grundlage für die Wiedergabe, so sind hierfür beim zweiten Text Fragmente aus dem Text die Grundlage, die durch nicht-sprachliche Symbole zueinander in Beziehung gesetzt werden. Vom Schüler wird verlangt, Information von der visuellen in die verbale Form umzusetzen. Diese Operation wird *transcoding* genannt (White 1981: 90).

2.4. Die Arbeit mit dem Textabschnitt 3

Zur Vorentlastung dieses umfangreichen Textteils sollten folgende Vokabeln vorweg geklärt werden:

el alquiler; la droga; drogar, drogarse; la drogación; la drogadicción; comprobar; hallarse; el síndrome de abstinencia; el pegamento; el niño de pecho; el biberón; suministrar; descabellado; el colmo; el toxicómano; repercutir; persona de corta edad; correr un riesgo; poseer; el raciocinio; darse cuenta de; el canon; erradicar; la patria potestad.

Textabschnitt 3(a)

A

Este terrible drama no se limita tan solo al alquiler o a la explotación de niños. Hace tan solo unos meses, el senador Carlos Blesa planteaba una pregunta: «¿Qué pasa con los niños mendigos drogados?» Y es el mismo quien nos aclara el tema.

«Sí, se ha comprobado que están drogados, que hay niños mendigos drogados. Cualquiera puede verlo. Si un niño entre los dos y los ocho años se encuentra tumbado en el suelo, con una insensibilidad manifiesta, en estado de sopor, al que hablas y no te responde, no se mueve . . . es inexplicable, si no se halla bajo el efecto de una drogación profunda, con drogas que le afecten al sistema nervioso central.

B

Esta drogación se ha comprobado a través de un análisis de orina y por el síndrome de abstinencia. Existen muchos médicos se han quejado de que niños, de cierto status social, han ido a sus consultas con un estado de irritabilidad, de nerviosismo que sólo lleva implícito el síndrome de abstinencia. Se les droga con Diacepan, Valium 5 y Valium 10 y en cuanto pasa el efecto suelen meterles la cabeza en una bolsa de plástico que tiene pegamentos con gasolina, un método que afecta también al sistema nervioso central.

C

A los niños de pecho también se les droga. Se ha comprobado la drogación a través de los biberones. Por medio de ellos se les suministra Diacepan u otros medicamentos. Se utiliza también, con mucha frecuencia la bencina y los solventes de pegamentos. Incluso se ha visto cerca de estos niños pequeñas botellas de camping-gas. No sería descabellado pensar que una de las prácticas para adormecerles es por medio de la intoxicación con gas».

D

Una no puede evitar el pensar si estos niños se podrán convertir en el futuro en unos toxicómanos, si la dependencia que les están creando repercutirá más adelante. «No, subraya el Sr. Blesa, los niños de corta edad aún no corren ese riesgo, ya que aún no poseen la relación causa-efecto, no tienen capacidad de raciocinio. Pero tienen todos los efectos que les puede causar si les suprimen la droga de pronto. Con niños de ocho años en adelante el problema es mayor ya que esta drogadicción les puede llevar, posteriormente, a una escalada dentro del mundo de la droga. Con esta edad ya se dan cuenta, ya asocian un determinado acto con una deter-

minada sensación. El gran problema es la dependencia que crean los fármacos que habitualmente utilizan para drogar a los niños, fármacos que crean una dependencia física y psíquica».

E

Ya se ha definido a esta mendicidad con el nombre de «mendicidad familiar» y a todo lo que le rodea como «mafia». Resulta muy difícil distinguir la verdadera mendicidad de la mendicidad falsa, la mendicidad como negocio. Un tanto por ciento muy elevado de la mendicidad callejera, es falsa. El propio alcalde de Madrid, Sr. Tierno manifiesta: «Hay un proceso de compra-venta de los puestos más solicitados. Hay mendigos que tienen su puesto en una determinada calle gracias a un canon que pagan a personas que son las que los protegen o las que les permiten ocupar ese lugar. Con frecuencia se ha podido comprobar que existen niños alquilados y esto es algo muy difícil de erradicar, ya que suele existir un acuerdo entre el padre y las personas que los alquilan y si se recoge al niño para someterle a unos cuidados específicos los padres los retiran al cabo de poco tiempo alegando la patria potestad".

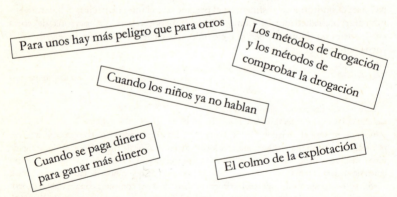

Para unos hay más peligro que para otros

Los métodos de drogación y los métodos de comprobar la drogación

Cuando los niños ya no hablan

Cuando se paga dinero para ganar más dinero

El colmo de la explotación

Anschließend bekommen die Schüler die Leseaufgabe zur Arbeit mit dem Textabschnitt 3(a) gestellt:

„Somos periodistas, trabajamos en la redacción de un gran periódico. Tenemos aquí los cinco párrafos del artículo y sus subtítulos. Alguien ha desordenado todo. Tenemos que decidir de nuevo: ¿Qué subtítulo para qué párrafo?"

Auch wenn es auf den ersten Blick so aussieht, es geht hier nicht um *scanning:* Die vorformulierten Zwischentitel können im Text nicht wiedererkannt werden, ihre Formulierungen und teilweise auch ihre Vokabeln tauchen im Text nicht auf. Die Anforderungen, die hier an die Schüler gestellt werden, sind komplexer als bei der bisherigen Textarbeit dieser Unterrichtseinheit. Mindestanforderung ist hier *search reading:* Es muß im Text nach Wörtern, Formulierungen und Aussagen gesucht werden, die innerhalb ähnlicher semantischer Fehler wie die Aussagen der Zwischentitel liegen. Hat der Schüler eine Textstelle gefunden, von der er den Eindruck oder den Verdacht hat, daß dort etwas einem Zwischentitel Entsprechendes ausgesagt wird, so ist er gezwungen, genau nachzulesen, was der Autor hier vermitteln will, d. h., er muß sich des *receptive reading* bedienen. Dies erfordert von ihm eine so intensive Beschäftigung mit längeren Passagen des Textes, wie dies bislang noch nicht nötig war. Die vorgegebenen Zwischentitel haben dabei durchaus ihre didaktische Funktion, die nicht verkannt werden darf: Sie vermitteln bereits zusammengefaßte Hauptinformationen des Textes, der Schüler muß sie nur noch orten. Er sitzt nicht ahnungslos über dem Text, er weiß, was er sucht. Er verfügt somit bereits über nicht-visuelle Informationen, die die Möglichkeit des Entstehens von *tunnel vision* verringern.

Die anschließende Ergebnisbesprechung verlangt vom Schüler, seine Zuordnungsentscheidungen mit den entsprechenden Textstellen zu belegen und zu begründen und beinhaltet die Möglichkeit von Diskussionen unter den Schülern. Sollten sich zum Beispiel zwei oder mehr Schüler in einem Fall unterschiedlich entschieden haben, so müßten sie versuchen, durch entsprechende Argumentationen einander von der Richtigkeit der eigenen Entscheidung zu überzeugen. Diese Möglichkeit wird zum Beispiel dadurch gefördert, daß sich ein Zwischentitel wie „El colmo de la explotación" durchaus mehreren der Textabschnitte zuordnen läßt. Wären sämtliche Zwischentitel eindeutig und zwingend zuzuordnen, wären unterschiedliche Zuordnungen praktisch ausgeschlossen, dann wäre auch die Möglichkeit einer Diskussion der Schüler untereinander von vornherein ausgeschlossen.

Nach so intensiver Beschäftigung mit dem Text sind die Schüler in der Lage, die Hauptinformationen des Textes mit eigenen Worten mündlich zusammenzufassen und wiederzugeben.

Die nachfolgende Übung hat verschiedene Funktionen: Zum einen ist sie eine erweiterte Leseaufgabe zum eben bearbeiteten Text, zum anderen stellt sie eine Transferübung für die Sprechintentionen *Expresando certeza, Expresando posibilidad/probabilidad, Expresando duda* und *Expresando desconocimiento* dar, die direkt vor dem Einsatz dieser Unterrichtseinheit Lerngegenstand waren.

Es seguro que . . .	Hay niños mendigos drogados.
	Un niño tumbado en el suelo se halla bajo el efecto de una drogación profunda.
Es posible que . .	Drogan a los niños a través de los biberones.
Es muy probable que . . .	Una manera de adormecer a los niños es por medio de la intoxicación con gas.
Es dudoso que . . .	La drogadicción lleva a niños de ocho años, posteriormente, a una escalada dentro del mundo de la droga.
	Existen niños alquilados.
No se sabe si . . .	Los padres de esos niños quieren acabar con su drogadicción.

Zunächst muß der Schüler die Aussagen auf der rechten Seite des Arbeitsblattes im Text wiedererkennen, was bis auf die letzte Aussage absolut unproblematisch ist. Es handelt sich also um *scanning*. Hat der Schüler die entsprechenden Stellen gefunden, so muß er durch *search reading* feststellen, welche Modalität der jeweiligen Aussage im Text gegeben wird. Die hierfür im Text verwendeten Redemittel wurden bei der Wortschatzeingabe geklärt, soweit sie nicht schon vorher bekannt waren:

se ha comprobado . . ., es inexplicable . . ., no sería descabellado . . ., les puede llevar . . ..

Die im Text verwendeten Redemittel müssen nun den auf der linken Seite des Arbeitsblattes vorgegebenen Redemitteln zugeordnet werden, was wiederum nur in bezug auf die letzte Aussage etwas schwieriger ist. Nach vollzogener Zuordnung sowohl der Redemittel zueinander als auch der Redemittel zu den Aussagen folgt der letzte Schritt der Übung: Jetzt muß der Schüler die den inhaltlichen Aussagen entsprechenden grammatisch richtigen Sätze bilden, d. h. *Subjuntivo* und *Indicativo* richtig anwenden. Das Handwerkzeug zur Bewältigung dieser Übung hat der Schüler bereits: Er bedarf keiner weiteren Vokabeln, keiner grammatischen Erläuterungen. Diese Übung gibt dem Schüler die Möglichkeit, selbständig am Text zu arbeiten und zu erkennen, daß er bereits fähig ist, auf einem relativ hohen sprachlichen Niveau mit authentischen Texten umzugehen. Das Besprechen der Ergebnisse verlangt vom Schüler zum Schluß wiederum die Fähigkeit, sich argumentativ durchzusetzen.

2.5. Die Arbeit mit dem Textabschnitt 4

Bei der Arbeit mit dem folgenden Textteil werden die bisher höchsten Leseanforderungen an die Schüler gestellt: Bislang haben die Schüler die

Erfahrung gemacht, daß man einen Text verstehen kann und über ihn sprechen kann, ohne jede Vokabel zu verstehen. Nun geht es darum, ihnen zu beweisen, daß man in einem unbekannten Text sogar über das meiste hinweglesen kann und den Text trotzdem verstehen kann. Zu diesem Zweck habe ich aus dem Textabschnitt 4(a) alle Textteile getilgt, die meines Erachtens zum Verstehen der Hauptinformationen nicht zwingend notwendig sind:

Textabschnitt 4(a)

```
          1979                          1983,
Madrid        4.980 mendigos.      35 % de los niños mendigos han
       un    mendigo               delinquido              30 %
350 habitantes.                                          Madrid
     Lisboa            1                        chicos
400 habitantes; Roma, 1        425;        entre los cuatro y los
París, 1          600; Londres, 1     quince años.
     625,      Bruselas, 1             mayor           mendicidad in-
675                                    fantil           suburbios.
     mayor número                               23 %          niños
                            entre           en chabolas, menores de diez
los 10 y los 15 años y entre los 50 y 70.   años, no          escuela.
     1981                   2.750           80 %
chavales. 15 %             droga-
dos.                                                        portu-
     1982                6.700,         gueses.
          45 %      victimas de ex-
plotación por parte de adultos,


     60 %
síntomas de alguna enfermedad.          enero, febrero y marzo.
                                        profesionales –      90 %
                                                    en tren,
```

Voraussetzung für die erfolgreiche Lektüre dieser Textfragmente ist jedoch, daß alle übriggebliebenen Vokabeln bekannt sind. Aus diesem Grunde brauchte ich nur noch folgende Vokabeln zu klären:

el habitante; la víctima; delinquir; el suburbio; la chabola.

Die Schüler erhalten nun den Text und die Leseaufgabe gestellt. Aufgabe ist *nicht*, die Lücken auszufüllen, sondern sich mit Hilfe des Vorgegebenen eine Theorie zu machen, wovon der Text handelt, die zentralen Informationen durch Kombinieren der verfügbaren Textteile herausfinden. Weil eine solche Aufgabe ein Minimum an Phantasie voraussetzt und, besonders beim erstenmal, auch Mut zur Entscheidung, sollten die Schüler zu diesem Zweck in Gruppen zusammenarbeiten.

Welche Anforderungen werden bei einer solchen Aufgabe an die Schüler gestellt? Die von Pugh vorgenommene Differenzierung des Lesens in fünf Lesestile erweist sich jetzt als nicht ausreichend: Indem der Schüler zwar den Zeilen des Druckers folgt, sich also des *receptive reading* bedient, erlangt er noch keine Klarheit über die Aussagen des Textes. Reines *responsive reading*, also ein Lesen, bei dem man dem Text über längere Perioden wenig Beachtung zu schenken braucht, um über das vom Autor Vermittelte zu reflektieren, führt ebenfalls nicht zum Ziel, denn es ist ja noch gar nicht klar, was der Autor vermitteln will. Der Schüler wird hier aktiv in die Textkonstruktion mit einbezogen, er muß sich eines *responsive receptive reading* bedienen, um den Text zu entschlüsseln: den Zeilen des Druckers folgend das Verstandene in einen Zusammenhang interpretieren. Eine solche Lesesituation ist authentisch. So geht es jedem Leser, der kein Wörterbuch zur Hand hat und trotzdem einen fremdsprachlichen Text verstehen will. Als psychologische Hilfe in dieser authentischen Situation gebe ich den Schülern die weggeweißten Stellen mit auf den Weg. So können die unbekannten Textteile den Schüler nicht irritieren, es gibt keine Übermacht an visueller Information, die im Gehirn das Phänomen der *tunnel vision* auslösen könnte. Darüber hinaus verfügen die Schüler bereits über eine Reihe von nicht-visuellen Informationen, die sie zum Entschlüsseln des Textes instrumentalisieren können: die soziale Erscheinung der Kinderbettelei, das Einsetzen von Drogen in diesem Zusammenhang, die Ausbeutung von Kindern durch Erwachsene, all diese Informationen hat der Schüler bereits. Sie helfen ihm nun, die offensichtlich statistischen Daten im Text zu diesem Thema in den richtigen Zusammenhang zu stellen.

Nach Abschluß der Gruppenarbeit teilt jede Gruppe über einen Gruppensprecher ihr Ergebnis mit. Erfahrungsgemäß entspricht dieses dem tatsächlichen Inhalt des Textes. Anschließend wird der undidaktisierte Originaltext eingegeben.

Textabschnitt 4(b)

Tan sólo en 1979 la Policía Municipal de Madrid recogió 4.980 mendigos. Lo que supone un mendigo por cada 350 habitantes. En ciudades europeas como Lisboa la relación es 1 por cada 400 habitantes; Roma, 1 por cada 425; París, 1 por cada 600; Londres, 1 por cada 625, y Bruselas, 1 mendigo por cada 675 habitantes.

El mayor número de indigentes recogidos tenían edades comprendidas entre los 10 y los 15 años y entre los 50 y 70.

En 1981 fueron recogidos unos 2.750 chavales. Un 15 % de ellos estaban drogados.

En 1982 la cifra aumentó a 6.700, de los cuales un 45 % eran víctimas de explotación por parte de adultos, y un amplio porcentaje por sus propios familiares. El 60 % de esos niños presentaban síntomas de alguna enfermedad. En la mayoría de los casos era de desnutrición, deshidratación y dolencias broncopulmonares.

En 1983, las estadísticas confirman que el 35 % de los niños mendigos han delinquido alguna vez y que el 30 % del conjunto de la mendicidad de Madrid está protagonizada por chicos de edades comprendidas entre los cuatro y los quince años.

El mayor índice de la mendicidad infantil proviene de los suburbios. Hay que tener en cuenta que el 23 % de los niños que viven en chabolas, menores de diez años, no acuden a la escuela.

El 80 % de los niños y adultos que intervienen en este «negocio» son portugueses. Forman verdaderos clanes, carecen de documentación y en muchas ocasiones las autoridades no pueden llegar a saber si los pequeños son hijos o familiares de los mayores que les acompañan.

Los meses de mayor índice de mendicidad son enero, febrero y marzo. Los mendigos profesionales – un 90 % del total – suelen seguir, casi siempre en tren, un circuito por las ciudades en feria.

Gewöhnlich ist die vorherrschende Schülerreaktion ungläubiges Staunen sowie die Meinung, daß sie mit diesem Text in seiner undidaktischen Form nicht fertiggeworden wären. Diese Situation eignet sich dann besonders gut, gemeinsam das soeben Erlebte zu reflektieren, von den Schülern selbst feststellen und hervorheben zu lassen, welches Leseverhalten zum Erfolg geführt hat und welches nicht weitergeführt hätte. Die häufig in der Schule anerzogene Gewohnheit, in einem Text die unbekannten Wörter zu unterstreichen, verleiht diesen nur noch mehr Bedeutung, lenkt die ganze Aufmerksamkeit des Schülers auf diese Wörter und blockiert ihn beim schnellen sinnerfassenden Lesen. Demgegenüber würde die Angewohnheit, in einem Text das Bekannte zu unterstreichen, den Schüler schneller zum Verstehen der Hauptinformationen eines Textes führen.

2.6. Die Arbeit mit Textabschnitt 5

Den Abschluß dieser Unterrichtseinheit bildet die Arbeit mit einem vollkommen undidaktisierten Textteil. Die Schüler erhalten diesmal auch keine Vokabelvorentlastung, so daß die Situation absolut authentisch ist. Ihre Aufgabe besteht darin, in die von mir neben den Text gezeichneten Linien die Schlüsselwörter aus dem Text einzutragen. Der auf diesen Linien so angefertigte fragmentarische Text ähnelt in der Form dem zuletzt gelesenen und interpretierten Lückentext. Nach demselben Verfahren wie beim letzten Mal, also unter Anwendung des *responsive receptive reading,* können die Schüler unter Zuhilfenahme ihrer nicht-visuellen Informationen die von ihnen ermittelten Fragmente in den richtigen Zusammenhang interpretieren.

Escribe aquí las palabras claves del texto:

Se calcula que hay, aproximadamente 10.000 personas que ejercen la mendicidad, solo en Madrid, y de ellos más de 6.000 son niños que la ejercen en solitario o en grupo.

Asimismo se ha podido comprobar que existen organizaciones clandestinas que utilizan a los pequeños para ejercer la mendicidad. A los pequeños se les da una mínima parte de lo recaudado. El «cerebro» de la operación los distribuye estratégicamente por varios puntos de la ciudad para que pidan limosna, se les dota – como decía anteriormente – de falsos certificados y recetas que dicen no pueden comprar. También se alquilan niños a los padres, a cambio de 500 o 1.000 ptas. diarias, para que estén con un mendigo. Para este tipo de explotación se eligen a pequeños con aspecto demacrado y enfermizo.

Pero la explotación infantil no se ciñe exclusivamente a esto. Hay otras formas de utilizar a los menores para llevar a cabo un auténtico negocio callejero. En las últimas semanas ha vuelto a resurgir la figura del «limpiaparabrisas». Niños apostados en los cruces, cerca de los semáforos para limpiar el cristal de los coches a cambio de una propina. Propina que luego depositan en las manos de un adulto.

«No tenemos para comer. Vivimos en la calle. Estamos en paro. Ayúdennos». Este suele ser el «slogan» habitual. Escenificación: un par de niños, cuanto más pequeños mejor. Apostados en un lugar de mucho tránsito y a esperar que un alma caritativa deje caer unas monedas. Ya se han descubierto muchos fraudes en estas pancartas, pero siguen existiendo. La pantomima, al parecer, da unos buenos resultados.

Abschließend sei hier noch einmal darauf hingewiesen, daß die gelesenen Textteile von sich aus noch keine Progression mitbringen. Die Progression entsteht erst durch die jeweilige Didaktisierung, die nach und nach höhere Leseanforderungen stellt. Ein solches Vorgehen ist im Prinzip mit jedem authentischen Text denkbar und ermöglicht es den Schülern, gezielt und organisiert das Lesen zu lernen.

Bibliographie

Bartenstein, W.: *Arbeit mit französischen Sachtexten.* Stuttgart 1976.

Belke, H.: *„Gebrauchstexte". Grundzüge der Literatur- und Sprachwissenschaft,* Band 1: Literaturwissenschaft. München 1973.

Christ, I.: „Integrierter Sprach- und Sachunterricht im Spanischkurs für Fortgeschrittene am Beispiel des Themas ‚La emigración actual‘". *DNS 74: 2* (1975).

Düwell, H.: „Vorschläge für Untersuchungen und Innovationen im Bereich ‚Lesen im Fremdsprachenunterricht‘." *DNS 77: 5* (1978).

Evans, G./Pastor, E.: *Communication 121/2*. Field survey of language skills and real job needs. Swedish International Development Authority. Stockholm 1972.

Johnson, K./Morrow, K. (Hrsg.): *Communication in the Classroom*. Harlow 1981

Neuner, G./Krüger, M./Grewer, U.: *Übungstypologie zum kommunikativen Deutschunterricht*. Berlin u. München 1981

Pugh, A. K.: *Silent Reading*. An Introduction to its Study and Teaching. London 1978.

Schwerdtfeger, I. C.: „Lesen im Fremdsprachenunterricht – Die vergessene 3. Fertigkeit?". *Linguistik und Didaktik 47/48* (1981).

Smith, F.: *Reading*. Cambridge 1978.

Viruca, „Drogan a los niños para mendigar." *Ciudadano 115* (1984): 52–55.

White, R. V.: „Reading." Johnson, K./Morrow, K. (Hrsg.) 1981

III. . . . und in der Lektürestufe (Sekundarstufe II)

Michael Bludau

Zwischen Systematik und Spontaneität

– Zur Textarbeit (am Beispiel des Englischen) –

Einleitung

Die große Versuchung der Wissenschaft ist es, Erkenntnis/Erkenntnisse in ein System zu zwingen. Das solchergestalt hervorgebrachte System scheint der Sieg der menschlichen Vernunft über das Chaos zu sein. Erst das System schafft die Möglichkeit, Probleme und Problemstellungen in der Zusammenschau darzustellen und damit an andere zu vermitteln. Und so braucht auch der fremdsprachliche Unterricht Systematik, nicht zuletzt, um den Unterrichtenden vor dem Fall ins Bodenlose zu bewahren. Aber gerade der Fremdsprachenlehrer muß sich jeden Tag neu bewußt machen, daß solche Systeme nicht Selbstzweck sind, sondern als das behandelt werden müssen, was sie sind, nämlich Hilfskonstrukte der Vermittlung.

Daß auch wir der Versuchung und der Faszination pseudo-perfekter Systeme zum Opfer fallen können, hat die Geschichte der schriftlichen Textaufgabe in der fachdidaktischen Diskussion der letzten fünfzehn Jahre gezeigt. Der Überdruß an der zu Tode gerittenen Nacherzählung und die enthusiastischen Hoffnungen, die man auf die neue Übungs- und Prüfungsform setzte, lösten so etwas wie einen fachdidaktischen *„gold-rush"* aus, und ein jeder hoffte, auf seinem *„claim"* eben jenes perfekte System zu finden, das man dann benennen konnte *How to become a literary critic in three years*. Nicht alles, was man dabei fand, war Gold, und was wie Gold aussah, glänzte oft nur. Auch wenn Richtlinien und Prüfungsordnungen die Textaufgabe weitgehend festgeschrieben haben, so sind viele Lehrer – und sicher noch mehr Schüler – damit nicht glücklich. Woran liegt das?

Manchmal ist es ganz gut, in alten Büchern zu lesen. Hugo Gaudig schrieb zwar seine *Didaktischen Präludien* erst 1908, aber das ist für eine so schnellebige Wissenschaft wie die Pädagogik heute schon tiefes Mittelalter. Seine perfekten Systematiker waren die Herbartianer, und die fragte er: „Zielsetzung? Um jeden Preis? In allen Fächern, in jedem Falle? Oft

126

beeinträchtigt die ‚Zielsetzung' die Überraschung, die natürliche, dem Stoff innewohnende Kraft zu überraschen; . . . Wie die Überraschung, so auch die natürliche Spannung, und wie Überraschung und Spannung, so auch die Gefühle der mitleidenden Furcht, der mitleidenden Angst usw. Die Eindrucksgewalt der Gefühlsbetonung aber preisgeben ist ein Unrecht an der lernenden Jugend und ein Unrecht an dem zu lernenden Stoff. Die Gleichgültigkeit gegen das Gefühls- und Affektleben des Schülers muß als eine der schwersten Sünden unserer intellektualistischen Didaktik gelten." (Gaudig 1908: 1.)

Wir folgen Gaudig, wenn wir hier als Gegenposition zu *System* den Begriff *Spontaneität* wählen, auch wenn dieser in der pädagogischen und didaktischen Diskussion der letzten Jahre eigentlich gar keine Rolle zu spielen scheint. Dabei war Spontaneität schon für die Erziehungslehre eines Friedrich Daniel Ernst Schleiermachers bedeutsam. Für Schleiermacher war der Gegenpol der Spontaneität die *Rezeptivität*, die sich – durchaus notwendig für den Erziehungsprozeß – auf Erkenntnis und Wissen und auf die Erfassung der Welt durch Anschauung und Begriff richtet und deren Ergebnis Schleiermacher mit dem heute zweideutigen Begriff „Welt*anschauung*" bezeichnete. Aber das Erwerben der „Weltanschauung" muß begleitet sein von dem Erwerb spontaner Fertigkeiten, die sich auf Gestalten und Handeln richten und die Schleiermacher eben wegen dieser aktiven Elemente als „Welt*bildung*" beschrieb. Von dieser weltbildenden Spontaneität Schleiermachers läßt sich über die Gaudigsche Spontaneität in seiner „freien geistigen Schularbeit" eine Brücke schlagen bis zu der heutigen Kreativitätspädagogik. Insofern lohnt sich hier ein Blick auf das, was heute unter dem Begriff *Kreativität* zusammengefaßt wird: „Kreativ ist jeder Vorgang selbständigen Entwickelns, Entdeckens, Findens, Experimentierens, Umdeutens, Umstrukturierens, Umkehrens, Andersmachens, Variierens, Transferierens, Assoziierens etc., wobei das jeweils neu Geschaffene lediglich im Selbstverständnis des Individuums als ‚neu' empfunden werden muß, auch wenn diese ‚Entdeckungen' die Kulturtradition nicht revolutionieren." (Grenzlinger 1980: 13/14.)

Die Einschränkung in der zweiten Hälfte des obigen Zitats mag verdeutlichen, warum hier der Begriff *Spontaneität* dem der *Kreativität* vorgezogen wird, geht es doch nicht darum, wie immer geartetes Neues hervorzubringen, sondern im Umgang mit den Inhalten des Unterrichts Freiräume für selbständiges Handeln zu schaffen.

Und noch eine letzte Vorüberlegung: Der Rückverweis auf Schleiermacher und auf Gaudig kann uns dafür sensibilisieren, daß auf Spontaneität gerichtete Gedanken schon immer – wenn auch mit unterschiedlicher Intensität – ihren Platz in der pädagogisch-didaktischen Diskussion gehabt haben. In dieser Tradition stehen auch die heutigen Rufer in der Wüste, die nachdrücklich auf system-bedingte Verkrustungen des Fremdsprachen-unterrichts hinweisen. Und so lassen sich viele neue Etiketten registrieren, wie „schüler-aktivierend", „schüler-zentriert", „humanistic", „alternativ" und schließlich „kreativ" und „spontan", die letztlich nichts anderes sind als eine Aufforderung zur selbstkritischen Reflexion unseres Tuns in der Schule. Dabei gehen diese Stimuli durchaus von unterschiedlichen Ansätzen aus. Für unsere Zwecke ist der Ansatz besonders interessant, der von der Literaturdidaktik kommt. Lothar Bredella, der Schüleraktivierung als Bestandteil des literarischen Verstehensprozesses begreift, ist mit seinen Arbeiten ein gutes Beispiel. In Anlehnung an Stanley Fish u. a. vertritt er die These, daß „Verstehen . . . eine Interaktion ist, in der der Text durch die Tätigkeiten und Reaktionen des Lesers konkretisiert wird." (Bredella 1985: 80.) Der Weg zum Text kann also nur beschritten werden, wenn der Schüler sich spontan handelnd darauf einläßt[1].

1. Orte der Spontaneität

Wenn wir so Spontaneität für den Umgang mit literarischen Texten legitimieren, ja unabdingbar machen, dann ist nach den Orten zu fragen, an denen sich bei der Textarbeit eben diese Spontaneität ansiedeln läßt. Da der Text selber gewissermaßen der feste Punkt ist, um den herum man Aktivitäten (im Sinne von Spontaneität) anordnen kann, ergeben sich daraus vier Grundkonstellationen, die in dem Schaubild auf S. 129 dargestellt werden:

1.1. Pre-textueller Zugriff

Ich habe diese Konstellation an die erste Stelle gerückt, weil mir die in ihr angelegten Möglichkeiten die bedeutsamsten, zugleich aber bisher vom fremdsprachlichen Literaturunterricht am wenigsten genutzten zu sein scheinen. Was mit *pre-textuell* gemeint ist, sei am Beispiel des „vergnügten Schulmeisterleins Wuz in Auenthal" (Jean Paul 1960: 103) erläutert:

> „Der wichtige Umstand, bei dem uns, wie man behauptet, so viel daran gelegen ist, ihn vorauszuhören, ist nämlich der, daß Wuz eine ganze Bibliothek – wie hätte der Mann sich eine kaufen können – sich eigenhändig schrieb. Sein Schreibzeug war seine Taschendruckerei; jedes neue Meßprodukt, dessen Titel das Meisterlein ansichtig wurde, war nun so gut als geschrieben oder gekauft; denn er setzte sich sogleich hin und machte das Produkt und schenkt es seiner ansehnlichen Büchersammlung, die, wie die heidnischen, aus lauter Handschriften bestand. Z. B. kaum waren die physiognomischen Fragmente von Lavater da, so ließ Wuz diesem fruchtbaren Kopfe dadurch wenig voraus, daß er sein Konzeptpapier in Quarto brach und drei Wochen lang nicht vom Sessel wegging, sondern an seinem eigenen Kopfe so lange zog, bis er den physiognomischen Fötus herausgebracht – er bettete

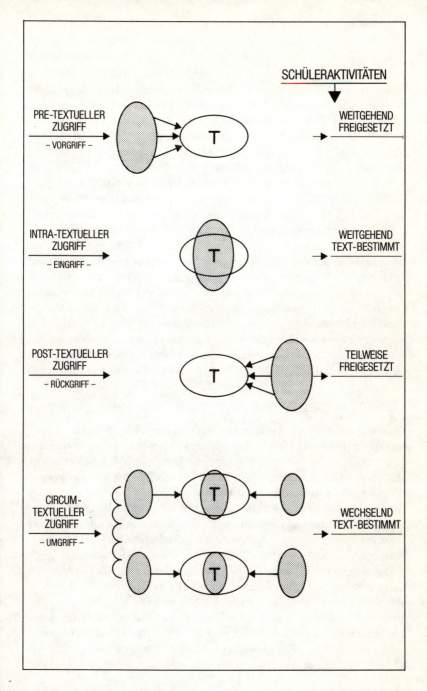

SCHÜLERAKTIVITÄTEN

PRE-TEXTUELLER
ZUGRIFF
– VORGRIFF –

WEITGEHEND
FREIGESETZT

INTRA-TEXTUELLER
ZUGRIFF
– EINGRIFF –

WEITGEHEND
TEXT-BESTIMMT

POST-TEXTUELLER
ZUGRIFF
– RÜCKGRIFF –

TEILWEISE
FREIGESETZT

CIRCUM-
TEXTUELLER
ZUGRIFF
– UMGRIFF –

WECHSELND
TEXT-BESTIMMT

den Fötus aufs Bücherbrett hin – und bis er sich den Schweizer nachgeschrieben hatte."

Was zeigt uns das Beispiel? Wuz – vom Titel eines Buches ausgehend – erstellt für sich eine allgemeine These über den zu erwartenden Inhalt des Textes, eventuell auch über seine Form. Er entwirft – textlinguistisch gewendet – ein Textmodell. Er ist an den Text mit etwas herangegangen, was eigentlich die meisten Leser im Umgang mit den meisten Texten bestimmt: Er bringt nämlich eine auf den Text gerichtete Erwartungshaltung ein. Eines der großen Hindernisse im schulischen Umgang mit Texten ist, daß wir eben diese natürliche Erwartungshaltung nur in den seltensten Fällen aktivieren, ja daß wir sie in der Alltagsroutine des Durchmüllerns von Texten fast gänzlich verkümmern lassen. Dabei gibt es unter methodischen Begriffen wie *pre-viewing* und *anticipation* durchaus Möglichkeiten, wie auch der Unterricht Aktivitäten von der Art des Schulmeisterleins Wuz freisetzen könnte, wie man spontane Schüleräußerungen über Buchtitel- und Schlüssel-/Reizwortvorgaben, optische Stimuli u. ä. initiieren kann – in Richtung auf die Erstellung eines möglichen Textrahmens hin. Die Begegnung mit dem Originaltext und der Vergleich zwischen Original und der pre-textuellen Schüler-Version verändern dann zwangsläufig die Haltung des Schülers dem Text gegenüber von der Rezeptivität zur Spontaneität hin, denn der Text ist für ihn keine Leiche mehr, an der er die Sezierkünste der hermeneutischen Anatomie übt, sondern lebendige Gestalt, die es sinnvoll erscheinen läßt, sich auf ein Gespräch einzulassen.

1.2. Intra-textueller Zugriff

Dies Verfahren ist das übliche und heute weitgehend anerkannte. Im Mittelpunkt steht der Text. Alle Aktivitäten werden unmittelbar von dieser Textbegegnung her bestimmt. Schüler und Lehrer befinden sich in einem beständigen Clinch mit dem Text. Man kann das Bild noch weiter ausmalen: Der solchermaßen im Schwitzkasten befindliche Schüler wird – abgesehen von „spontanen" Schmerzensschreien – wenig Bereitschaft zeigen, sich auf kommunikative Abenteuer einzulassen; in der unerfreulichen Situation geben nur kräftesparendes Aushalten und das Transportvokabular der Textanalyse als Mundschutz eine Chance zum Überleben.

Das mag vielleicht karikierend übertrieben klingen, und das ist es sicher auch, aber der Kern der Wahrheit in dieser Überzeichnung dürfte nicht unerheblich sein. Gewiß gibt es an den Rändern des intra-textuellen Zugriffs noch Möglichkeiten, wo sich Schüler und Lehrer etwas freier bewegen können. Aber der Lehrer, der ganz auf den textanalytischen Weg eingeschworen ist, hat Skrupel, weil er befürchtet, die Wege der gediegenen Wissenschaftlichkeit zu verlassen und ins Unseriöse abzugleiten. Und der

Schüler weiß aus Erfahrung, wie gefährlich es für ihn unter Umständen werden kann, wenn er allzu großzügig mit seinen kommunikativen Kräften umgeht.

1.3. Post-textueller Zugriff

Es gibt daneben die Möglichkeit, dem Schüler gewissermaßen den Text als Ganzes vor die Nase zu setzen. Auch dies ist eine „natürliche" Form des Umgangs mit Texten: Ich schalte das Radio ein und höre zufällig eine Geschichte, ein Hörspiel, einen Vortrag; ich sitze im Wartezimmer des Arztes und stoße beim zufälligen Herumblättern in den ausliegenden Druckschriften auf einen Text. In all diesen Fällen treffe ich unvorbereitet, ohne Lese- oder Hörerwartung auf einen Text. Ich habe mir kein Textmodell erstellt. Diese unvorbereitete Begegnung, in der Fremdsprache noch durch zusätzliche Hindernisse erschwert, erfordert meine ganze Konzentration, damit ich das Wesentliche erfassen kann und während des Lesens bzw. Hörens den Sinnzusammenhang rekonstruiere. Meine Rezeptionsstrategie ist also zwangsläufig die des *extensive reading/global comprehending*. Als Ergebnis dieses Rezeptionsvorganges habe ich für mich ein Textmodell aufgebaut nach den Vorgaben, die ich dem Text während des Rezipierens entnommen habe. Ob diese Informationsentnahme nun korrekt ist, d. h. den tatsächlichen Informationen des Originals entspricht, oder nicht, d. h., ob mein Textmodell Mißverständnisse, Ungenauigkeiten usw. enthält, bleibt zunächst offen. Im übrigen sei angemerkt, daß auch eine auf Mißverständnissen beruhende Textrezeption durchaus Kreatives bewirken kann, wofür als klassisches Beispiel die Rezeption der Kantschen Philosophie durch Schiller und die daraus resultierenden Folgen stehen.

Beim post-textuellen Zugriff geht es also primär um globales Texterfassen. Das Globalverständnis ist dann der Ausgangspunkt für eine aktive Auseinandersetzung des Rezipienten mit dem Text, vorausgesetzt, daß (a) überhaupt etwas verstanden wurde und daß (b) das rezipierte Textmodell dem Rezipienten etwas bietet, was der Auseinandersetzung wert ist.

Da bei mehreren Rezipienten in solch einem Fall voraussichtlich unterschiedliche Textmodelle entstehen werden, ergibt sich eine reale Situation für spontane Gespräche: Schüler stellen sich wechselseitig die Ergebnisse ihrer individuellen Texterfassungsprozesse vor, vergleichen die unterschiedlichen Textmodelle und werden damit in ihren Aktivitäten zwangsläufig auf den Originaltext hingeführt, da man ja schließlich wissen möchte, welches der unterschiedlichen Textmodelle eben diesem Original am nächsten kommt. So erfolgt nun über den post-textuellen Zugriff der Einstieg in den Text, wobei man sich dann eben so eng mit dem Text verklammern kann, wenn man das für nötig hält, wie beim intra-textuellen

Zugriff, nur daß die Entscheidung dafür dann nicht das Ergebnis eines engmaschigen *guiding* ist, sondern dem genuinen Bedürfnis entspricht, herauszufinden, was Text und Autor nun eigentlich wirklich meinen und ob meine Zustimmung oder Ablehnung des Textes gerechtfertigt ist oder auf Miß- bzw. Halbverständnissen beruht. Dem Lehrer bleibt es dann überlassen, ob und wie er solch motiviertes, vom Schüler ausgehendes analytisches Hinterfragen des Originaltextes in Richtung auf den Erwerb eines textanalytischen Orientierungsrahmens behutsam steuert.

1.4. Circum-textueller Zugriff

Wer über längere Unterrichtserfahrung verfügt, weiß, daß methodische Einseitigkeit oder gar methodischer Fanatismus sich nicht auszahlen. Sicher muß der Lehrer – um nicht in der Routine des alltäglichen Tuns zu erstarren – Neuansätzen gegenüber offen bleiben. Aber er ist gut beraten, wenn er vor die Übernahme von Neuansätzen den kritisch-selektiven Filter setzt. Was nach solcher Filterung übrig bleibt, wird er dann für seinen Unterricht nutzen – seinen eigenen Bedürfnissen und Fähigkeiten entsprechend, aber auch denen seiner Lerngruppe.

Insofern sind die eben beschriebenen Zugriffe nicht als sich einander ausschließende Möglichkeiten zu sehen. Man kann, ja oft sollte man sogar, an einen Text von verschiedenen Seiten her herangehen, also sowohl *pre-* als auch *intra-* als auch *post-textuell,* und für dies kombinierte Verfahren ist hier der Begriff *circum-textuell* gewählt. Denkbar wäre also ein methodischer Weg, der zunächst die Leseerwartung in Form eines *previewing* aufbaut, sich dann relativ eng mit dem Text auseinandersetzt (*intensive reading*) und schließlich dann in der Rückschau auf den Text als Ganzes wieder Abstand zu einer Auseinandersetzung mit dem Text gewinnt. Es gibt kein Patentrezept, wie man in diesem Fall die drei Teilzugänge gewichten soll. Die Vorteile dieses Verfahrens stecken gerade in der Flexibilität, mit der sich der Lehrer hierbei den Besonderheiten des Textes (Textsorte, Schwierigkeitsgrad, Affinität zum Weltwissen der Schüler u. a.) und der Lerngruppe (schwer/leicht motivierbar, aktiv/passiv u. a.) anpassen kann.

Als Zwischenbilanz läßt sich festhalten: Der Umgang mit Texten, der nachhaltig den Unterricht der gymnasialen Oberstufe bestimmt, ist nicht notwendigerweise dazu verurteilt, den Schüler in seinem Lernverhalten auf Rezeptivität, auf *Welt-Anschauung* im Schleiermacherschen Sinne zu beschränken. Es gibt Möglichkeiten, den Schüler zur *Welt-Bildung* anzuregen, seine Spontaneität im Umgang mit Texten zu fördern und gestalterische Aktivitäten zu stimulieren. Es gibt dafür Ansatzpunkte, die der Lehrer kennen, erkennen und nutzen sollte. Auf diese Aufgabe ist er zu wenig vorbereitet, Richtlinien geben dazu wenig Anreize. Unterrichtsmaterialien sind meist eher auf *spoon-feeding* eingestellt. Der Lehrer selber ist gefordert und herausgefordert. Hier findet sich noch ein Restbestand der methodisch-didaktischen *moving frontier*.

2. Exemplarische Darstellung

An einem Text soll nun gezeigt werden, was die bisherigen – doch noch sehr abstrakten – Aussagen konkret in der Unterrichtspraxis bedeuten können.

Der hier ausgewählte, leicht gekürzte Text „Bexley" stammt von dem amerikanischen Bestseller-Autor und *syndicated columnist* Bob Greene, der sowohl für die *Chicago Tribune* als auch für *Esquire* schreibt. Ein Erfolg war sein Buch *Good Morning, Merry Sunshine,* das über das erste Jahr seiner Erfahrungen als Vater in feuilletonistischer Form berichtet. Der Essay „Bexley" ist dem 1985 erschienenen Buch *Cheeseburgers* entnommen.

Bexley

I was supposed to deliver last year's commencement address at the high school from which I graduated in 1965. I got sick and didn't make it to the ceremony, so the speech never got made, but I've been giving some thought to what I might have said had I arrived on schedule.

Bexley, Ohio, is a town of 14,000. It is quiet and sedate; the cliché "Middle America" probably fits. When I was going to Bexley High School, most of us talked about getting out. It was our obsession. Bexley was too small, too confined, too safe; we wanted the Real World.

Eight hundred students attend Bexley High School; in Chicago, the town where I now make my living, we kill more than that many people every year. (. . .) Bexley has five marked police cars; in Chicago, there are more than 11,000 men and women employed by the Police Department. I guess I found the Real World.

And yet (. . .) my mind is on Bexley, and all the other Bexleys across America. Chicago may be the Real World, and Washington may be the Power Center, whatever that means, but it seems to me that the Real Worlds and the Power Centers are mainly made up of those who decided to leave the Bexleys, and I'm trying to think what I might have told those students at that graduation ceremony.

Because more and more, as I learn of the realities of life in the so-called important locales of the United States, I find myself wondering about Bexley, and whether it was so smart to leave it in the first place. I see the cruelties and the horrors and the outrages that have become the norm in the supposedly sophisticated centers of my Real World, and suddenly Bexley seems pretty good. All of those high school hours spent dreaming of escape. . . and now the dreams are of Bexley.

I know that I'll probably never go back. All of us, the ones who made the decisions to leave the Bexleys and seek out the Chicagos and the Washingtons and the New Yorks, we may dream about it, but it will somehow never got done. (. . .)

But still, I would never have given up my years of boyhood in Bexley, not for anything. The very things we found so maddening as teenagers – the small-town atmosphere that seemed to hem us in and keep us from everything exciting that was happening Out There – are the things that I now treasure most. I think that the most important part of me was formed in Bexley, and it's something that men and women who grew up in the big cities of the land will never know. (. . .)

The irony, of course, is that even now the students of Bexley High School are dreaming of getting out, of finding the same Real World that seemed so elusive to us back in central Ohio. Some of the students in this year's graduating class will make it out, and some of them won't; they will stay in Bexley, and raise the next generation to grow up in Bexley.

And I guess, had I made that speech, it's the getting out students I would have been talking to – the ones who will leave, and who will make Bexley only a part of their memories. I couldn't have told them not to do it; when you want to get out, there is nothing that can stop you – I suppose I know that as well as anyone else. But to those who leave Bexley, please at least believe this: you will miss it. How you will miss it!

Zunächst sei hier der *pre-textuelle* Zugriff demonstriert. Wenn man in dem oben dargelegten Sinne eine Leseerwartung aufbaut, so kann dies auf zweierlei Weise erfolgen. Die Erwartung bzw. der daraus resultierende Textrahmen kann sehr allgemeiner Natur sein. Der Text „Bexley" hat etwas mit *Jugend*, mit *Schule*, mit *Amerika* zu tun. Das, was der Autor sagt, steht in solch relativ allgemein gehaltenen Kontexten. Stellt man die Leseerwartung etwas enger auf den Text ein, so kommt man von den allgemeinen zu den speziellen Kontexten. Dann ist das nicht mehr *Jugend*, sondern es sind 17- bis 18-jährige Schüler, die am Ende ihrer Schulzeit stehen; dann ist es nicht mehr *Schule*, sondern eine High School in den Vereinigten Staaten; dann ist es nicht mehr *Amerika*, sondern eine Kleinstadt (mit Vorstadtcharakter) im amerikanischen Mittleren Westen mit den entsprechenden sozialen und kulturellen Implikationen.

So wird man auch die Übungsanordnungen für den pre-textuellen Zugriff in der Weise gruppieren müssen, daß man zunächst solche vorstellt, die auf die allgemeinen Kontexte zielen, und dann solche, die sich auf die speziellen richten.

In beiden Fällen geht es um die gleichen Ziele, nämlich
– die bereits beim Schüler (oft nur in der Muttersprache) vorhandene Welterfahrung und sein Weltwissen zu aktivieren,
– durch den Abbau von Fremdheitsbarrieren affektive Teilnahme zu ermöglichen,
– das für die Artikulation notwendige Wort- und Strukturenmaterial für den Schüler verfügbar zu machen (wobei die Rotation des schon Bekannten und Gelernten wichtiger ist als die Bereitstellung langer Listen mit neuem Material).

1. *word associations*

Im einfachsten Fall schreibt der Lehrer ein Initialwort an die Tafel, also z. B. SCHOOL. Auf die Aufforderung *What are you thinking of when reading the word SCHOOL?* geben die Schüler – spontan – Einzelwörter, die um den Nukleus an der Tafel gruppiert werden. In dem Maße, wie sich die

Zahl der Wörter um den Nukleus herum erhöht, werden die Schüler Entscheidungen treffen (und u. U. begründen) müssen, an welcher Stelle sie „ihr" Wort eingefügt sehen möchten. So entsteht ein Assoziogramm, das dann vielfältig für die weitere Arbeit genutzt werden kann. Das gleiche Verfahren kann, dann allerdings besser in Form einer Wortliste, in Partnerarbeit durchgeführt werden. Zunächst schreibt jeder Schüler seine eigene, ungeordnete Assoziationskette auf und tauscht diese dann mit seinem Nachbarn aus. Der Vergleich der Wortlisten deckt zahlreiche Übereinstimmungen, aber auch Abweichungen auf. Daraus ergeben sich zwangsläufig Anlässe zu Fragen und zu erläuternden Antworten. Die abschließende Erstellung einer gemeinsamen Gesamtliste dient der Sicherung der Arbeitsergebnisse für den Kurs bzw. die Klasse.

2. stream-of-consciousness clustering

Die Übung ähnelt der vorhergehenden, weil auch hier am Anfang ein Initial-(Reiz-)Wort steht. Jeder Schüler schreibt für sich seine Assoziationen nieder, allerdings nicht als Einzelwörter, sondern in Form von Wortgruppen, verkürzten Sätzen, Satzfetzen, – möglichst in der Form, wie sie ihm beim Assoziieren durch den Kopf gehen. Der Lehrer sollte grundsätzlich darauf bestehen, daß nur das, was vom Schüler auch sprachlich aus eigener Kraft bewältigt werden kann, in die Liste aufgenommen wird. Hilfen des Lehrers sollten auf Ausnahmefälle begrenzt bleiben, da nur so der Schüler seinen Wortschatz reaktivieren wird.

In einem nächsten Schritt empfiehlt sich der Austausch der Niederschriften in Form von *pair-work*. So wird wechselseitig die Imagination bereichert, zugleich helfen sich die Partner bei der Reaktivierung von Sprachmaterial. Sprechanlässe ergeben sich von selbst.

Es würde dem Wesen einer solchen assoziativen, weitgehend affektiven Übungsanordnung widersprechen, wollte man jetzt – analog zur Erstellung einer Gliederung aus einer Stoffsammlung – an eine logische Strukturierung des gesammelten Materials gehen. Drei Möglichkeiten haben sich als brauchbar erwiesen, um zu einer (sowohl mündlichen als auch schriftlichen) Textproduktion zu kommen, die man heute dem *creative writing* zurechnet:

a) diary-writing

Diese Übung ist nur als schriftliche geeignet. Die Vorgabe eines Modells mit *diary*-Beispielen ist nützlich, aber nicht unbedingt nötig. Die Aufgabenstellung könnte so aussehen:

Write at least two days in an imaginary diary of a school boy or girl: one day a successful and happy one in the person's life, the other experiencing failure and frustration. If the events are not in themselves very exciting, then introduce more personal comment and make the diary a record of the person's feelings and impressions.

b) story-telling

Die Übung kann (nach einer kurzen Stillarbeitsphase) mündlich im Anschluß an das Sammeln und Austauschen der Assoziationen erfolgen. Sie kann allerdings auch schriftlich durchgeführt werden. Auch hier gilt, daß die Modellvorgabe einer Alltagserzählung hilfreich sein kann. Die Aufgabe könnte lauten:

Remember any episode from your life at school and work out a story.

Die Geschichten sollten kurz sein, nicht sonderlich elaboriert, sondern *plain and simple* („konversationelle Erzählungen"), so daß in der Lerngruppe möglichst viele *stories* erzählt werden können. Wenn die Gruppe bereits mit interaktiven Übungsformen vertraut ist, sollte beim Erzählen durchaus die konversationelle Seite betont werden. So z. B., wenn sich zwei Schüler unterschiedlich an dasselbe erinnern oder wenn die *story* Unklarheiten enthält, die den Zuhörer zu Nachfragen (spontan) provozieren.

c) writing poems

Lehrer und Schüler, die diese Form der Übung nicht kennen, schrecken meist davor zurück. Dabei finden Schüler relativ schnell Geschmack daran, wenn sie wissen, daß sie nicht mit Shakespeare oder Milton in Konkurrenz treten sollen. Gerade hierbei sollte man auf eine Modellvorgabe auf keinen Fall verzichten. Man sucht sich am besten ein Modell aus einem englischen oder amerikanischen Schulmagazin. Dort findet man mehr oder minder kunstvolle Gedichte, die in der Regel von Assoziationsverknüpfungen, Bildern und einer rhythmisierten Prosa leben. In unserem Fall könnte die Arbeitsaufgabe so lauten:

Write a poem on any subject to do with school. You could model it on..., but do not worry so much about making it rhyme, as about giving compact, vivid impressions of what you feel about school – its appearance, atmosphere, and the typical sights, sounds, even smells.

Hier ist es angebracht, ein Schülerbeispiel (GK 11/I) zu geben:

> Hundreds of children
> laughing
> walking to a colossus,
> huge and grey
> in the grey fields,
> swallowed up
> by the colossus.

Hundreds of children
walking grey corridors
towards grey classrooms
to learn grey knowledge,
waiting for the bell
to set them free.

Hundreds of children,
laughing again.

Waren die eben aufgezeigten Übungen auf den generellen Kontext (hier: Schule) des Textes ausgerichtet, so zeigen die folgenden eine Feineinstellung auf den bzw. die speziellen Kontexte hin. Die Tatsache, daß in „Bexley" von den Erfahrungen Jugendlicher in einer Kleinstadt die Rede ist, schränkt eine mögliche Kongruenz zwischen diesem Kontext und den Erfahrungen der Leser ein. Eine weitere Einschränkung bedingt die Tatsache, daß sich vieles für den deutschen Jugendlichen anders darstellen wird als für den amerikanischen Altersgenossen. Die ersten beiden der folgenden Übungen sollen den Schüler dafür sensibilisieren, daß das Heranwachsen nachhaltig von der Umgebung bestimmt wird. Die letzten beiden Übungen versuchen, den zukünftigen Leser von „Bexley" auf die Besonderheiten von amerikanischem *small-town life* einzustimmen.

a) letter-writing

Ziel ist es, die eigene Welterfahrung des Schülers so zu bündeln und so in der Fremdsprache reflektiert zu artikulieren, daß eine direkte Begegnung mit dem Text möglich ist, bei der sich der Rezipient entweder mit dem Textinhalt identifiziert oder bei der er bewußt Kontraste erfährt. Beides wird aber nur effektiv möglich, wenn mit Hilfe dieser (oder einer anderen) Übung dem Schüler seine eigene Welterfahrung bewußt gemacht worden ist. In diesem Fall kann die Aufgabe lauten:

Look at the town or village where you live, at its habits and institutions, at things which make it unique or special. Imagine you were visiting the place for the first time as a tourist. Write a one-page letter describing the community.

b) preparing interviews

Hier sollte der Lehrer ein für spontanes Arbeiten verhältnismäßig starkes *guiding* einbringen. Das wird insbesondere immer dann notwendig sein, wenn sich der Kurs/die Klasse mit direkter Interaktion der Schüler untereinander schwer tut oder wenn der Bezugstext so schwierig ist, daß durch das *guiding* zusätzliche Hilfestellungen gegeben werden müssen. Die vorgeschlagenen Fragen sollen nur Anstöße sein. Eine logische Strukturierung des Interviews ist damit noch nicht intendiert. Dies wäre eine reizvolle Aufgabe für einen zweiten Durchgang, wobei entweder in Gruppenarbeit oder im Plenum die Ergebnisse der Interviewarbeit in eine von den Schülern zu erörternde und zu rechtfertigende Abfolge gebracht werden.

You may ask the following questions:
- What is the size of . . . ?
- Does the size of the community create special conditions and problems for its younger population?
- To be more exact, is a typical youth in a small town more likely to be frustrated and bored than a typical youth in a large city?
- Are people who live in your hometown generally contended or discontended?
- Have there been any important changes in. . . over the last 10–25 years?
- Do you expect to live in . . . the rest of your life? Or do you plan to move away? What are your reasons for doing either?
- Are there different groups of people who live in . . .?
- What do you like about living in . . .?
- What don't you like about living in . . .?
Add more questions if necessary.

c) using reference books

Da in der Regel im Klassenzimmer kein Nachschlagewerk verfügbar ist und da andererseits das Wort *Bexley* dem Schüler überhaupt nichts sagt, wird der Gruppe ein Extrakt aus *Collier's Encyclopedia* vorgelegt:

> *Bexley*, a residential city in Franklin Co., south central Ohio, on the Scioto River east of Columbus, of which it is a suburb. Founded in 1908, it was incorporated as a city in the same year. The site of Camp Bushnell, a training station during the Spanish-American War, is of interest. Bexley is the seat of Capital University, Capital Theological Seminary, and St. Charles Theological Seminary. Pop. 1970 14,398.

Eventuell kann diese Information noch durch einen Kartenausschnitt ergänzt werden, der die Lage von Ohio und Columbus erkennen läßt. Nach Klärung von Verständnisfragen kann man sogleich auf der Grundlage dieses Materials mit einem *brain-storming* „Being young in Bexley" kommen. Auch hier empfiehlt sich zunächst Partner- oder Gruppenarbeit, um die Hemmschwelle bei der Umsetzung des muttersprachlich gespeicherten Vorwissens in die Zielsprache möglichst niedrig zu halten.

d) simulation

Simulationen können zwar für Spontaneität im Fremdsprachenunterricht sehr ergiebig sein, sie erfordern aber (besonders wenn der Lehrer sie selber vorbereitet und nicht auf vorgefertigtes Material zurückgreift) viel Arbeit und können auch nur gelingen, wenn in der Lerngruppe ein positives pädagogisches und soziales Klima herrscht. Als Vorbereitung auf den Text „Bexley" wurde im Unterricht eine Simulation mit dem Thema „Teen recreation in Penn Yan" durchgeführt. Über Penn Yan, eine typische amerikanische Kleinstadt in der Nähe von New York, besaß der Lehrer zahlreiche authentische Detailinformationen. Außerdem standen Schulfunkmitschnitte zum Problem der Jugend in amerikanischen Kleinstädten zur Verfügung. Eine solche gute Ausstattung mit einbringbaren Arbeitsmaterialien ist eine Grundvoraussetzung für eine erfolgreiche Simulation. Ebenso wichtig ist es, daß der Lehrer eine klare Vorstellung von dem organisatorischen Ablauf hat, ehe er sich auf das Wagnis einläßt. Dabei hat sich eine vier-schrittige Struktur bewährt:

1. Schritt: Austeilen und Rezipieren des Materials mit den notwendigen Basisinformationen – Zuteilung der Rollen (bzw. Wahl der Rollen durch die Schüler)
2. Schritt: Sammeln und Sichten der im Rahmenthema angelegten Probleme aus verschiedenen Perspektiven (Altersgruppen, soziale Stellung, Geschlecht, politische Einstellung usw.)
3. Schritt: Darstellen der verschiedenen Gruppenperspektiven im Plenum und Versuch, zu Lösungen über einen Konsens zu gelangen
4. Schritt: Nachbereitung (meist schriftlich)

Detailliertere Anregungen sollte der Neuling auf diesem Gebiet der entsprechenden Literatur entnehmen[2].

Wo und wie wir auch immer bei diesem pre-textuellen Zugriff unsere Übungen ansetzen, das Ziel bleibt das gleiche: „Wenn wir erkennen, daß die Bedeutung nicht im Text enthalten ist, sondern erst in der Interaktion entsteht, dann spielen die Erwartungen der Leser eine entscheidende Rolle, und es bietet sich im Unterricht an, das Vorwissen der Schüler so zu aktivieren, daß sie Erwartungen aufbauen und sich dadurch differenzierter mit dem Dargestellten auseinandersetzen können." (Bredella 1985: 64/5) All das, was sich pre-textuell ereignet, ist nicht Beiwerk oder modischer Aufputz, sondern integraler Bestandteil des Verstehensprozesses.

Ein kurzes Wort sei noch dem post-textuellen Zugriff gewidmet. Zwar kennt die Didaktik schon lange den Begriff der kursorischen Lektüre oder des *extensive reading*. In England und Amerika hat beispielsweise schon immer das *skimming* große Bedeutung bei der Lesedidaktik gehabt. In Deutschland ist die Fertigkeit des „diagonalen Lesens" eher abfällig betrachtet worden. Philologische Skrupel lassen viele Fremdsprachenlehrer auf Distanz zu solch raschem, „flüchtigen" (?) Lesen gehen. Und doch gibt es gute Gründe, daß der schulische Fremdsprachenunterricht sich stärker darum bemühen sollte, die Schüler darin zu trainieren, daß sie Texte aller Längen im *extensive reading* als Ganzes so erfassen, daß sie den Inhalt in groben Zügen verstehen und die im Text angelegten Probleme nach der ersten Lektüre zumindest in Ansätzen erkennen und diskutieren können. Denn:

- das mehr oder minder vorbereitete globale ad-hoc-Verstehen von Texten mit notwendigerweise dabei auftretenden Verständnislücken ist eine „natürliche" Form der Textbegegnung;
- lückenhaftes Globalverstehen ist Anreiz, im weiteren Umgang mit dem Text die Leerstellen im Verstehenprozeß aufzufüllen – und auch dies ist eine „natürliche" Form der Textbegegnung;
- die beim globalen Verstehen leicht auftretenden unterschiedlichen, vorläufigen, individuell-subjektiven Textmodelle erfordern Vergleich mit und Verifizierung am Originaltext – mithin ebenfalls ein „natürliches" Informations- und Kommunikationsbedürfnis.

Gedanken zum intra-textuellen Zugriff erübrigen sich in Anbetracht der üppig wuchernden theoretischen wie praktischen Literatur. Hier wurde inzwischen ein Grad von Perfektion erreicht, der jeden weiteren Versuch notwendigerweise epigonal erscheinen läßt. Der nahezu vollkommene Perfektionismus hat aber zum Teil den Blick dafür verstellt, daß man auch auf anderen Wegen zum Text, zu seinem Verständnis und zu seiner Analyse kommen kann, auf Wegen, die dem Schüler mehr Möglichkeiten geben, sich selbst einzubringen, sprachlich spontan aktiv zu werden und somit gestaltend im Unterricht mitzuwirken.

Freilich wird man gerade im Fremdsprachenunterricht den Begriff Spontaneität relativiert sehen müssen. Oder – um es bildhaft auszudrücken: Wir sollten in der täglichen Unterrichtsarbeit die Käfigstäbe einer formalisierten Textanalyse auseinanderbiegen, um für die Schüler ein Freigehege zu schaffen, das zwar dann noch nicht die freie Wildbahn ist, dieser aber sich weitgehend annähert. Wie Tiere sich offensichtlich im Freigehege wohler befinden als im Käfig, so dürfte – um damit die Metapher zu verlassen – ein gelockerter, stärker am Schüler orientierter Umgang mit Texten bisher verschüttete Motivationspotentiale freilegen.

Anmerkungen

1 L. Bredella und M. Legutke haben in der Reihe *ENCOUNTERS with American and British Culture. Materialien für die Sekundarstufe II* (Bochum: Kamp) Modelle vorgelegt, wie man (a) dem Schüler helfen kann „to articulate what you already know about the topic", (b) „initiate enjoyable interaction and group activities in the classroom", (c) „stimulate creativity".
2 Mustergültiges Material zu Simulationen findet sich in L. Jones: *Eight Simulations* (Schülerheft-Lehrerbuch-Kassette). Cambridge: Cambridge University Press 1983.

Bibliographie

Bredella, L./Legutke, M. (Hrsg.): *Schüleraktivierende Methoden im Fremdsprachenunterricht Englisch.* Bochum: Kamp 1985.

Gaudig, H.: *Didaktische Präludien.* Leipzig: Quelle & Meyer 1908.

Genzlinger, W.: *Kreativität im Englischunterricht.* Bochum: Kamp 1980.

Greene, B.: *Cheeseburgers.* New York: Atheneum 1985.

Jean Paul: „Leben des vergnügten Schulmeisterleins Wuz in Auenthal". Text nach: Balser, K. (Hrsg.): *Dichtung der Romantik,* Bd. 1. Hamburg: Standard-Verlag 1960.

Winfried Croon

Richtung: Kreativität

– Schreibübungen im Französischunterricht der Sekundarstufe II –

1. Zu herkömmlichen Formen von Schreibübungen

Die *Übersetzung* war noch vor einer Generation die charakteristische Prüfungsform des „Auslese"-Fachs Französisch in der Schule, die sich, vielfach auch in der Berufsauffassung der Lehrer, als Selektionsmaschine verstand. Ob *Thème* oder *Version*, die Aufgabe erschloß dem intelligent angepaßten Schüler (einem raren Auslese-Produkt, denn neun von zehn seiner Klassenkameraden scheiterten auf dem schikanösen Parcours) alsbald das Prinzip der klassischen Ästhetik: *Le moi est haïssable*. Es kam nicht darauf an, daß er den Text begriff, sondern darauf, daß er ein weitgehend unbegriffenes, wenn nicht unbegreifliches Register in ein entsprechendes der anderen Sprache übertrug. Das ist ein Glasperlenspiel, das sogar Funktionslust hervorrufen kann. Sein Gehirn funktioniert dabei als Verschiebebahnhof für eine doppelt plombierte Begriffsfracht, die er zu expedieren hat und die ihn sonst unberührt läßt, die ihn, Gott sei Dank, nichts angeht. In Kauf zu nehmen ist dabei die Verdrängung der persönlichen Impulse, die Ausschaltung der Subjektivität.

Die *Nacherzählung* trat ein Jahrzehnt später ihre Laufbahn unter dem Zeichen des Fortschritts an. Es war ein didaktischer Zwitter aus Hörverstehen und memorierendem Schreiben, offenbar das Ei des Kolumbus in der funktionalen Fertigkeitsschulung, ein Generationenmißverständnis. Ihre byzantinische Phase, ihre Monopol-Zeit, war schier endlos. Wer war mehr zu bedauern? Der Schüler, der an der mehr oder weniger musterhaften Vorlage, etwa einer Erzählung von Maupassant, scheitern muß, weil er sie mit bestem Willen und gelegentlich akrobatischer Gedächtnisleistung nur stümperhaft nachvollziehen kann, und der weiß, daß jeder selbständige Exkurs mit Strafpunkten belegt wird, weil er erstens „abwegig" und zweitens sprachlich nicht zu bewältigen ist? Oder der Lehrer, der jede Woche etwa dreißig dieser Fehlleistungen zu „berichtigen" hat und dies auf Kosten seiner Spannkraft tut? Vielleicht doch der Schüler, der die Sprache vorwiegend als Zwangsjacke und Halseisen erlebt, als ein System der direktiven Fremdbestimmung, das jede Spontaneität vernichtet.

Der Verfasser hat Ende der sechziger und Anfang der siebziger Jahre gegen mancherlei Widerstände mit alternativen Übungs- und Prüfungsformen experimentiert. Das Ergebnis ist der *„Commentaire dirigé"*[1], ein Lehrgang, der von der halb gebundenen, halb offenen Arbeitsform der *Rédac-*

tion (nach einer Lektüre oder der Arbeit mit einem Sach-Dossier) über die freiere Form des *Commentaire de texte* (die Auswertung einer den Schülern zuvor unbekannten Vorlage nach gattungsspezifischen und textbesonderen analytischen und synthetischen Gesichtspunkten) zu der selbständigen Form des *Exposé* führt (Schwerpunktinterpretation einer vom Schüler ausgesuchten Lektüre oder eines Sach-Dossiers nach Kriterien, die der Schüler selbst bestimmen kann).

Das Konzept der Textaufgabe hat sich durchgesetzt. Die neueren einschlägigen Sammlungen richten sich in der Zuordnung der Fragen und Arbeitsanweisungen zu den Kategorien *Compréhension, Analyse* und *Commentaire personnel* inzwischen nach offiziellen Bestimmungen[2]. Der *Commentaire dirigé* hat noch einen beträchtlichen Teil seiner Laufzeit vor sich. Seine Langlebigkeit erwächst aus der Flexibilität, die es ihm gestattet, Arbeitsformen aus anderen Bereichen zu integrieren, ihnen somit den Alternativ-Charakter zu nehmen, so auch die Übersetzung und die Reproduktion, deren spezifische Qualitäten, vor allem ihr Anspruch, präzis zu denken und konzis zu schreiben, im Rahmen der Aufgabenstellung partiell ergiebig sein können.

Leider hat die mißverständliche und darum in der Regel mißverstandene Forderung nach „wissenschafts-propädeutischem" Lernen in Verbindung mit der massiven Restauration der „Inhalte" inzwischen der liberalen Phase der Programmgestaltung vielerorts ein Ende bereitet. Wenn es vor dreizehn Jahren noch möglich war, in einen Lehrplan zu schreiben, daß „Sprache nicht einseitig begriffen werden soll als Vehikel zum Transport wertvoller Inhalte"[3], so feiert heute die amtlich „koordinierte" Stoffhuberei wieder fröhliche Urständ. Die Literatur besteht auf ihrer obsoleten Epochen-Systematik; die Landeskunde trumpft mit kompakten Minimal-Programmen auf. Es wird wieder „durchgenommen", und dies umso verbissener, als die (durch den Ausfall zahlloser Unterrichtsstunden bedingte) Zeitnot viele Fachkollegen zwingt, das Pflicht- zum Notprogramm zu machen. Auf der Strecke bleibt die Möglichkeit der flexiblen Schwerpunktsetzung mit Rücksicht auf die Motivation der Schüler.

Ein Umschwung steht noch lange nicht ins Haus, aber es ist schon möglich, den Schülern zu zeigen, daß die Sprache mehr ist als der Lastesel der Stoffe. Sie muß nicht das Aschenputtel der Inhalte sein, sie kann auch ihre Königin werden, die über die Inhalte souverän und ironisch verfügt. Diesen Emanzipationsvorgang, der sich offenbar zyklisch im Generationenrhythmus abspielt, nannten die Surrealisten *„faire éclater le langage"*, wobei *éclater* einmal die befreiend destruktive Bedeutung des „Berstens", zum zweiten die positive des „Strahlens" hat. Der didaktische Ort dieser Befreiung ist das Sprachspiel. Es enthält alle Wirkmomente der Kreativität sowohl als Voraussetzungen wie auch – im hermeneutischen Zirkel – als anzustrebende Zieleigenschaften oder auszubauende Fertigkeiten wie die Regsamkeit im Konzipieren und Formulieren, die Beweglichkeit im Variieren, die komplementären Fertigkeiten des Trennens und des Verknüpfens begriffener oder zu begreifender Strukturelemente, schließlich die Originalität der Erfindung.

Imagination ist nicht zensierbar. Sie braucht Freiheit und Unbefangenheit, damit der Patient des Nürnberger Trichters, der auf progressiven Wissenserwerb und Wissensspeicherung gedrillte Schüler wieder spielen lernt. Das ist keine Kleinigkeit. Denn gerade die sogenannten guten Schüler, also die eifrigen Punktesammler, lassen häufig ihre Phantasie verkümmern. Die Sprach- und damit Denkregelung, die ihnen die Fachdisziplin aufnötigt, führt schließlich zu einer Selbstzensur, zu einer Art mentalen Korsettierung und damit zu einer Abwehrhaltung gegenüber allen Anfechtungen der verkrampften Rolle, in der man sich gefallen zu müssen glaubt.

„Faire éclater le langage" kann also therapeutisch, da befreiend wirken. Ermutigend ist dabei die Entdeckung, daß die Fremdsprache nicht etwa hemmt, sondern anspornt. Kreative Schreibübungen im Deutschen erbringen häufig bescheidenere Ergebnisse. Vielleicht liegt dies daran, daß der Schüler sich von muttersprachlichen Klischees, sofern sie seinem ästhetischen Gruppenstandard entsprechen, viel schneller an die Leine legen läßt. Die Fremdsprache ist ein Abenteuerspielplatz, auf dem er sich nur unvollständig auskennt, auf dem naive Expeditionen ins Unbekannte noch möglich sind. Es ist ein Spiel mit exploratorischer, auch selbstexploratorischer Intention. Wer kreativ schreibt, übt sich, bewußt oder unbewußt, in der Kunst der Selbstprojektion.

2. Zur Praxis des Sprachspiels

Surrealistisch inspirierte Sprachspiele provozieren die Ratio, verspotten die Logik. Ihre Wirkung beruht auf dem konditionierten Zusammenspiel von Zufall und Einfall, dem Sich-Überschneiden mehrerer einander wesensfremder Wirklichkeiten oder, im sprachlogischen Bereich, in der syntaktischen Zuordnung semantisch heterogener Elemente. Es sind zeitlos radikale „Auflockerungs"-Übungen, im Ansatz schöpferisch, geeignet, den Blick für die Funktionsweise der poetischen Phantasie zu öffnen.

Spiel: LE CADAVRE EXQUIS

Anleitung: Benötigt werden mindestens 5 Spieler (im Klassenverband spielen die Fünfer-Gruppen simultan), von denen jeder ohne Wissen der anderen eines der unten angegebenen syntaktischen Elemente, also einen Satzteil, notiert. Die Zusammensetzung der Elemente nach dem Zufallsprinzip (etwa nach dem Falt-Blatt-Verfahren) ergibt ein semantisches Puzzle von gelegentlich bizarrem Reiz.

Im Schema:

I. Substantif sujet (Geschlecht und Zahl sind anzugeben)
II. Adjectif ou complément déterminatif
III. Verbe transitif
IV. Substantif complément direct (Geschlecht und Zahl sind anzugeben)
V. Adjectif ou complément déterminatif

Beispiele:

- Le cadavre exquis renifle les dentelles du diable (Der Ausdruck „Le cadavre exquis" wird zur Illustration des Spiels vom Lehrer vorgegeben).
- L'ordinateur démocratique parcourt la planète inachevée.
- La vache cartésienne vomit le professeur de mes rêves.

Spiel: POURQUOI . . .? PARCE QUE . . .
Spiel: SI . . . + PRINCIPALE
Spiel: QUAND . . . + PRINCIPALE

Anleitung: Benötigt werden zwei Spieler (im Klassenverband wird simultan gespielt), von denen der jeweils erste die Frage bzw. den Nebensatz und der jeweils zweite den mit „Parce que" beginnenden bzw. den Hauptsatz aufschreibt (Falt-Blatt-Verfahren).

Beispiele:

- *Pourquoi la vie me paraît-elle si triste? Parce que tu es bête.*
- *Si la terre tremblait, le bon Dieu s'amuserait.*
- *Quand nous aurons cinquante ans, il n'y aura plus d'arbres.*

Spiel: LA DÉFINITION ORACLE

Anleitung: Benötigt werden jeweils zwei Spieler (simultanes Spiel im Klassenverband), von denen der erste die Definitionsfrage stellt, der zweite ohne deren Kenntnis (Falt-Blatt-Verfahren) die Antwort gibt. Das Verfahren ist klassisch: anzugeben sind das genus proximum und die differentia specifica. Ein „rationales" Beispiel: Qu'est-ce qu'un cordonnier? C'est un artisan qui répare les chaussures.

Beispiele:

- Qu'est-ce que l'enfer? C'est un corridor sans fenêtres.
- Qu'est-ce que la femme? C'est un nègre qui a changé de peau.
- Qu'est-ce que le château de Versailles? C'est un vieux pantalon qu'un clochard a jeté dans le fossé.
- Qu'est-ce que l'espoir? C'est une souris qui monte un escalier en colimaçon.

Spiel: LE MARIAGE CHINOIS

Anleitung: Für einen Durchgang werden neun Spieler benötigt. In den meisten Kursen lassen sich also zwei oder drei Texte parallel erstellen. Niemand kennt die Beiträge der anderen.

Spieler 1   schreibt einen männlichen Artikel mit einem Adjektiv auf, etwa: LE SINISTRE

Spieler 2	notiert einen männlichen Namen oder eine Berufsbezeichnung, etwa: Président Reagan
Spieler 3	fügt ein obligates A Rencontré sowie einen weiblichen Artikel mit einem Adjektiv hinzu, etwa: La Belle
Spieler 4	trägt einen weiblichen Namen oder eine Berufsbezeichnung bei, etwa: Bouchère
Spieler 5	gibt den Ort der Begegnung an, etwa: A La Piscine Municipale
Spieler 6	steuert eine Tätigkeit bei, die beide gemeinsam ausführen, etwa: Ils Ont Fait Une Partie De Ping-Pong
Spieler 7	schreibt ein obligates Il Lui A Dit sowie einen ergänzenden Satz auf, etwa: Tu As De Beaux Yeux
Schüler 8	antwortet entsprechend Elle Lui A Répondu und erfindet eine Replik, etwa: Vous Etes Un Monstre
Spieler 9	denkt sich einen Schlußsatz aus, der die Situation kommentiert oder ausweitet, etwa: C'est Ainsi Que La Troisième Guerre Mondiale A Éclaté.

Andere Beispiele:
- L'athlétique éboueur a rencontré l'inévitable reine d'Angleterre dans une centrale nucléaire. Ils ont langé leur bébé. Il lui a dit: „Jamais deux sans trois". Elle lui a répondu: „Fiche-moi la paix." Voilà comment les contes de fée se terminent.
- Le croustillant bébé phoque a rencontré l'ignoble bachelière dans un roman de Christiane Rochefort. Ils ont dansé une chaconne. Il lui a dit: „Lave-toi les pieds." Elle lui a répondu: „Qui vivra, verra." Cette histoire est édifiante, n'est-ce pas?

Die syntaktische Matrix des *Mariage chinois* erlaubt es, Texte zu erstellen, die objektiv inkohärent sind, deren rigide Komposition den Leser aber geradezu zwingt, eine Kohärenz zu entdecken bzw. imaginativ auszubauen. Gerade Schüler, die das folgerichtige Denken als Erkenntnisinstrument gerade erst ausprobieren, empfinden die thematische Inkohärenz als reizvollen logischen Skandal, der auf dem Wege der Interpretation doch eigentlich aus der Welt geschafft werden müßte. Für den Lehrer ist diese Disposition ein didaktischer Glücksfall, der es ihm ermöglicht, die Merkmale des narrativen Textes zu erörtern, also etwas Gattungsästhetik zu betreiben, dies auf amüsant-spielerische Weise mit austauschbaren Modellen, die ihm seine Schüler liefern.

Transparente, also im Ansatz rationale Symbolik kennzeichnet das *Portrait poétique*. Es geht darum, eine Person, die der Gruppe bekannt ist, über einen (von den Teilnehmern beliebig ausbaubaren) Bild-Raster zu erraten. Es handelt sich eigentlich um ein „mündliches" Gesellschaftsspiel. Damit den Schülern seine Funktionsweise einleuchtet, empfiehlt es sich jedoch, nach der Illustration des Verfahrens anhand eines Modells ein „poetisches Porträt" mit Fragen und Antworten schriftlich anfertigen zu lassen.

Spiel: LE PORTRAIT POÉTIQUE

Schema: Si c'était . . .? Ce serait . . .

Beispiele:
- Si c'était une fleur? Ce serait une rose.
- Si c'était un fromage? Ce serait un vieux camembert.
- Si c'était un édifice? Ce serait un palais.
- Si c'était une saison? Ce serait le début de l'hiver.
- Si c'était une qualité? Ce serait la dignité.
- Si c'était une religion? Ce serait le socialisme.

Eh bien, c'est M. François Mitterrand.

- Si c'était un cours d'eau? Ce serait une petite cascade.
- Si c'était un oiseau? Ce serait un moineau blanc.
- Si c'était un défaut? Ce serait l'insignifiance.
- Si c'était un succès? Ce serait une immense popularité.
- Si c'était un pont? Ce serait celui d'Avignon.
- Si c'était une partie du corps? Ce serait la bouche.
- Si c'était un outil? Ce serait un micro.

Eh bien, c'est Mireille Mathieu.

Eine rational einleuchtende Verknüpfung zufällig vorgegebener Elemente streben die folgenden Spiele an.

Spiel: LE CROCODILE ET LE MOULIN A VENT
(Caré und Debyser 1978: 134)

Anleitung: Grundlage des Spiels ist eine zweiteilige Substitutionstabelle mit jeweils 10 Elementen. Eine Nummer der Reihe A wird mit einer Nummer der Reihe B nach dem Zufallsprinzip (etwa mit Hilfe verdeckter Karten) kombiniert. Der Spieler hat auf die solcherart ermittelte Frage (Beispiel: Kombination 6/3: Qu'est-ce qu'un curé peut faire d'une boîte de cirage?) zu antworten. Da bei unseren Schülern die gedankliche und verbale Schlagfertigkeit des *locuteur natif* nicht vorausgesetzt werden kann, sollte ihnen gestattet werden, ihre Antwort schriftlich zu formulieren.

Schema:

Qu'est-ce qu'un/une	peut faire d'un/une
0 cheval	0 parachute
1 professeur	1 paire de bottes
2 enfant	2 locomotive
3 crocodile	3 boîte de cirage
4 aveugle	4 ordinateur
5 médecin	5 million de dollars
6 curé	6 moulin à vent
7 danseuse de l'opéra	7 balle de ping-pong
8 touriste	8 casier à bouteilles
9 président de la République	9 brouette?

146

Kombination 1/9: Reconduire à la maison les élèves qui se sont endormis pendant son cours.

Kombination 3/5: Rien. Il aurait préféré le millionnaire.

Variante:

„Trèves 85" (Die Schüler wünschten sich eine „modernisierte" Fassung und stellten sie alsbald her. Ergebnis:)

Qu'est-ce qu'un	*peut faire d'un/une*
0 robot	0 robot
1 cadavre	1 sac de couchage
2 dentiste	2 drogue douce
3 professeur de français	3 cercueil
4 astronaute	4 raquette
5 terroriste	5 arc-en-ciel
6 père Noël	6 lasso
7 eunuque	7 boule de neige
8 mannequin	8 ordinateur
9 écologiste	9 chewing-gum?

Beispiele:

Kombination 8/1: Le mettre pour lancer la nouvelle mode.

Kombination 9/5: Grimper dessus pour échapper aux pluies acides.

Spiel: POURQUOI LE GÉNÉRAL A-T-IL MIS UNE PIÈCE DE 5 FRANCS DANS SA POCHE? (Caré und Debyser 1978: 135)

Anleitung: s. o.

Schema:

Pourquoi le/la	*a-t-il/elle mis un/une*	*dans un/une; son/sa; le/la*
0 général	0 pièce de 5 francs	0 poche
1 président	1 chat	1 moteur
2 concierge	2 tigre	2 tiroir
3 danseuse	3 kilo de sucre	3 valise
4 bandit	4 pistolet	4 sac
5 chanteuse	5 bille	5 coffre à bagages
6 agent de police	6 œuf dur	6 cartable
7 mendiant	7 bouteille	7 réfrigérateur
8 plombier	8 marteau	8 boîte à outils
9 institutrice	9 paire de gants	9 étui à violon?

Beispiele:

Kombination 2/2/4: Parce qu'elle n'a pas de cage.

Kombination 8/9/8: Parce qu'il ne veut pas laisser d'empreintes digitales sur son travail mal fait.

Kombination 1/0/7: Pour geler l'inflation.

Anspruchsvoller und sprachlich ergiebiger sind freiere, vor allem auch umfangreichere und thematisch differenziertere Übungen, die von den

Schülern zwar die Beachtung allgemein gehaltener Spielregeln fordern, sie im übrigen aber zur kreativen Freiheit verdammen. Dazu gehört

LE TAROT DES MILLE ET UN CONTES
(Debyser und Estrade 1977)

Der oder das Tarock oder Tarot ist ein uraltes Kartenspiel aus Frankreich, das im Mittelalter und später von Wahrsagern benutzt wurde, zahlensymbolisch, hermetisch und kabbalistisch war. Debyser hat daraus eine Schreibanleitung zur Herstellung von Märchen, Erzählungen und ganz modernen Geschichten gemacht. Die Bilder von Christian Estrade sind bewußt vag, verzerrt, undeutlich, also geheimnisvoll, mehrdeutig, nicht determiniert, sondern suggestiv. Sie sollen nicht beschrieben, sondern subjektiv gedeutet werden, wobei eine Symbolinterpretation durchaus möglich ist. Wenn eine Person z. B. vor einem unüberbrückbaren Abgrund steht und verzweifelt die Hände ringt, dann kann dies auch bildlich gemeint sein, eine Aporie aus einer ganz anderen Lebenslage bedeuten.

Die achtzig Karten sind in acht Spiele mit jeweils zehn Bildern eingeteilt, wobei alle im Rahmen ihrer Bedeutung frei austauschbar sind. Die Bedeutung, sozusagen die operative Funktion der Karte, wird durch einen Farbkreis oder mehrere gekennzeichnet.

Der rote Kreis bezeichnet den Helden der Geschichte, ein Kind, einen Prinzen, eine Prinzessin, vielleicht den berühmten dritten Müllers-Sohn aus dem Märchen, vielleicht aber auch einen Pop-Sänger, eine türkische Gastarbeiterfrau, vielleicht den Schüler oder die Schülerin selbst.

Der grüne Kreis stellt das auslösende Moment der Handlung dar, also einen Wunsch oder einen Mangel, den man beheben möchte. Der Held will einfach aufhören, sich zu langweilen, er möchte ein Königreich erobern oder als Astronaut auf einen unbekannten Planeten fliegen, ein Mittel gegen eine Krankheit finden oder einfach nur das Abitur oder die Führerscheinprüfung bestehen. Die Heldin möchte eine erfolgreiche Schlagersängerin werden oder eine Karriere als Geschäftsfrau machen oder an einen ökologisch intakten Strand zum Urlaub fahren.

Zwei grüne Kreise geben handlungsfördernde Elemente an, meistens Personen wie Zauberer, Freunde, Freundinnen, freundlich-allwissende Tiere, Detektive mit Computer, aber auch Signale wie Träume, Spuren, geheime Botschaften usw.

Ein schwarzer Kreis bezeichnet ein Hindernis, Feinde wie z. B. einen unfähigen, jedoch bösen Lehrer, ein *malin génie*, aber auch natürliche Hindernisse wie Abgründe. Vielleicht muß auch noch ein Rätsel gelöst, eine lästige Prüfung abgelegt werden.

Zwei rote Kreise stehen für die Verbündeten; das kann eine gute Fee sein, ein Diener, ein wohlwollender Vorgesetzter, ein Arzt mit einem Wundermedikament usw.

Drei grüne Kreise bezeichnen den Ort der Handlung, eine Stadt im Süden, einen fremden Stern, ein Gebirge, ein Labyrinth, eine Kneipe.

Zwei schwarze Kreise stellen die Feinde dar, einen tückischen König, einen verrückten Gelehrten, den Teufel persönlich, einen Rivalen, einen mißgünstigen, da komplexbeladenen Vorgesetzten.

Drei schwarze Kreise symbolisieren die Niederlage, eine Verletzung, eine unheilbare Krankheit, eine Verzauberung, eine Einkerkerung, die Verurteilung usw.

Drei rote Kreise markieren den Sieg, die Befreiung in letzter Sekunde, die siegbringende Geheimwaffe, das rettende Medikament, die erfolgreiche List, kurz: den deus ex machina.

Der goldene Kreis steht für das finale Glück: Reichtum, Ruhm, Liebe, Ruhe, eine saubere Umwelt, das Paradies, ein sanfter Tod, das Nirwana.

Die Schablone ist unerschöpflich. Die Zahl 1001 ist eine harmlose Untertreibung angesichts der Vieldeutigkeit der Bilder. Die Varianten sind unendlich, aber die Bauform steht fest.

Es liegt nahe, den Schülern an dieser Stelle anhand ihrer eigenen Produktionen zu zeigen, was ein Text ist, wie er aufgebaut ist, was ihn zusammenhält, also kohärent macht, wie seine Teile durch das Zusammenspiel von repetitiven und progressiven Elementen verklammert werden, wie seine Makro-Struktur aus der Reduktion der Information zu gewinnen ist (Beispiel: Der kranke Held erkämpft sich das rettende Medikament), wie sich seine Mikro-Strukturen umgekehrt aus der Expansion dieser allgemeinen Information entwickeln (Beispiel zu Position 6 [drei grüne Kreise]: der Held verschafft sich Zugang zum Laboratorium des genialwahnsinnigen Gelehrten). Die Folgerichtigkeit des Textes kann durch willkürliche Vertauschung einzelner Elemente aufgehoben und im Puzzle-Verfahren wieder hergestellt, insgesamt also einsichtig gemacht werden. Kurz: Wenn die Textgrammatik überhaupt eine Funktion im Unterricht hat, dann hier, wo der Schüler dem Autor, sich selbst nämlich, fachmännisch über die Schultern sehen kann. Der Lehrer, der eine halbwegs geglückte oder auch mißglückte „literarische" Schülerleistung zum Gegenstand einer Analyse im Beisein und mit der Mitarbeit des Autors macht, spielt motivatorisch wie pädagogisch-didaktisch eine Trumpfkarte aus. Für die Mitschüler ergibt sich dabei die seltene Möglichkeit, den Schriftsteller zu fragen, was er sich überhaupt gedacht hat.

Bei diesem Spiel muß nicht immer die ganze Handlungs-Serie abgehandelt werden. Kleinere Konstellationen, also Dreier- und Zweiergruppen können Schreibanlaß sein. Die dramaturgische Gängelung kann völlig aufgegeben werden, wenn ein suggestives Einzelbild als Auslöser dient, vor allem dann, wenn es die Möglichkeit der Identifikation bietet.

Die Maske ist nicht etwa Hindernis, sondern Voraussetzung des Selbstporträts, das mit Stilisierungen und Überzeichnungen arbeitet und dem Verfasser jederzeit die Desillusionierung, die ironische Distanzierung von der eigenen Karikatur ermöglicht. So entstehen Arbeiten wie *„La sorcière, c'est moi"*, *„L'homme de mes cauchemars"*, *„Sisyphe écrit une lettre ouverte au bon Dieu"*, *„Une lettre martienne"*, *„Moi contre tout le monde"*, *„Le paradis, ça existe"*, etc.

Von hier ist nur ein Schritt zur völligen Freigabe der Themen. Die Aufgabe heißt einfach: „Schreibt, was ihr wollt!" In den Schülerarbeiten überwiegt zahlenmäßig der Typ *„Un problème qui me préoccupe"*. Zum Beispiel: *„Que faire après le bac?"* Oder: *„Qu'est-ce qui est absurde? L'école ou l'idée que je me fais de l'école?"* An zweiter Stelle, deutlich vor den reproduzierenden und den argumentativen Arbeiten, stehen die freien Themen. Beispiele: *„L'homme est raté. Voilà comment il faudrait le refaire."* Oder: *„Quand j'aurai trente ans. Perspective A: Le bonheur. Perspective B: La misère."* Oder: *„Un film que je ne tournerai jamais. Je vous le résume."*

Das interessanteste Sprachspiel ist Debysers *Immeuble* (Debyser 1980, 1986), ein genial erdachter, unerschöpflicher Mikrokosmos, den eine Schülergruppe demiurgisch gestalten kann, ein einfach zu bedienender Sprachspiel-Baukasten mit psychologischer und sozio-kultureller Thematik, ein für alle Inhalte offener Schreib-Lehrgang, in den sich auch ein Halbjahresprogramm Landeskunde mühelos integrieren läßt, mit dem Vorteil zudem, daß die Inhalte personenbezogen erlebt werden.

Es handelt sich um ein vierstöckiges Mietshaus, wie man sie vor hundert Jahren in Paris und den Provinzstädten gebaut hat, in einer typischen Architektur mit einer repräsentativen Fassade, mit Balkonen und Fenstergittern, mit Bel Etage und Mansarden, mit einer Marmortreppe vom Erdgeschoß zum ersten Stock und Holztreppen darüber, mit einer alten Concierge und dreizehn Mietparteien, die sie zu versorgen hat. Die Bewohner müssen zunächst einmal „erfunden", also benannt und soziologisch sowie psychologisch definiert werden. Sie brauchen also eine Vergangenheit, einen Beruf, eine Zukunftsperspektive beziehungsweise einen Grund, weshalb sie darauf verzichten, Hoffnungen, Frustrationen, Lebenslügen, Neidkomplexe. Es sind, streng über die Standesleiter der Stockwerke verteilt, Angepaßte und Außenseiter, Bourgeois und Proletarier, Kleinfamilien und Kommunen, Beamte und Künstler, Gaullisten und Sozialisten, Le-Pen-Anhänger und Maghrebiner, Rentner und Studenten und, als Identifikationsfigur, ein Au-Pair-Mädchen aus Trier, ferner Hunde, Katzen und Kanarienvögel. Es gibt Allianzen und Feindschaften, Einladungen und anonyme Drohbriefe, Liebesbeziehungen und Verbrechen. Man kann sich fragen, wie diese Leute ihren Dienstagabend verbringen und wie ihren Sonntagnachmittag, welche Sportarten sie treiben, welche Radiosendungen sie hören, welche Fernsehspiele sie sehen, welche Bücher, Zeitschriften und Zeitungen sie lesen, welche Chansons sie hören. Interessant sind die Freizeitbeschäftigungen, die Kontakte mit Nachbarn, Kollegen und Freunden, gegebenenfalls mit Verwandten aus der Heimatprovinz bzw. dem Herkunftsland, die Art, den Urlaub zu verbringen, die Ausstattungen der Wohnungen, die Fahrzeuge, der Weg zum Arbeitsplatz, zum Einkaufszentrum, zu den *grands boulevards*, die Post, die man empfängt und schreibt, die Telefonate, die Tagebuchaufzeichnungen, das politische, soziale, religiöse Engagement, das Verhalten in Ausnahmesituationen.

Dies alles kann man niederschreiben. Das Ergebnis wäre ein *Roman simulation* (so der Untertitel, den Francis Debyser seiner Erfindung gegeben hat). Für die Darstellung eignet sich das Längsschnittverfahren (etwa: die Entwicklung einer Beziehung) oder das Querschnittverfahren (etwa im Sinne einer umfassenden Momentaufnahme: Sonntagnachmittag, 15 Uhr. Was geschieht in den einzelnen Wohnungen?) Der Stoff reicht aus für eine neue *comédie humaine*. Im Hinblick auf die insgesamt knapp bemessene Arbeitszeit muß man auswählen, Schwerpunkte setzen, 99 % des Möglichen auslassen.

Wichtig ist, daß der Schüler aus der subjektiven Sicht einer Figur das Beziehungsgeflecht des *Immeuble* und darüber hinaus das Leben in einer teils bekannten, teils unbekannten Zivilisation schildert. Der Lehrer stellt die Hintergrundinformation in einem landeskundlichen Begleitprogramm zur Verfügung. Neben der privaten Lebensthematik werden auch zivilisationstypische Konfliktfelder beleuchtet (Mißstände im Schulsystem, Arbeitslosigkeit, Armut, Diskriminierung der Frau im Berufsleben, sozialer Neid etwa im Verhältnis des Arbeiters zum Besitzbürger, Nationalismus, Rassismus, Kriminalität). Einschlägig betroffene Personen stehen zur Verfügung. Die Darstellung ihres Schicksals gibt der Landeskunde den persönlichen Aspekt, dessen Fehlen sie häufig so langweilig macht. Allerdings sollten die Schüler niemals den lähmenden Eindruck gewinnen, der Erwerb abfragbaren Wissens sei das eigentliche Ziel des Unternehmens. Ihre Spontaneität und ihre Fabulierfreude sollten nicht durch allzu enge Arbeitsanweisungen gebrochen werden. Daß dies auch in einer Klassenarbeit möglich ist, zeigt folgendes Beispiel:

Rédaction   *AVG Trier, 4. 11. 1985, Grundkurs 12/3. Französisch ist dritte Fremdsprache*

L'immeuble.   Adresse: 56, Rue Victor-Hugo
                           92300 Levallois – Perret
                           Département Hauts-de-Seine
              Date: 3 novembre 1985

Vous traiterez *au choix trois* des sujets indiqués.

– A neuf heures du matin, A trouve une lettre anonyme (faite de caractères d'imprimerie découpés dans un journal et collés sur une feuille de papier) devant sa porte. Imaginez cette lettre. Comment A réagit-il?
– Il est onze heures du soir. Le téléphone sonne chez B. Qui appelle? Pour dire quoi? Imaginez la conversation téléphonique et ses conséquences.
– Il est presque minuit. C, un des habitants (une des habitantes) de l'immeuble, téléphone. A qui? Pourquoi? Imaginez la conversation téléphonique et ses conséquences.

- A trois heures du matin, D se réveille en sursaut. Son cœur bat à tout rompre. Il (Elle) a fait un cauchemar (toujours le même depuis des années) qui l'épouvante. Imaginez-le.
- Il est dix heures du soir. E écrit son journal intime. La page commence par „Aujourd'hui, 3 novembre 1985 . . .“). Imaginez et rédigez la suite.
- Il est cinq heures de l'après-midi. F, G, H s'adonnent à leurs occupations favorites. Que font-ils (elles)? Et pourquoi cela leur fait-il plaisir?

(A vous de décider qui sont les personnages, A, B, C, D, E, F, G, H)

Zuvor mußten die Bewohner des Hauses „erfunden" werden. Die Schüler entschieden sich für folgenden Belegungsplan:

Rez-de-chaussée
1. La concierge, Mlle Adèle Berger, 68 ans, et son perroquet.
2. Un couple d'Algériens, Hassan Akbah, 50 ans, et Khadija, 45 ans.
3. Un jeune ménage, Pierre Duroc, 25 ans, O. S., et Véronique, 22 ans, serveuse.

1er étage
4. M. Philippe de Montesquiou, 42 ans, chirurgien, chef de clinique, et sa famille: sa femme, Gisèle, 37 ans, journaliste libre, et leurs enfants Roger, 12 ans, et Régine, 9 ans.
5. Mme Clémentine Dupont-Durand, veuve riche, et son chat.

2e étage
6. M. Armand Leblanc, 48 ans, instituteur; sa femme, Nicole, 44 ans, institutrice; leur fille Colette, 17 ans, lycéenne.
7. Un groupe d'étudiants: Henri, 21 ans, psychologue; Max, 22 ans, théologien; Gabrielle, 24 ans, mathématicienne et mannequin, et son bébé, 2 mois.

3e étage
8. Juan José Sanchez García, 60 ans, metteur en scène (dit-on) et sa compagne, Ludmilla Antonowa, 25 ans, danseuse.
9. Mme Marthe Baquet, 56 ans, veuve; son fils, Alexandre, 30 ans, représentant, veuf; et les fils de celui-ci, Yves, 8 ans, et Marcel, 7 ans.

4e étage
10. Lucien Vandervelde, 29 ans, peintre et guide;
11. Marlène Trouvère, 18 ans, orpheline, femme de ménage, qui élève son petit frère, André, et sa petite sœur, Chantal, jumeaux, 7 ans.
12. Le père Guido, 68 ans, gardien de nuit, avec deux chiens et un chat.
13. Un chien caractériel.
14. Annemie Millen, 19 ans, Allemande, jeune fille au pair, travaillant chez les Montesquiou.

Auf der Grundlage dieser Rahmenangaben fertigten die Schüler Porträt-Skizzen der Personen an. Ein Beispiel:

Rez-de-chaussée. Appartement N° 3. PIERRE DUROC, 25 ans, ouvrier spécialisé (O. S.) à l'usine Renault à Billancourt. Marié. Sans enfants. Sa femme Véronique est serveuse dans un restaurant de Levallois-Perret.

Portrait physique: 1,75 m. Roux. Teint pâle. Taches de rousseur. Louche; porte de grosses lunettes pour corriger sa vue. Il est maigre, légèrement voûté. Porte toujours son bleu de travail, sauf le dimanche, il met un pull-over rouge, et il ne se rase pas.

Portrait moral: Orphelin de bonne heure, élevé dans un orphelinat de banlieue. Aigri, renfermé, bougon, silencieux. Lit des livres d'aventures et regarde les séries américaines à la télé. Peu d'amis.

Reçoit, rarement, la visite d'un vieil oncle célibataire avec lequel il va à la pêche. A épousé la jolie Véronique, parce que celle-ci, abandonnée par son ex-ami et désireuse de donner un père à son enfant à naître (mort-né depuis, lors d'un accouchement difficile), l'a accepté faute de mieux. Comme elle plaît aux hommes et qu'elle exerce un métier qui leur permet de la contacter facilement, elle met son mari devant une alternative douloureuse: se résigner philosophiquement ou s'adonner à sa jalousie.

Pierre se rattrape dans le combat social que, militant syndicaliste CGT, il livre à ses chefs à l'usine. Il est courageux, et il brave les menaces, mais il sera peut-être congédié lors de la prochaine réorganisation de l'usine.

Irrig wäre die Annahme, in einem Unterricht mit kreativen Arbeitsformen herrsche ein undiszipliniertes *laisser-faire, laisser-aller,* ein Klima lässiger Improvisation, in dem die Pflicht nichts und die Neigung alles sei. Die kreative Spielwiese ist kein Schlaraffenland für Faulenzer. Disziplin ist notwendig und auch durchsetzbar, denn parallel läuft das Pflichtprogramm, und stofflich-lexikalische Querverbindungen bzw. Übernahmen sind obligat. Anspruchsvoll ist auch der Arbeitsrhythmus. Im Leistungskurs ist in der Regel jede Woche, im Grundkurs in der Regel alle zwei Wochen eine schriftliche Arbeit abzuliefern. Für den Lehrer bedeutet das ein paar zusätzliche Wochenstunden Korrekturarbeit. Die Fehler werden dabei zum großen Teil positiv korrigiert, damit der Schüler sein *Korrekturheft,* das er sorgfältig zu führen hat, sinnvoll komplettieren kann. Der Lohn des Lehrers liegt darin, daß er – im Gegensatz zu den Übersetzungs- und Nacherzählungszeiten – häufig interessante Texte lesen kann. Die Pflichtlektüre ist also nicht unbedingt eine Qual.

Anmerkungen

1 Croon, W.: *Le commentaire dirigé.* A. Arbeitsbuch. B. Didaktisch-methodische Einführung. Frankfurt a. M.: Hirschgraben-Verlag 1972.
2 Beschlüsse der Kultusministerkonferenz: *Einheitliche Prüfungsanforderungen in der Abiturprüfung Französisch.* Neuwied: Luchterhand Verlag 1980.
3 Verf. im Vorwort zum *Curriculum Leistungskurs Französisch* in den Entwürfen der Curricula für die Mainzer Studienstufe. Mainz: v. Hase & Köhler Verlag 1973: 77.

Bibliographie

Albert, M.-C.: „Production de textes en FLE." *Le français dans le monde 192* (1985): 78–85.
Artaux, M.-F.: „Ateliers d'écriture." *Le français dans le monde 193* (1985): 89–90.
Augé, H./Borot, M.-F./Vielmas, M.: *Jeux pour parler. Jeux pour créer.* Paris: Clé International 1981.

Aupècle, M.: „Des images pour apprendre à écrire?“ *Le français dans le monde 137* (1978): 57–62.

Beacco, J.-C.: „Imaginer la réalité.“ *Le français dans le monde 196* (1985): 82–84.

Benamou, M./Carduner, J.: *Le moulin à paroles*. Sélection pédagogique internationale. Paris: Hachette 1973.

Besson, R.: *Guide pratique de la communication écrite*. Paris: Ed. André Castilla 1981.

Boudet, R.: *Langue en jeux*. Approches poétiques. Paris: L'Ecole 1980.

Caré, J.-M./Debyser, F.: *Jeu, langage et créativité*. Collection *Le français dans le monde*/BELC. Paris: Hachette/Larousse 1978.

Chapotot, F.: „De l'exercice écrit au texte littéraire.“ *Le français dans le monde 162* (1981): 33–36 / 53–57.

Colignon, J.-L.: *Guide des jeux littéraires*. Paris: Duculot 1972.

Debyser, F./Estrade, C.: *Le tarot des mille et un contes*. Paris: L'Ecole/BELC 1977.

Debyser, F.: „L'immeuble. Roman-simulation en 66 exercices.“ *Le français dans le monde 156* (1980): 19–25. Auch veröffentlicht in der Reihe BELC N° 24 (1980). Neuausgabe.

Debyser, F.: *L'immeuble*. S'exprimer et communiquer par la créativité. Collection *Le français dans le monde*/BELC. Paris: Hachette/Larousse 1986.

Deregnaucourt, J.: „Approche ludique de l'écrit.“ *Le français dans le monde 151* (1980): 45–50.

Duchesne, A./Leguay, T.: *Petite fabrique de littérature*. Paris: Magnard 1985.

Held, J.: *L'enfant, le livre et l'écrivain*. Collection Pédagogies nouvelles. Paris: Ed. du Scarabée 1984.

Lamy, A./Laitenberger, H.: „De certains jeux linguistiques.“ *Le français dans le monde 123* (1976): 8–13.

Lemosse, C.: „Nouvelles S. F.: à vos plumes.“ *Le français dans le monde 193* (1985): 87–88.

Mortelier, C.: „Langue écrite et créativité: analyse linguistique et article sur modèle.“ *Le français dans le monde 140* (1978): 45–50.

Niel, A.: „Du professeur à l'animateur. Les méthodes de créativité appliquées à l'enseignement du français aux étrangers.“ *Le français dans le monde 140* (1978): 51–58.

OULIPO: *Ouvroir de littérature potentielle* (Créations, Re-créations, Récréations). Paris: Gallimard 1973.

Remouard, M.: „Pratique(s) de l'écrit créatif.“ *Le français dans le monde 167* (1982): 48–54.

Saget, P.: „Le plaisir d'écrire. Enseigner l'écrit: une pratique.“ *Le français dans le monde 192* (1985): 51–59.

Vielmas, M.: „Jeux de plume.“ *Le français dans le monde 196* (1985): 48–51.

Vigner, G.: *Écrire*. Éléments pour une pédagogie de la production écrite. Paris: Clé International 1982.

Villaroel, M.-C.: „Créativité au jour le jour.“ *Le français dans le monde 196* (1985): 40–47.

Bibliographische Notiz des Verfassers: Kreativität ist ansteckend. Wer mit dem *Immeuble* arbeitet, vollzieht gern einen persönlichen Transfer:

Croon, W.: *Domsta, Domsta*. Roman. Frankfurt a. M.: R. G. Fischer Verlag 1986.

IV. Ausblick: Computer und das Lernen und Lehren von Fremdsprachen

Matthias Walther

Einsatzmöglichkeiten von Computern im Fremdsprachenunterricht

– Wie Computer das Lernen verändern
(am Beispiel des Spanischen) –

Prolog

Gabriel García Márquez hat seinen letzten Roman „El amor en los tiempos de cólera" mit Hilfe eines Computers geschrieben, und er sagt dazu, daß ihm das 10 Monate Arbeit erspart habe. Brauchen wir, die wir uns gerne mit Literatur beschäftigen, noch weitere Argumente, um die zentrale Bedeutung dieser Maschine auch für unsere Tätigkeitsfelder zumindest zu erahnen? Nur Unverbesserliche können allen Ernstes behaupten, der Nobelpreisträger sei unter die Hacker gefallen, verschweige vor lauter Lust an der Maschine die Einarbeitungszeit in diese komplizierte Materie und lasse die gegenüber Computern nötige Kritik vermissen. Umberto Eco merkt in Diario 16[1] in diesem Zusammenhang an, daß die computergestützte Textverarbeitung unbestreitbare Vorteile aufweist, jedoch grundsätzlich auch den Schreibstil beeinflußt. Dieses Faktum wird die Literaturwissenschaft künftig zwingen, Stiluntersuchungen auch im Hinblick auf die Verfügbarkeit von Textverarbeitungsprogrammen anzustellen. Der Vergleich mit Márquez' früheren Romanen, die noch ohne Computerhilfe geschrieben wurden, verspricht jedenfalls interessante Forschungen.

Die Computer, mit denen wir uns hier beschäftigen wollen, sind nur als System von Hard- und Software, als Synthese von Programmen und Maschinenteilen anzusehen. Wenn García Márquez seine Arbeit mit Hilfe des Computers beschleunigen kann, liegt das ebenso an der Maschine wie an den Textverarbeitungs- und Datenbankprogrammen, die ihm zur Verfügung stehen. Ehe ich auf Programme eingehe, möchte ich deshalb an dieser Stelle mögliche Entwicklungen der nächsten drei Jahre skizzieren, die für die Fremdsprachen bedeutsam sein werden.

Zwei technische Entwicklungen sind hervorzuheben:

Erstens: die optische Platte alias CD, bisher vorwiegend für perfekte Musikaufzeichnungen genutzt, die derzeit mehr als 200 000 Seiten Text speichern kann. Sie ist schon jetzt, bei noch relativ kleinen Produktionszahlen, das preiswerteste Speichermedium überhaupt, preiswerter noch als Papier oder magnetische Speicher. Damit ist es möglich, die Bestände großer Bibliotheken in der Aktentasche zu transportieren und mittels der Maschine jederzeit einzusehen. Um ein konkretes Beispiel zu nennen: Ein Nachschlagewerk etwa wie der Brockhaus würde fünf Mal auf eine CD-Platte passen. In den USA bietet Grolier[2] schon die Academic American Encyclopedia auf CD für 199 US $ an – preiswerter als die gebundene Ausgabe. Die CD-Platte kann Text, Bilder und Ton gemeinsam abspeichern. Mit Hilfe eines Datenbankprogramms ist der schnelle Zugriff auf jede Seite oder auch jedes einzelne Wort gewährleistet.

Zweitens: die neuen Mikroprozessoren, wie z. B. der Intel 80386[3], lösten eine technische Revolution aus, wie sie in diesem Bereich alle zwei Jahre stattfindet. Dieser Prozessor kann mehrere Betriebssysteme gleichzeitig verwalten, er kann 4096 Megabyte direkt ansprechen – man vergleiche das mit den 64–128 Kilobyte der üblichen Familiencomputer und den 640 Kilobyte der PCs – und ist natürlich weitaus schneller als bisherige Chips. Damit werden Programmierprobleme auf Grund kleiner Speicher, die die heutige Softwareentwicklung bremsen, mit einem Schlag beseitigt und speicherintensive Nutzungen, zu denen praktisch alle Sprachanwendungen gehören, erst möglich. Jede Grammatik und fast jedes Wörterbuch verschlingt mehr Speicher als heute übliche PCs zur Verfügung stellen können, wenn sie gleichzeitig noch eine bequeme Benutzerführung erlauben sollen.

Obwohl einige der im folgenden skizzierten Programme auch auf kleineren Computern zur Verfügung stehen, möchte ich im Vorgriff auf künftige Entwicklungen davon ausgehen, daß zumindest 16-bit-Computer, d. h. üblicherweise IBM oder kompatible PCs mit bis zu 640 KB Hauptspeicher zur Verfügung stehen. Viele Schulen werden z. Z. damit ausgerüstet, so daß es sich kaum noch lohnt, sich die besonderen Tricks anzueignen, die man benötigt, um mit dem geringen Speicher und den geringen Verarbeitungsgeschwindigkeiten der 8-bit-Systeme zurechtzukommen.

Heutige Computersysteme sind sehr anpassungsfähig und sie können deshalb in den unterschiedlichsten Situationen für sehr divergierende Aufgaben benutzt werden. Es gibt kaum einen Bereich des Unterrichts, in dem der Computer nicht sinnvoll eingesetzt werden könnte – daraus ist nicht zu schließen, daß er immerzu eingesetzt werden soll. Der Computer als integrierendes Medium, z. B. in Verbindung mit der Bildplatte des Centre Mondial in Paris oder zusammen mit der CD-Platte, ersetzt eventuell bisherige Medien wie etwa Fernseher, Videorecorder, Tonband, Tageslichtschreiber (wenn eine Projektionsmöglichkeit vorhanden ist), auch Tafel und Kreide, und fügt die Möglichkeit der freien Kombination dieser bisher getrennten Medien und deren genaue automatische Steuerung hinzu. Selbstverständliche und überprüfbare Voraussetzung sollte jedoch immer sein, daß andere, einfachere Vorgehensweisen nicht ebenso zum Ziel führen bzw. gewisse Lernziele *nur* mit Hilfe der Maschine angesteuert werden können. Genausowenig dürfen unsere in den Curricula verankerten Lernziele von den Maschinen übergangen werden.

1. Der Computer als Werkzeug des Fremdsprachenlehrers

Der Computer in den Diensten des Lehrers hat, ob er nun im häuslichen Arbeitszimmer oder im Lehrerzimmer steht, zwei prädestinierte Arbeitsbereiche: die *Textverarbeitung* und die *Datenbankfunktionen*, denn kein anderes Hilfsmittel kann das besser.

Eines von vielen möglichen Beispielen der *Textverarbeitung* wurde zu Beginn genannt. Es ist doch sehr angenehm und nervenschonend, Klausurtexte, Aufsätze, Gutachten, Abiturvorschläge usw. mit einem Textverarbeitungssystem zu schreiben. Weniger Tippfehler, keine mit weißer Farbe überpinselten Flächen, keine Radierspuren zeugen mehr von nervenaufreibenden Arbeitsphasen. Keine Seite eines Textes muß zweimal getippt werden, man kann überall dazwischenschreiben oder löschen, ganze Textblöcke verschieben oder Fußnoten einfügen. Die Unterrichtsvorbereitungen benötigen weniger Zeit, weil es leichter wird, den Materialien eine angemessene Form zu geben. Auch den pädagogischen Wert der äußeren Form sollte man im übrigen nicht unterschätzen. Auf die weiteren Vorteile der Textverarbeitung möchte ich hier nicht im einzelnen eingehen, da ich schon in *Hispanorama*[4] darüber berichtet habe und die verschiedensten Publikationen dazu[5] verfügbar sind. Besonders zu erwähnen sind jedoch die graphischen Möglichkeiten bestimmter Kleincomputersysteme. Wenn jemand gern seine Materialien zeichnet oder mit der Hand beschreibt, kann er das alles zusammen mit dem maschinengeschriebenen, eventuell in unterschiedlichen Schrifttypen „gesetzten" Text abspeichern und später wieder ausdrucken oder neu bearbeiten[6]. Es ist sogar möglich, in kurzer Zeit Zeichentrickfilmsequenzen zu erstellen und sie vom Bildschirm auf andere Materialien zu übertragen.

Ein erheblicher Gewinn an Präzision im Umgang mit Informationen kommt hinzu, wenn der Unterrichtende seine Text- und Bildmaterialien, die er selbst erstellt oder von Kollegen und aus anderen Quellen (z. B. Verlage) bekommen hat, über eine *Datenbank* verwaltet bzw. über Telefon Anschluß an eine fachbezogene Datenbank hat und praktisch zu jedem Unterrichtsthema pädagogisch aufbereitete Elemente beziehen kann. Dies mag in Deutschland eine Zukunftsvision sein, in Frankreich ist dies schon preiswert möglich, weil als Datenendgerät das kostenlos von der Post gelieferte *Minitel* benutzt werden kann. Die Vorteile der Informationssuche über eine Datenbank liegen auf der Hand, weil ein elektronisch gesteuertes System unermüdlich suchen und dazu noch mehrere Schlüssel gleichzeitig benutzen kann.

Nehmen wir das Beispiel einer Sammlung pädagogisch brauchbarer Texte, wie sie jeder Lehrer hat, die in einer Kartei (auf Karteikarten) beispielsweise nach zwei Schlüsseln geordnet sind, einmal alphabetisch nach Autoren, zum anderen nach Lernstufen. Dazu einen Schlagwortkatalog zu erstellen bemüht man sich meist vergeblich. Als computergestützte Kartei (auf Disketten, CD oder irgendeinem anderen elektronisch lesbaren Speicher) kann die Information auf Suchfelder verteilt werden, von denen jedes einzelne als Ordnungsmuster der Kartei herangezogen werden kann. Um eine Information zu finden, ist es möglich, ein Feld allein oder die Kombination mehrerer zusammen als Filter zu benutzen. Zum Beispiel werden der Name und der Vorname des Autors vermerkt, der Titel, der Herausgeber, das Jahr, die Seite(n), eine Stichwortliste zur Charakterisierung des Textes, oder, wenn der Computer genügend Speicherplatz zur Verfügung hat, auch der vollständige Text. In letzterem Falle ist es z. B. leicht, unter vielen vorhandenen Texten von García Márquez den oder die herauszufinden, wo ein *pelotón de fusilamiento* erwähnt wird und mit diesem Motiv eine Unterrichtsreihe zu gestalten. Solch eine Datenbank kann auch zu einem den persönlichen Interessen entsprechenden und jederzeit aktualisierbaren Nachschlagewerk werden, das den individuellen Bedürfnissen des Benutzers nachkommt. Wenn Beispiele wie das Werk „*Nuestro Mundo*" von Espasa-Calpe/Efe, das auch auf Disketten verkauft wird[7], oder die schon erwähnte Enzyklopädie von Grolier Schule machen, kann man sich solch ein Werk wirklich aneignen, indem man es den eigenen Arbeitsschwerpunkten anpaßt und eigene Informationen aus anderen Quellen einfügt. Mit diesem Hilfsmittel ist es möglich, flexibel und individuell auf Themen- oder Materialwünsche der Schüler zu reagieren und die Akzente einer Unterrichtsreihe der laufenden Diskussion im Unterricht anzupassen, weil nur noch wenige Stunden genügen, um aus einer guten Datenbank vollständige Unterrichtsreihen zu praktisch jedem Thema zu destillieren[8].

Bei den handelsüblichen Programmen ist es möglich, sich ganz persönliche Zugriffsfenster zu definieren, um die verfügbaren Materialien z. B. in eine Unterrichtssequenz einzufügen. Zur Verdeutlichung der Arbeitsmöglichkeiten mit einer persönlichen Datenbank soll die Transkription eines etwas vereinfachten Dialogs mit der Maschine dienen. Der Benutzer tippt seine Angaben ein (bei den neuesten Maschinen braucht er meist nur auf ein bestimmtes Feld auf dem Bildschirm zu tippen), und die Maschine reagiert:

Benutzer: B DATENBANK
Maschine: GUTEN TAG, LIEBER XYZ. HIER IST DEINE PERSÖNLICHE DATEN-
BANK.
MÖCHTEST DU DATEN EINGEBEN: E
SUCHEN: S
ORDNEN: O
DRUCKEN: D
ODER BEENDEN: B?

Benutzer: S
Maschine: NAME DER DATEI?
Benutzer: SPANISCHTEXTE
Maschine: STICHWORT?
Benutzer: (NICARAGUA) UND (LA PRENSA) UND ((EMILIANO CHAMORRO) ODER
(PEDRO JOAQUIN CHAMORRO))
Maschine: KEIN TEXT MIT DIESER STICHWORTKOMBINATION VORHANDEN
WEITER? JA/NEIN
Benutzer: JA
Benutzer: (NICARAGUA) UND (PEDRO JOAQUIN CHAMORRO)
Maschine: ES IST EINE KARTEIKARTE MIT EINEM ZEITUNGSARTIKEL AUS CAM-
BIO 16 ÜBER DIE ERMORDUNG CHAMORROS VORHANDEN, STANDORT: KARTEI
NICARAGUA 1978
Maschine: WEITER? JA/NEIN
Benutzer: JA
Maschine: STICHWORT?
Maschine: ES SIND MEHR ALS 20 EINTRÄGE VORHANDEN. WILLST DU DIE IN-
FORMATIONEN AUF DEM BILDSCHIRM DURCHBLÄTTERN →BL
ODER AUSDRUCKEN LASSEN → AD?
Benutzer: BL
Maschine:
1. EINTRAG: CARDENAL, ERNESTO – POESIAS, NICARAGUA, SOLENTINAME 1977
STANDORT: BIBLIOTHEK
2. EINTRAG: LOS CURAS DE LA JUNTA, CARDENAL, NICARAGUA, EL PAIS 1980
STANDORT: KARTEI CARDENAL
3. EINTRAG. . .
Benutzer: AD
Maschine: DIE LISTE WIRD GERADE GEDRUCKT.
WEITER? JA/NEIN
B NEIN
M ENDE. DEINE PERSÖNLICHE DATENBANK WÜNSCHT DIR NOCH EINEN SCHÖ-
NEN TAG.

Die Stichwortzeile, die die Maschine ausgibt, ist das einzige, was der Benutzer irgendwann zuvor gespeichert hat. Natürlich kann man Texte ganz
anders charakterisieren, andere Stichwörter eingeben. So könnte man aufnehmen, auf welcher Stufe der Text einsetzbar ist, welche Grammatikkenntnisse zu seinem Verständnis nötig sind, welche Vokabeln die Schüler
können sollten etc. Statt einer Zeile Stichwörter könnte man auch dreißig

Zeilen oder mehr füllen, es könnte auch der ganze Text dort stehen – nur sollte man sich das Verhältnis von Aufwand und Nutzen vorher gut überlegen. Bei der weiteren Befragung der Datenbank könnte dann z. B. herauskommen, daß irgendwo hinten im Bücherschrank noch ein Bildband über Mittelamerika liegt, daß in einem Aktenordner noch Prospektmaterial vorhanden ist, das man schon vergessen hatte, daß das Lehrbuch Y einen schönen Text über Großgrundbesitzer in Mittelamerika bereithält, jedoch das *Indefinido* voraussetzt, ebenso wie der sehr informative Artikel in *cambio 16* aus dem Jahr 79 über die Probleme der Neuordnung nach dem Bürgerkrieg. Die Liste der Möglichkeiten ist fast endlos. Anstelle von Texten kann man auch Grammatikübungen, Klausuren, Schallplatten, Dias usw. stichwortartig erfassen, so daß bei der ohnehin vorhandenen Materialfülle auf das Suchwort (NICARAGUA) hin die Maschine auf 25 verschiedene Karteikarten verweist, aber bei der Kombination (NICARAGUA) UND (INDEFINIDO) auf nur zwei, bei (NICARAGUA) UND (LATIFUNDIO) vielleicht nur auf vier, bei (LATIFUNDIO) allein jedoch auf insgesamt 11, davon drei Hinweise auf Andalusien, einer auf die kanarischen Inseln und der Rest auf Lateinamerika, so daß neue Kombinationen und Themen im Unterricht möglich werden.

Hilfsprogramme, die an die Datenbankbenutzung anknüpfen sollten und besonders beim Einsatz von authentischen Texten zu empfehlen sind, können dann den ausgewählten Text auf besondere Schwierigkeiten morphologischer oder lexikalischer Art hin untersuchen. Die Maschine vergleicht, welche Vokabeln und Strukturen eines Textes nicht im Wörterbuch z. B. der Lektionen 1–21 vorhanden und dementsprechend zu erläutern sind. Man könnte ein persönliches Wörterbuch anschließen, so daß der Computer die neuen Vokabeln *mit* Erläuterungen in alphabetischer Reihenfolge ausdruckt. Zum Vergleich könnte man auch z. B. nur die Vokabelliste der Lektionen 18–21 heranziehen, da es ja vielleicht unwahrscheinlich ist, daß die Schüler mehr als die Vokabeln der letzten vier Lektionen können. Diese Methode erlaubt ebenfalls, das Unterrichtsvokabular gemeinsam mit dem Vokabular der behandelten Texte in den Überblick mit einzubeziehen. Als Ergebnis ist eine Tabelle denkbar, in der die Wörter bzw. Formen einer Unterrichtsreihe alphabetisch aufgelistet werden, dazu die Häufigkeit ihres Vorkommens in einem oder mehreren Texten sowie eine oder mehrere Erläuterungen dazu, etwa in dieser Art:

Worttabelle der Unterrichtsreihe GGM

Wort	Text 1	Text 2	Text 3	Text 4	Erläuterungen
apreciar	1		3	2	tr. poner precio, fig. estimar . . .
pelotón		2		1	m. Mil. cuerpo de soldados menor que una sección

Die Analyse der grammatischen Strukturen kann im Moment noch nicht mit genügender Genauigkeit erfolgen. In der Vokabelliste wird man nicht alle Verbformen auf den Infinitiv reduzieren können. Wie soll man der Maschine z. B. beibringen, wann *dibujo* Substantiv und wann Verb ist, und wieso *redujo* kein Präsens von *redujar* ist? Das vollständige Handwörterbuch einer Sprache ist im Moment noch zu umfangreich für die Mikrocomputer, vielleicht aber nicht mehr in einem oder zwei Jahren. Das Überfliegen der ersten Vokabelliste eines Textes kann jedoch dem Problem oft abhelfen und meistens auch den Überblick über die verwandte Grammatik verschaffen.

Man kann also die Lehrbuchlektionen unter genauester Berücksichtigung der Progression mit anderen Texten ergänzen, Wörterbücher der gesamten Unterrichtsreihe erstellen und damit den Schwierigkeitsgrad z. B. der Klausur in bezug auf Grammatik und Wortschatz genau bestimmen. Bei fortlaufender Analyse aller Texte einer Reihe und nach Einfügen des im Unterricht verwandten Vokabulars bekäme man nach Abschluß des Halbjahres eine alphabetische Liste des Vokabulars, das in einem speziellen Kurs behandelt worden ist. Nimmt man diese Liste als Grundlage späterer Lernerfolgsüberprüfungen, sind genauere Informationen über Lernverhalten, Lernvermögen und Unterrichtsschwerpunkte zu erwarten, so daß man seinen eigenen Unterricht genauer analysieren kann. Die oben erwähnte Vokabelliste kann natürlich sinnvoll weiter genutzt werden als Grundlage für spätere Unterrichtsreihen, als Lernhilfe oder Wörterbuch für die Schüler, als Orientierung für die Leistungsfähigkeit von Schülern und Lehrern. Da elektronisch gespeicherte Materialien leicht transportiert werden können, ergeben sich, die Zusammenarbeit der Kollegen vorausgesetzt, ganz neue Möglichkeiten: Kollege K. könnte z. B. die Unterrichtsreihen einschließlich der Wortlisten und Analysen dem Kollegen W. zuschicken; der könnte ohne großen Aufwand die Reihe seinen Wünschen und Bedürfnissen anpassen – ich verweise besonders auf die Möglichkeiten der Textverarbeitung, einzelne Sätze und Teile zu verändern –, ohne viel Schreibarbeit investieren zu müssen.

2. Der Computer im Klassenraum

Unter diesem Thema sind viele verschiedene Dinge denkbar. Ich möchte mit der technischen Umgebung beginnen, die mir am einfachsten und sinnvollsten erscheint. Auf Grund der Kosten, wegen der kontrollierbareren Auswirkungen auf die Schüler und um erste Erfahrungen mit der Maschine zu sammeln, sollte man erst einmal nur einen Computer in die Klasse stellen. Doch was kann eine Spanischgruppe sinnvollerweise mit nur einem einzigen Computer machen?

Mailboxen, Btx-Systeme, Datenbanken usw. sind in spanischsprachigen Ländern ebenso ein Phänomen wie bei uns. Sie erfahren jedoch kulturelle Prägungen, mit denen auch unsere Schüler vertraut werden sollten. Ein einzelner Computer sollte diese Phänomene simulieren können – der direkte Zugang zu einer spanischen oder lateinamerikanischen Datenbank wäre zu teuer. Die modernen Informations- und Kommunikationstechnologien werden damit auch zum Gegenstand landeskundlicher Anteile des Fremdsprachenunterrichts.

Der einzelne Computer im Klassenraum kann ebenfalls, in Verbindung mit CD- oder Festplatte, als unterrichtsbezogene Datenbank dienen, die es erlaubt, auch während des Unterrichtsgeschehens viele Informationen abzurufen. Sie entlastet den Lehrer als wandelndes Lexikon bzw. vervollständigt seinen Unterricht. Die Benutzersprache des Computers sollte mit der Zielsprache identisch sein; wenn im Spanischunterricht eine spanischsprachige Datenbank wie in Spanien selbst benutzt wird, gibt es für Schüler und Lehrer zusätzliche Lerneffekte. Mit der Datenbank könnten Materialien, besonders nützlich sind sicher Bilder, schnell und wirkungsvoll in den Unterricht eingebracht werden. Stellen wir uns eine übliche Unterrichtssituation vor: Goya und das Jahr 1808 werden in einem Text erwähnt, und plötzlich stellt sich heraus, daß die Schüler mehr darüber wissen wollen, als der Lehrer, seine Schüler unterschätzend, sich zurechtgelegt hatte. Brave Schüler von heute bringen ihren Lehrer nicht in Verlegenheit und lassen den Rest der schön geplanten Stunden über sich ergehen. Vielleicht erklären sie sich auch bereit, 'mal in die Stadtbibliothek zu gehen, wohl hoffend, daß nach dem langen Wochenende sowieso keiner mehr danach fragt, der Lehrer im Stoff weiterkommen will und am Montagmorgen kein Hahn mehr danach kräht, so daß eine Chance, den Schülern Kultur näherzubringen, an einem schönen Sommerwochenende buchstäblich baden geht. Die Möglichkeit für die Schüler, spontan ihrem Wissensdrang nachzugehen, im angesprochenen Fall also Bilder Goyas innerhalb einer Unterrichtsstunde aufzuspüren oder weitere Informationen zu seiner Biographie, zu den Künsten allgemein, zur Politik oder zur Wirtschaft der Zeit zu erhalten, fördert dagegen die Motivation und wird deshalb dem Lernen insgesamt zugute kommen. Dies setzt eine andere Art von Unterricht voraus, der weniger im einzelnen verbindlich geplant wird, der jedoch den Schülern forschendes Lernen erlaubt.

Als Weiterentwicklung des Datenbankcomputers im Klassenzimmer wäre ein *Expertensystem* nützlich, das eine Menge von Informationen zu einem bestimmten Thema in einer der natürlichen Sprache angenäherten Benutzersprache bereithält, Problemlösungsstrategien kennt und vom Benutzer dazulernt, bis es mehr Fakten behält als dieser selbst. Expertensysteme machen ihre Schlußfolgerungen öffentlich, sie geben bekannt, auf

Grund welcher Überlegungen sie zu einer bestimmten Erkenntnis gelangt sind, führen Dialoge mit den Benutzern und lassen sich korrigieren. Zwar ist der Ausdruck „Expertensystem" ein weiter Begriff, er wird häufig im Zusammenhang mit den Supercomputern der neunziger Jahre und der künstlichen Intelligenz genannt. Das schließt jedoch nicht die Existenz kleiner Expertensysteme aus, die schon jetzt in klar abgegrenzten Bereichen der Medizin, der Geologie, der Ozeanographie und auch der Sprachen unschätzbare Dienste leisten. Ein winziges Programm, das den Grundalgorithmus eines Expertensystems benutzt, ist das weit verbreitete Spiel „*Animals*", das in einer Vielzahl von Versionen auch unter anderem Titel im Umlauf ist[9]. Die Maschine versucht bei diesem Spiel, das Tier zu erraten, das sich der Mitspieler ausdenkt. Wenn sie es nicht errät, möchte sie wissen, wodurch sich das Tier von dem unterscheidet, das sie zuletzt genannt hatte. Beim nächsten Spieldurchgang wird diese Information dann mitberücksichtigt. Anstelle von Tieren könnten in diesem Spiel natürlich auch grammatische Formen, Objekte oder Personen, Phänomene jeder Art zu raten sein. Solange man pro Spiel nur eine Kategorie zuläßt, ist das ein triviales Programmierproblem.

Das zeigt, daß sich mit ganz kleinen Computern schon sehr interessante Unterrichtsphasen gestalten lassen, wenn der Programmierer nur eine gute Idee verwirklicht. B. Leuschner[10] beschreibt ein kleines, in seiner Wirkung beeindruckendes Programm, das die Regeln des unbestimmten Artikels im Englischen beherrscht und den Benutzer praktisch herausfordert, ihm einen Fehler nachzuweisen. Der Computer fungiert als Experte, ohne ein Expertensystem zu sein. Bis man die Grenzen des Programms durch vielfältige Versuche bestimmt hat, hat man sehr viel Grammatik betrieben. Man könnte ähnliche Programme dazu nutzen, bestimmten Sprachregeln auf die Spur zu kommen bzw. die Lernenden dazu anzuregen, durch Ausprobieren die Regeln irgendeines Phänomens zu ergründen, ohne daß nach jedem Versuch eine noch so gut gemeinte Kritik herniederfällt.

Wenn der Computer zudem mit einem *Großbildprojektor* gekoppelt oder an einen übergroßen Monitor angeschlossen ist und seine Speichermedien auch Ton- und Filmsequenzen bereithalten, sind ganz neue Lernphasen denkbar. Der Computer als Steuerinstrument erlaubt den sekundenbruchteilgenauen Zugriff auf Ton- und Bildinformationen. Bewegungen und Wörter können aus dem Zusammenhang genommen und gewissermaßen eingefroren werden, Lautbilder der Wörter mutter-sprachlicher Sprecher hergestellt, Gesten verdeutlicht werden. Damit werden Bereiche der Kommunikation eröffnet, die bisher im Unterricht zu kurz kamen, weil sie praktisch kaum darstellbar waren.

Sequenzen aus *Dokumentar- oder Spielfilmen* können dazu pädagogisch sinnvoll mit allen anderen Arten von Information beliebig und individuell gemischt werden, was bisher aus technischen Gründen nicht möglich war, so daß Unterricht anschaulicher und lebensnaher werden kann. Das *Centre Mondial* in Paris führt zum E. A. V. D. *(Enseignement Assisté par Vidéodisque et Ordinateur)* Versuche durch und hat zwei Laserbildplatten fertiggestellt, eine als Erste-Hilfe-Kurs, eine andere für Französisch als Fremdsprache (für Engländer) mit Sequenzen aus dem Film „*Peau d'Ane*"[11].

Auch wenn die skizzierten Möglichkeiten den Schulalltag tiefgreifend verändern werden, ist nicht anzunehmen, daß bisherige Lernziele durch die Technik aufgehoben werden. Neue Lernziele jedoch, die erst mit dem Aufschwung der Technik erkennbar werden, möchte ich in den beiden folgenden Kapiteln näher beschreiben.

3. Die Lernwerkstatt

Die bisherigen Unterrichtstechnologien konnten nur über die Zentralstelle Lehrender kombiniert werden; die Mitbestimmungsmöglichkeiten jedes einzelnen Lernenden wurden damit eingeschränkt. Der Computer erlaubt es nun jedem einzelnen Benutzer, Bilder, Texte und Ton jederzeit frei zu kombinieren. Die Tonbildschau z. B. ist nicht starr vorprogrammiert, sondern der Lernende kann, wenn ihm eine Maschine zum individuellen Gebrauch zur Verfügung gestellt wird, ganz persönliche Akzente setzen, ein Bild oder eine Filmsequenz oder ein Dokument mehrfach erfassen, ohne daß die Mitschüler an der gleichen Stelle ebenfalls anhalten müssen. Der Lernende kann seinem persönlichen Stil entsprechend arbeiten, so daß eine höhere Motivation zu erwarten ist. Alle Medien können mit dem Computer zu einem überaus schnellen und individualisierbaren Informationspaket verschnürt werden. Zu den Arbeitsformen, für die man zur Zeit Bildtafel, Folie, Tonband, Dia, Film, Lehrbuch oder Arbeitsbögen benötigt, kommen, wenn sie durch ein Computersystem integriert und dem Schüler an dem eigenen Arbeitsplatz angeboten werden, folgende Vorteile hinzu:

1. Der Schüler bestimmt seinen Arbeitsrhythmus selbst.
2. Fehler werden, wenn gewünscht, sofort korrigiert, dazu durch ein Medium, das nie ungeduldig wird. Der Schüler ist nicht alleingelassen, ohne sich überwacht zu fühlen.
3. Fehler führen zu weiterem Lernen, weil das Programm bei entsprechender Programmierung einen Sprung zu zusätzlichen Informationen oder Übungen macht.
4. Alle genannten Medien stehen praktisch gleichzeitig nebeneinander zur Verfügung; Folie, Wandtafel, Bild- und Tonmaterialien verschmelzen zu einem (auch Projektions-) Medium. Text, Bild und Ton benötigen nur ein Speichermedium.

5. Die Maschine kann Lernerfolge automatisch dokumentieren und ermöglicht die langfristige Analyse von Leistungen.
6. Der Schüler hat die Möglichkeit, neue Lebens- und Kulturformen (durch Simulation) zu erleben. Dabei handelt es sich z. B. um Computerliteratur, Computerspiele oder auch computergestützte Kommunikation wie bei Mailboxen und offenen Datenbanken.

Der Computer als Steuerungsinstrument zwischen verschiedenen Medien und Materialien, gewissermaßen als Übermedium, setzt eine technische Ausstattung voraus, die ein Mehrfaches des reinen Computerpreises ausmacht. Damit *individuelles Arbeiten* möglich ist, benötigt jeder Lernende einen eigenen Arbeitsplatz mit Bild- und Tonausgabe, Zugang zu Speichermedien und Eingabemöglichkeiten, die es ihm erlauben, möglichst vielfältig mit dem System umzugehen. Diese allgemeine Darstellung geht über das übliche Bild von Computern mit Fernsehbildschirmen, Diskettenstationen und Tastaturen oder Maus hinaus, denn es kann nicht Ziel des Fremdsprachenunterrichts sein, dem Schüler beizubringen, wie man eine Computertastatur sinnvoll nutzt, sondern der Computer ist nur Mittel zur Verbesserung von Lernvorgängen. Deshalb muß das System auch handschriftliche oder gesprochene Eingaben verarbeiten können, sonst ist der Nutzen für den Unterricht beschränkt.

Aus diesen Prämissen ergibt sich die Forderung nach einer Lernwerkstatt, die die räumlichen und technischen Voraussetzungen für individuelles, computergestütztes Lernen schafft. Solange die Miniaturisierung und der Preisverfall nicht dafür sorgen, daß alle Schüler ihre Rechner für den Sprachunterricht von zu Hause mitbringen, muß die Schule die Voraussetzungen schaffen. Lernen in der Lernwerkstatt, das die Vorteile der Technik voll ausschöpft, muß anders als der Unterricht im Sprachlabor organisiert werden. Die Freiheit des Schülers, forschend, nach eigenem Gutdünken, gewissermaßen von der Maschine an der langen Leine geführt, zu lernen, steht in klarem Gegensatz zum üblichen 45-Minuten-Rhythmus und zu kleingeschnipselten, leicht verdaulichen Lerneinheiten. Eine solche Lernwerkstatt müßte wie eine Bibliothek zur Verfügung stehen, mit bestimmten Öffnungszeiten, während der jeder Lernwillige, oder wer eine bestimmte Aufgabe bekommen hat, darin arbeiten kann. Während der normalen Unterrichtszeit könnten die Klassen den Raum nach Absprache benutzen, darüberhinaus sollte er für alle offen sein, die bestimmte Aufgaben oder Projekte zu erledigen oder einfach Interesse haben. In Frankreich bemüht man sich sogar, die Computerräume mancher Schulen allen Bürgern bis in die Abendstunden zugänglich zu machen[12]. Die Lernwerkstatt ist nicht als zusätzlicher Fachraum für computergestützte Lernanwendungen zu sehen, sondern als Zentrum für neuartige Lernmethoden und Versuchswerkstatt für den Umgang mit der Informationsflut.

Die *grundsätzlich neuen Möglichkeiten*, die der Computer dafür bereitstellt, betreffen sehr viele Domänen. In Verbindung mit der *Bildplatte* können mit Hilfe des Computers aus Filmszenen interessante, anschauliche, realitätsnahe Übungen entwickelt werden. Da Fremdsprachenlernen im Grunde nur Ersatz für das Leben in fremden Landen ist und der Lehrer meist nur Mittler und selten echter Repräsentant eines anderen Kulturkreises, ist die Einsichtnahme in typische Lebensweisen der anderen Kultur mit Hilfe des Filmes für den Fremdsprachenunterricht unabdingbar. Doch ist es schier verwegen, in einer Unterrichtsstunde mehrere Sequenzen eines Videos miteinander zu vergleichen, weil allein das Umspulen zuviel Zeit verschlingt. Eine computergesteuerte Bildplatte erlaubt den schnellen direkten Zugriff auf einzelne Bilder oder Sequenzen. Bildfolgen, auch aus Einzelbildern, können in jeder Reihenfolge und in kürzester Zeit gezeigt werden. Allein durch diese technischen Gegebenheiten wird es erst mit dem Computer möglich, Filme sinnvoll und in detaillierter Analyse in den Unterricht einzubeziehen und den Schülern selbständig zu lösende Aufgaben zu stellen. Der Kulturträger Film wird damit für den Fremdsprachenunterricht erst wirklich nutzbar. An Stelle von Lehrbuchlektionen kann man mit diesem Medium auch Filmausschnitte im Unterricht bearbeiten, Szenen aus Spielfilmen, deren sprachliche und gestische Inhalte der Lernende sich aneignen soll.

Eine der interessantesten Einsatzmöglichkeiten des Computers ist die *Simulation*. Dem Normalbürger bisher nur aus Berichten und Filmen über Flugzeugpiloten und Autotester bekannt, hält sie über die Homecomputer Einzug in die Kinderzimmer. Simulationen versuchen, ein Abbild der Wirklichkeit zu geben, das zuweilen so realistisch erscheint, daß der Benutzer die Wirklichkeit für Momente vergessen kann. Die Illusion der Wirklichkeit durch technische Hilfsmittel hat solche Fortschritte gemacht, daß es möglich erscheint, eine fremdsprachige Umgebung so zu synthetisieren, daß der Lernende für Momente vergessen kann, daß er sich in einem Klassenraum befindet. Derzeitig häufig verkaufte Flugsimulatoren für 16-Bit-Computer stellen Landschaften und Flughäfen bereit, die deutlich als Abbilder nordamerikanischer Wirklichkeit zu erkennen sind. Auf dem Bildschirm des Computers erscheinen in der unteren Hälfte alle zum Fliegen wichtigen Instrumente, in der oberen Hälfte, eventuell von Linien durchzogen, die die Flugzeugkanzel darstellen, der Flughafen mit den dazugehörigen Gebäuden und Maschinen oder die Landschaft, die gerade überflogen wird. Beim Start muß der Pilot die Instrumente überwachen und sicherstellen, daß die angezeigten Werte denen entsprechen, die der gewählte Flugzeugtyp in der entsprechenden Situation benötigt. Ist das nicht der Fall, stürzt die Maschine ab, und das Spiel ist beendet. Bei erfolgreichem Start sieht man langsam den Flughafen entschwinden, und je nach gewählter Flugrichtung, zu irgendeiner Stadt in den USA und der Uhrzeit entsprechend, fallen die Schatten in der recht detailliert gezeichneten Landschaft. Der Wetterlage entsprechend müssen Sicht, Seitenwind, plötzliche Böen, Fliegen in einer Warteschlange, Treibstoffknappheit und vieles mehr berücksichtigt werden, so daß der Spielende innerhalb kurzer Zeit in seinem Wohnzimmersessel viel über die Fliegerei lernen kann. Wenn er sich dann sicher fühlt, kann er zum Spaß versuchen, unter der Golden-Gate-Bridge durchzufliegen.

Solch ein Programm könnte den Spiel- wie den Imitationstrieb von Kindern sinnvoll für das Sprachenlernen nutzen. Sie agieren gefahrlos in Situationen, die bisher nur den Erwachsenen vorbehalten waren, und erwerben dabei Fähigkeiten, die nicht einmal die meisten Eltern besitzen. Da die Instrumente alle englisch beschriftet sind und der Funksprechverkehr in der Fliegerei üblicherweise auf Englisch geführt wird, steckt darin auch eine Menge Lernmaterial für das Fach. Solch ein Spiel könnte zentrales Thema einer Unterrichtsreihe sein, die die Fächer Englisch und Spanisch gemeinsam gestalten. Warum sollte man nicht einen Bericht oder einen Aufsatz anschließen: „Mein Flug von San Juan nach Bogotá"? Jeder Flug schüfe viele Sprechanlässe, und weil diese gewissermaßen auf persönlichen Erfahrungen beruhten, hinterließen sie viel intensivere Eindrücke als die Besprechung eines Lehrbuchtextes zu diesem Thema.

Natürlich läßt sich dieses Beispiel auch auf andere Sprachen übertragen, jedoch wird es wohl für jeden Kulturraum typische, zu simulierende Situationen geben. Fahrtsimulatoren, die eine Straßen- oder Geländefahrt mit einem Landfahrzeug simulieren, sind in den Wohnstuben bisher weniger zu finden, weil sie offensichtlich nicht so spektakulär wirken wie ein Flugsimulator. In den Konstruktionsbüros der Automobilproduzenten haben sie schon einen festen Platz, um neue Modelle, bevor sie überhaupt gebaut sind, zu testen. An die Bedürfnisse des Fremdsprachenunterrichts angepaßt, kann man sich ein Spiel vorstellen, das dem jugendlichen Lerner entgegenkommt und eine Menge landeskundlicher und sprachlicher Information vermittelt. Nennen wir das Spiel „Taxifahren in Quito". Das Spiel beginnt am Flughafen, wo der eben eingetroffene Tourist zusteigt. Zwei Spieler können die Rollen des Taxifahrers und des Touristen annehmen, sich über das Fahrtziel und die an den Fenstern vorbeigleitenden Sehenswürdigkeiten unterhalten. Während ein Spieler versucht, seinen Kunden durch den dichten Verkehr mit allerlei Hindernissen zu bringen, wird der andere nach den Sehenswürdigkeiten fragen, aber auch sogleich protestieren, wenn er feststellt, daß der Taxifahrer mehrmals dieselbe Strecke fährt. Der Tourist kann aber auch einen Stadtplan zur Verfügung haben und versuchen, die Fahrtroute darauf zu verfolgen.

Natürlich sind solche Simulationen auch für Sprachanfänger möglich,

167

wo es dann vielleicht nur darum geht, Straßenschilder *(Desvío, cerrado por obras, salida, peligro, peaje)* zu deuten und sich entsprechend zu verhalten.

Zur Vermittlung landeskundlicher und bestimmter sprachlicher Informationen kann man auch einen Spaziergang durch eine fremde Stadt simulieren – vorbei an den wichtigsten Sehenswürdigkeiten, die natürlich in gut erkennbarer Deutlichkeit gezeigt werden müßten –, der mit bestimmten Aufgaben und Fragen kombiniert werden kann (Stadtrallye).

Die Spiele „*Weather Tamers*"[13] und „*Volcanoes*"[14] stehen für eine andere Art von Simulation. Sie verlangen vom Spieler ein profundes Wissen, bevor es sich überhaupt lohnt zu spielen. In den USA als bildende Spiele erdacht, gehören sie in die Gruppe der Entdeckungs- und Simulationsspiele. Bei den „*Weather Tamers*" sitzt man in der Leitzentrale einer Firma, die es sich zur Aufgabe gemacht hat, das Wetter zu beeinflussen, Regen zu machen oder Sonnenschein. Für die Kunden, die aus allen Teilen der USA anrufen und ein bestimmtes Wetter wünschen, legt man sich ins Zeug und versucht, es allen recht zu machen, was natürlich nicht geht, weil das Wetter durch ein komplexes System interdependenter Faktoren bestimmt wird. Dieses Spiel vermittelt Einblicke in die verschiedenen Komponenten des Wetters, Luftdruck, Windstärke, Luftfeuchtigkeit, Temperatur usw. und ihr Zusammenwirken sowie die Problematik der Wetterbeeinflussung.

Bei dem zweiten Spiel dürfen sich einer oder mehrere Spieler als Vulkanologen fühlen, die eine Region verantwortlich überwachen und bei Gefahr von drohenden Vulkanausbrüchen rechtzeitig die Bevölkerung evakuieren müssen. Gute Vulkanologen werden mit Pluspunkten, zusätzlichen Forschungsgeldern und wissenschaftlichen Ehren belohnt. Als guter Vulkanologe muß man mit einem begrenzten Forschungsbudget auf Grund von sieben verschiedenen wissenschaftlichen Methoden wie z. B. Untersuchung der Landschaft mit Infrarotlesern, mit seismischen Studien, mit Gas- oder Gesteinsanalysen möglichst genau die nächste Eruption vorhersagen. Dabei wartet das Spiel nicht darauf, bis der kleine Forscher mit seinen Analysen fertig ist, sondern in unregelmäßigen Abständen wird die Landschaft lebendig. Natürlich gibt es mehrere Schwierigkeitsgrade. Der letzte ist nur zu bewältigen, wenn man sich intensiv mit zusätzlicher Fachliteratur zum Thema rüstet. Für schwierige Situationen hat das Programm einen Speicher, so daß man das Spiel abbrechen, sich informieren und dann an der gleichen Stelle weiterspielen kann. Ist *spielen* hier noch richtig, oder sollte man nicht besser *arbeiten* sagen, wenn das Spiel durch Faszination zu soviel Ernsthaftigkeit anregt?

Solche Spiele können fast jedes Berufsfeld zum Thema haben und stellen wichtige Sprachelemente bereit. Dazu zeigt das Beispiel USA, daß solche erzieherischen, bildenden Spiele nicht nur an Schulen verkauft werden können, so daß Bildung parallel zur Schule mit den neuen Technologien wachsen wird.

Der banalisierte, allgemein zugängliche Computer ist auch Geburtshelfer neuer literarischer Genres, die mit den bisher bekannten wenig zu tun haben. In dieser Literatur wird der handelnde Leser erfunden, der im Mittelpunkt der Geschichte steht und an den Scheidewegen selbst entscheidet, ob er dies oder jenes tut, ob er nach rechts oder links geht, den Fluß schwimmend durchquert oder einen Umweg macht, um die Brücke zu benutzen, ob er flieht oder angreift usw. Von dieser Entscheidung hängt es ab, welche Folgeereignisse auf den Leser zukommen, ob er Glück hat oder unglücklich stirbt, ob er den Schatz findet oder erschlagen wird. Diese Vielfalt der Möglichkeiten, die von der Maschine, dem Willen des Autors folgend, verwaltet werden, ermöglicht es, gewissermaßen viele verschiedene Bücher in einem Programm zu vereinen. Die Frage, die häufig bei der Besprechung von literarischen Werken in der Schule gestellt wird, „Was wäre, wenn . . .", bekommt hier ihre Antwort, weil der Autor die Alternativen selbst mit eingegeben hat. Da diese Art von Literatur als sogenanntes Adventure-Spiel und selbst in gebundener Form[15] Erfolg hat, wird die Schule sich irgendwann damit beschäftigen müssen. In Frankreich arbeitet man schon intensiv daran, solche Literatur für pädagogische Zwecke zu bearbeiten und selbst Texte anerkannter Autoren in diesem Sinne anzupassen. Das geschieht natürlich auch in anderen Ländern. So gibt es z. B. schon eine Computerfassung des bekannten Romans von Ray Bradbury „Fahrenheit 451"[16]. Natürlich gibt es auch Kriminalstücke, bei denen der Spieler den Detektiv spielt, der einen Mord aufzuklären hat. Im Gegensatz zum Roman ist es hier nicht möglich, zum besseren Verständnis vorsorglich schon mal den Schluß zu lesen, sondern man muß Nachforschungen anstellen, aufpassen, nachdenken, um ans Ziel zu kommen.

Computerpoesie ist schon ein recht altes Phänomen am Rande. Mit der Verbreitung der Mikros scheint es auch mehr Leute zu interessieren, computergestützt Gedichte zu schreiben, halb- und vollautomatisch. Selbst für traditionelle Formen der Dichtung kann der Computer hilfreich sein, wenn er z. B. das Versmaß, die Strophenlänge oder den Reim überprüft.

Die Lernwerkstatt müßte solche und andere Programme zur Verfügung stellen und jedem Schüler die Möglichkeit geben, in aller Ruhe dort zu arbeiten. Wir müßten analysieren, was die Schüler dabei lernen können, und ihre vermehrten, aber individuell unterschiedlichen Kenntnisse in den Unterricht einbringen – und natürlich immer wieder zu weiterem Lernen anregen. Mit der Technik ist die Chance verbunden, daß die Schüler selbständiger lernen, jedoch müssen auch die Schulen diese Selbständigkeit fördern.

4. Der Familien-Allzweck-Computer

Der Home-Computer ist der Vorläufer und Wegbereiter des Familiencomputers für die Familien, die nicht schon den Computer aus dem Berufsalltag kennen. Schulcomputer und derzeitiger Informatikunterricht haben dagegen geringen Einfluß auf die Computernutzung in der Familie, weil allein schon das Interesse am Computer weniger auf das Programmieren als auf die Arbeitserleichterung oder die aktive Freizeitgestaltung gerichtet ist. Home-Computer werden zum überwiegenden Teil für Spiele genutzt.

Der Familien-Computer wird natürlich auch das schulische Lernen beeinflussen. Schon jetzt gibt es eine Reihe von sehr zweifelhaften Vokabel- und Grammatiktrainern auf Diskette, die durch ihren kommerziellen Erfolg darauf hindeuten, daß Bedarf dafür besteht. Was wird erst geschehen, wenn es wirklich gute Lernprogramme gibt, die alle Möglichkeiten des Mediums (Datenbank, Expertensystem, Integration von Text, Ton und Bild, schnelle Fehlerkorrektur, Interaktion) auf der Basis einer guten Didaktik nutzen? Wie wird sich z. B. die Schule demnächst darauf einstellen, daß die Schüler die Annehmlichkeiten der maschinellen Textverarbeitung entdecken und computergedruckte Aufgaben vorzeigen? Es ist anzunehmen, daß bildungsbeflissene Bevölkerungsgruppen bald die Vorteile computergestützter Lernangebote entdecken werden und sich neben die Nachschlagewerke und Bildbände maschinenlesbare Materialien wie z. B. die neuen CD-Platten in den Bücherschrank stellen. Lernen mit computergestützten Materialien ist sicher anregender als nur ein guter Dokumentarfilm oder Bericht im Fernsehen, weil der Betrachter die Möglichkeit hat, einzugreifen, aktiv zu werden, wie in einem Buch hin- und herzublättern. Er kann Dinge mehrfach anschauen und vielleicht auch noch ein lustiges Spiel spielen, bei dem er gleichzeitig überprüft, ob er alle wichtigen Informationen behalten hat. Das zur Passivität erziehende Medium Fernsehen kann mit Computerunterstützung seinen Charakter ändern und zu einem zur Aktivität herausfordernden Medium werden. Lernen mit dem Computer kann auch sinnvoller sein als mit einem Buch, weil ein gutes Programm Fehlermöglichkeiten kennt und angemessen korrigiert, was selbständiges Lernen ermöglicht und fördert.

Vermutlich werden wir bald Schüler mit sehr divergierenden Leistungsprofilen haben, die abhängig sind vom heimischen Computersystem sowie von den persönlichen und elterlichen Interessen. Die allgemeine Verbreitung immer leistungsfähigerer Computer wird jedenfalls auch den Fremdsprachenunterricht entscheidend mitbeeinflussen und sicher sehr bald über den Informatikunterricht und die informationstechnische Grundbildung weit hinaus zu einer Herausforderung für das gesamte Schulsystem werden.

Anmerkungen

1 Eco, Umberto: „El pensamiento en bloques". *Diario 16*. 14. 2. 86: 8.

2 Grolier Electronic Publishing, 95 Madison Ave. New York, NY 10016, Tel: (212) 696–9750.

3 Fawcette, James E.: „80386: The Megabyte Manager". *PC World 2* (1986): 238–243.

4 Walther, Matthias: „Computer für Spanischlehrer? Selbstverständlich!" *Hispanorama 40* (Juni 1985): 149–152.

5 z. B. sei hier empfohlen:
   Mc Williams, Peter A.: *Textverarbeitung für Einsteiger*. Ein Schnellkurs in Computerbildung. Reinbek: Rowohlt 1984. (rororo Computer 8104).

6 Für diese speziellen Anwendungen bietet der Apple-Macintosh wohl günstigere Voraussetzungen als die zuvor genannten Maschinen.

7 Agencia Efe (Hrsg.): *Nuestro Mundo 85/86*. Madrid: Espasa Calpe 1985.

8 Vgl. auch Walther (1985: 150) zum Thema Datenbank, sowie Association Enseignement Public & Informatique (Hrsg.): *Dossier E. P. I. „Utilisations pédagogiques de banques de données"* o. J., zu beziehen bei:
   Trésorier E. P. I. – 1, av. P. Corneille – F – 78170 La Celle Saint Cloud.

9 In *CHIP* (Vogel-Verlag KG, Würzburg) 3 (1986): 60–61 ist das Programm z. B. im Turbo-Pascal-Quellcode als sogenanntes Mini-Expertensystem abgedruckt.

10 Leuschner, Burkhard: „Computer im Fremdsprachenunterricht." *Neusprachliche Mitteilungen aus Wissenschaft und Praxis 38* (Februar 1985): 30–33.

11 CENTRE MONDIAL – Informatique et ressource humaine, laboratoire média interactifs, 22, Avenue Matignon, 75008 Paris.

12 Commiot, Dominique: „École: le choc informatique." *Sciences & Avenir 10* (1985): 64–69.

13 „Weather Tamers" für C 64, CBS Software, beschrieben von James Delson in: „What's in store." *Family Computing*, Scholastic Inc., Boulder, Colorado April 1985: 90.

14 *Info World Report Card* Vol. 2 No. 1, o. J.: 43. Palo Alto, CA 94301.

15 Ian Livingstone und Steve Jackson haben eine sehr erfolgreiche Reihe solcher Bücher in Großbritannien herausgegeben, die z. T. auch schon in andere Sprachen übersetzt wurden. Sicher ist es empfehlenswert, sich einmal mit dieser Literatur bekannt zu machen. Wenn man solch ein Buch einmal gelesen hat, muß man sich fragen, ob nicht auch „*Rayuela*" von Cortázar zur besseren Lektüre durch ein Computerprogramm unterstützt werden sollte, das die vom Autor vorgeschlagenen Verzweigungen bereitstellt.

16 „Fahrenheit 451" für Apple II, Telarium, beschrieben von James Delson in: „What's in store." *Family Computing* April 1985: 91.

Bibliographie

Agencia Efe (Hrsg.): *Nuestro Mundo 85/86*. Madrid: Espasa Calpe 1985.

Association Enseignement Public & Informatique (Hrsg.): *Dossier E. P. I. „Utilisations pédagogiques de banques de données"* o. J., zu beziehen bei: Trésorier E. P. I. – 1, av. P. Corneille – F – 78170 La Celle Saint Cloud.

CHIP – Das Mikrocomputer-Magazin 3 (1986): 60–61.

Commiot, Dominique: „École choc informatique." *Sciences & Avenir* 10 (1985): 64–69.

Delson, James: „What's in store." *Family Computing*, Scholastic Inc., Boulder, Colorado April 1985: 90–91.

Eco, Umberto: „El pensamiento en bloques". *Diario 16*, 14. 2. 86: 8.

Encyclopedia Americana: Grolier Electronic Publishing, 95 Madison Ave. New York, NY-10016, Tel: (212) 696 – 9750: New York 1986.

Fawcette, James E.: „80386: The Megabyte Manager". *PC World* 2. 86: 238–243.

Info World Report Card Vol. 2 No. 1, o. J.: 43 Palo Alto, CA 94301

Leuschner, Burkhard: „Computèr im Fremdsprachenunterricht." *Neusprachliche Mitteilungen aus Wissenschaft und Praxis 38* (Februar 1985): 30–33.

Livingstone, Ian: *Le Labyrinthe de la Mort.* Paris: Gallimard (Folio Junior 272) 1984.

McWilliams, Peter A.: *Textverarbeitung für Einsteiger.* Ein Schnellkurs in Computerbildung. Reinbek bei Hamburg (rororo Computer 8104): 1984.

Walther, Matthias: „Computer für Spanischlehrer? Selbstverständlich!" *Hispanorama* 40 (Juni 1985): 149–152.

Die Autoren dieses Bandes

Wolfgang Biederstädt, Realschulkonrektor, Minden

Michael Bludau, Oberstudiendirektor, König-Wilhelm-Gymnasium, Höxter

Winfried Croon, Dr. phil., Studiendirektor, Fachleiter für Französisch am Staatlichen Studienseminar (Gymnasien) Trier

Michael Dreke, Lehrer an der Gesamtschule Harburg, Lehrbeauftragter für Didaktik Deutsch als Fremdsprache an der Universität Hamburg

Liesel Hermes, Dr. phil., Professor für Didaktik des Englischen, Pädagogische Hochschule Karlsruhe

Hans P. Krings, Dr. phil., Université Paris X – Nanterre

Reinhard J. A. Pohl, Dr. phil., Studienrat, Gymnasium Osterbek, Hamburg; Lehrbeauftragter für Didaktik des Französischen an der Universität Hamburg

Peter Scherfer, Dr. phil., Professor für Romanistik/Sprachwissenschaft, Bergische Universität – Gesamthochschule Wuppertal

Erich Schneider, Studiendirektor, Fachberater für Französisch, Staatliches Institut für Lehrerfortbildung, Saarbrücken

Matthias Walther, Studienrat, Annette-von-Droste-Hülshoff-Gymnasium, Münster